GOUDJI

LE MAGICIEN D'OR

GOUDJI
LE MAGICIEN D'OR

sous la direction d'Élisabeth Latrémolière

Préface de Daniel Rondeau

Texte de Jacques Santrot

Photographies de Marc Wittmer

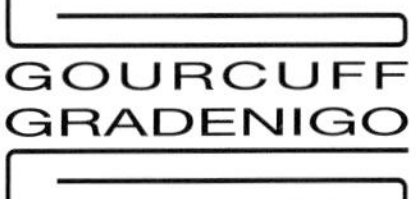

GOURCUFF
GRADENIGO

Cet ouvrage est publié à l'occasion de l'exposition GOUDJI LE MAGICIEN D'OR
organisée au château royal de Blois du 26 mai au 16 septembre 2007,
coproduite par le Conseil général de Loir-et-Cher et la Ville de Blois

Commissariat de l'exposition : Élisabeth Latrémolière, conservateur du château et des musées de Blois

REMERCIEMENTS

Sont tout particulièrement remerciés :
M. Maurice Leroy, Président du Conseil général de Loir-et-Cher
et M. Nicolas Perruchot, Député-Maire de Blois
Mme Marie-Hélène Millet, Maire-adjoint chargée des affaires
culturelles de la ville de Blois et vice-présidente du Conseil général
en charge des affaires culturelles.

L'exposition a reçu le mécénat de la BRO-CIC et le soutien
de la Direction Régionale des Affaires Culturelles du Centre
ainsi que du Conseil régional du Centre.

Nos remerciements vont également à ceux dont les noms suivent :

LES PRÊTEURS DES ŒUVRES

La galerie Capazza de Nançay (Cher),
la galerie Claude Bernard (Paris),
la galerie Daniel Guidat (Cannes),
la galerie Plessis (Nantes)
et les collectionneurs privés, qui ont souhaité rester anonymes

LES ACADÉMICIENS

Madame Hélène Carrère d'Encausse et Messieurs Paul Bernard,
Bertrand Collomb, Gilbert Dagron, Bernard Destremau †,
Christian Poncelet.

LES MUSÉES DE FRANCE

Musée des tissus et des arts décoratifs de Lyon,
musée Mandet de Riom, musée départemental Dobrée de Nantes,
musée des Arts décoratifs de Paris

LES INSTITUTIONS CIVILES ET RELIGIEUSES

État du Vatican et Stefano Zanella, évêché d'Angers, évêché de Beauvais,
évêché de Blois, évêché de Cambrai, évêché de Chartres,
évêché de Luçon, abbaye Saint-Pierre de Champagne-sur-Rhône,
Ville et abbaye de la Trinité de Vendôme, Fonds national d'art
contemporain, Fonds régional d'art contemporain du Languedoc-
Roussillon

LES ACTEURS DE L'EXPOSITION

L'équipe du château
Conception, muséographie et guide de visite :
Élisabeth Latrémolière, assistée de Émilie Jeanneau, stagiaire,
et de Brigitte Gauthier pour la régie des œuvres
Suivi du catalogue : Pierre Gilles Girault, conservateur-adjoint

Documents pédagogiques : Émilie Jeanneau et Cécile de Collasson
Documentation : Claire Poumès
Décoration textile : Claude Sallé (bénévole des amis du château)
Conception des éclairages et mise en lumière : Christian Lamort
Décoration murale et peintures : Didier Plateaux
Réalisation des vitrines et menuiseries : Laurent Louis
et Mickaël Boucher
Transports et emballages des œuvres : Thomas Gauthier
Cartels et encadrements : Guy Flory
Sécurité : Jacky Frazier et Jean-Patrice Piermé
Développement touristique : Frédéric Durin et Jean-Michel Gazeau
Produits dérivés : Agnès Fischmann et Émilie Jeanneau
Communication : Thomas Flusin, service communication
de la ville de Blois

L'équipe du Conseil général
Direction des Sports, de la Culture et du Tourisme : Martine Miau,
Martijn Kalff, Catherine Bazin et Marina Van Den Broucke
Communication : Florence Ducasse et son équipe
Attaché de presse : Thomas Hantz
Promotion touristique : Philippe Douin, Directeur du Comité
départemental du Tourisme
Menuiserie : Laurent Retif
Peintures : Cedrik Guilbault

Les collaborateurs extérieurs
Catalogue :
Rédaction : Jacques Santrot, conservateur en chef du patrimoine,
et directeur du musée départemental Dobrée à Nantes,
Daniel Rondeau
Légendes des œuvres : Émilie Jeanneau
Photographies : Marc Wittmer
Éditeur : Alain de Gourcuff et Xavier Lacaille

Graphisme (documents, cartels et produits dérivés) et mise
en couleurs : Annick Thomas et Dominique Hisbergue
(Agence Hisbergue Design Graphic)
Velums : Marc Boeglin, tapissier
Concept Lumière : François Gayet
Relations presse : Véronique Skrotzky (Agence Cap et Cime)
Promotion touristique : Yann Poulmarc'h, directeur de l'office
intercommunal de tourisme «Blois-Pays de Chambord»

Enfin, une mention spéciale à l'artiste Goudji et à son épouse
Katherine, qui par leur enthousiasme et leur gentillesse ont soutenu
le projet et ont permis son aboutissement.

Conception et réalisation :
Papier and Co pour les éditions Gourcuff Gradenigo

ISBN : 978-2-35340-022-5
Dépôt légal : 2ᵉ trimestre 2007
© Goudji – Paris, 2007
© Musées du château royal de Blois et les éditions Gourcuff Gradenigo

Sommaire

Ma rencontre avec Goudji

Par son talent, sa créativité et son humanisme, Goudji est un personnage unique. L'homme parle peu, sourit souvent, acquiesce d'un mouvement de la tête, mesure chaque fois ses gestes. L'artiste, lui, s'exprime sans cesse et d'abord par son travail. Chacune de ses créations possède une indicible présence et suggère une émotion particulière. Sa femme, Katherine, me confiait son grand plaisir à voir Goudji au téléphone, un outil dans une main, attrapant de l'autre un objet de mystère. Une grande partie de rire ! Car Goudji est malicieux. Je retrouve dans son regard la curiosité et la complicité d'un enfant qui a su enrichir sa vie en donnant de la valeur aux années qui passent. En effet, Goudji est curieux, avide de tout connaître de son métier et de celui des autres artistes, dévorant, chaque fois qu'il ne crée pas, livres ou articles sur l'histoire de l'art. Un artiste évidemment, car Goudji n'est pas un simple orfèvre. Reconnu maître d'art en France, son œuvre s'exporte jusqu'au Japon où il est considéré par le peuple du pays du Soleil-Levant comme un véritable "dieu vivant" ! Goudji est un homme de caractère authentique qui sait enrichir les autres par le sublime de ses créations.

En tant que président du Conseil général de Loir-et-Cher, je suis très honoré d'organiser avec Nicolas Perruchot, maire de Blois, et Marie-Hélène Millet, vice-présidente du Conseil général en charge de la Culture, une rétrospective de cet artiste magique, amoureux de notre vallée de la Loire. Nous accueillons l'œuvre de Goudji comme un trésor de plus qui vient enrichir le *Cœur Val de Loire*. Notre département est un formidable écrin qui renferme un patrimoine architectural, culturel, historique d'une inestimable richesse. Chacun de nous apprécie le prestigieux château de Chambord, le majestueux château royal de Blois ou le raffiné Cheverny. Mais le Loir-et-Cher ce sont aussi des moulins, des caves troglodytiques, des maisons de vignes, de longues balades à vélo, des forêts denses, des terroirs riches, des hommes et des femmes ouverts aux visiteurs de passage. Grâce à l'exposition des œuvres de Goudji, le public est invité à découvrir l'univers magique de ces mille et une merveilles qui jalonnent le *Cœur Val de Loire*.

Maurice Leroy,
député de Loir-et-Cher,
président du Conseil général

ROYAL GOUDJI…

À l'instar du sculpteur et orfèvre florentin Cellini, invité en France par le roi François Ier, la Ville de Blois s'enorgueillit avec moi d'accueillir son lointain successeur Goudji au château royal de Blois et d'organiser en son honneur la plus grande rétrospective jamais consacrée à son œuvre.

Découvrir les œuvres de Goudji, rencontrer l'artiste et plus encore avoir le privilège de le voir travailler, est une expérience dont, j'en témoigne, on ne sort pas indemne. Les objets façonnés par Goudji attirent. L'éclat des matériaux précieux, or ou argent poli, et les pierres fines aux couleurs si étonnantes, fascinent. Si les dimensions des pièces sont souvent spectaculaires, c'est plus encore leurs formes en majesté qui éveillent, en chacun de nous, des souvenirs enfouis d'objets relevant à la fois d'un passé rêvé et d'un quotidien transfiguré. Personne n'y peut rester insensible et c'est bien là la preuve de l'universalité de l'art de Goudji.

Quiconque a vu ces œuvres a hâte de rencontrer leur auteur tant il est vrai que le style, c'est l'homme. Ce bonheur, je l'ai eu à plusieurs reprises, car cet artiste français natif de Géorgie séjourne volontiers en Loir-et-Cher. L'homme est avenant et même prévenant, un sourire discret au lèvres. Il partage avec générosité son immense culture sans l'imposer et je suis frappé qu'un aussi grand artiste se montre d'une telle simplicité. Héritier du passé et conscient de l'importance de cet héritage artistique, Goudji a souhaité pousser plus loin la rencontre de son œuvre et du château royal de Blois. C'est la raison pour laquelle il nous a fait l'honneur et l'amitié de créer spécialement pour cette exposition une salamandre d'argent couronnée d'or et d'en faire don à la Ville de Blois afin de l'exposer au château.

Sans doute aussi faut-il être humble et généreux pour aborder la matière et lui imprimer sa volonté comme le fait Goudji. Alors qu'on imaginerait volontiers l'homme qui façonne ces précieux objets comme un artisan méticuleux, Goudji dans son atelier est plutôt Vulcain dans sa forge martelant et chauffant sans répit les plaques de métal précieux pour en extraire les formes qui semblent y sommeiller. En voyant surgir ces œuvres de ce qui n'était encore quelques heures plus tôt qu'une surface lisse, on songe à cette histoire entendue à propos des plus grands sculpteurs ; voyant l'un d'eux tailler un bloc de marbre et y sculpter un magnifique cheval, un enfant interroge l'artiste : « Comment savais-tu qu'il y avait un cheval à l'intérieur ? » C'est cela le génie d'artistes comme Goudji : arracher la forme à la matière mais faire en sorte qu'elle paraît y avoir été de toute éternité enclose. Ainsi Goudji nous invite-t-il à retrouver notre regard d'enfant et sa capacité d'émerveillement.

Je souhaite que grâce à cette exposition et à ce catalogue, les ailes d'or ou d'argent ornées de lapis-lazuli ou de serpentine des créatures de Goudji emportent le visiteur et le lecteur, comme elles m'ont emporté, à travers les pays, les siècles et les arcanes de l'esprit.

NICOLAS PERRUCHOT,
député-maire de Blois

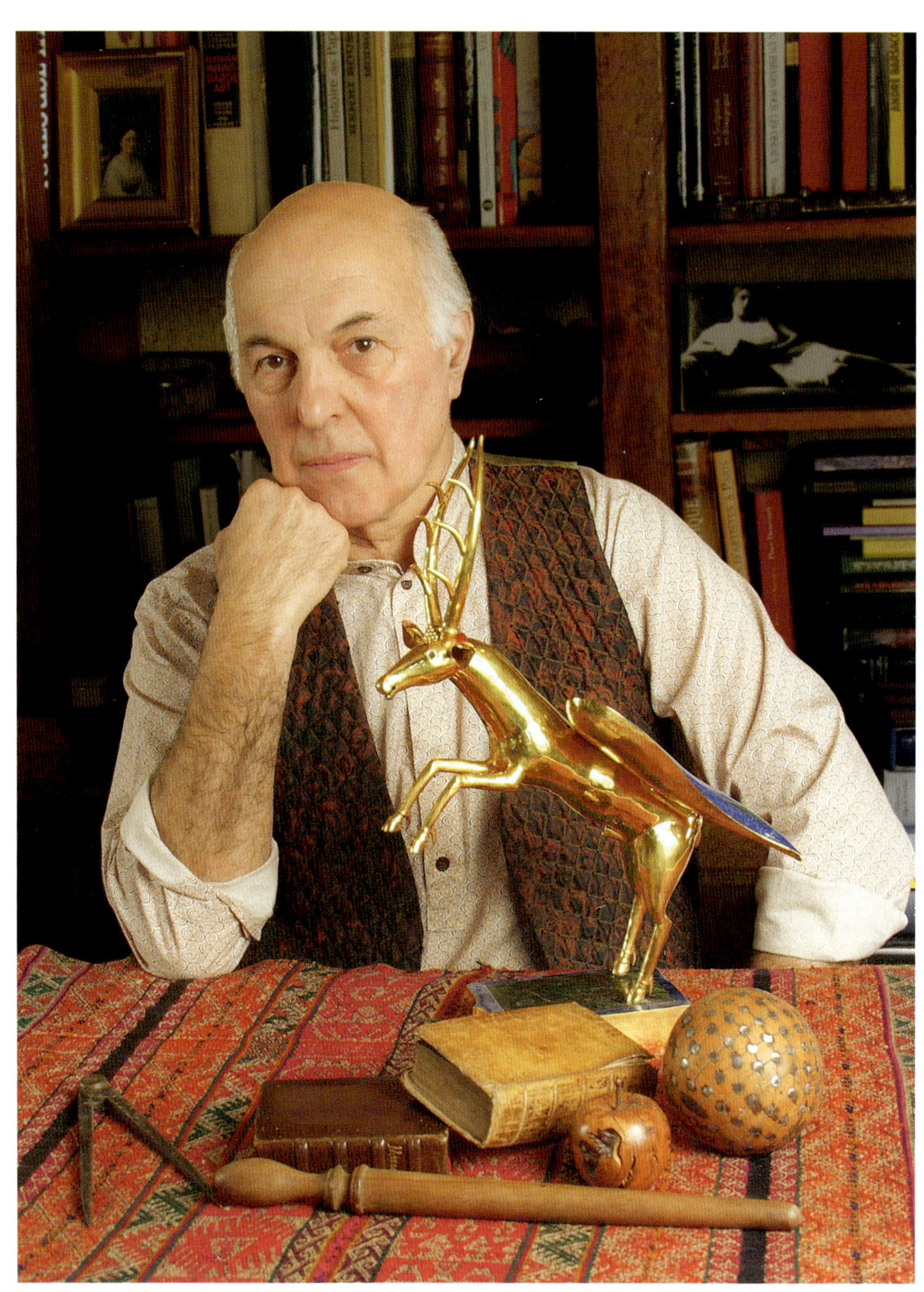

Pour retourner à l'Espérance

Il y a quelque chose de mystérieux et de très attirant dans l'art de Goudji : une lumière venue des lointains qui semble donner leur forme, leur fraîcheur, leur éloquence, en un mot, leur secret aux objets nés de son travail. Ils ne brillent pas seulement d'or ou de nacre. Ils sont luminescence à l'intérieur du métal et de la pierre, flamme brûlante dans l'anneau des siècles, féerie immobile. La matière travaillée par Goudji chante les audaces et l'attente d'un monde antérieur. Des lions s'ébattent, apparaissent des taureaux aux cornes d'ébène, menés par des oiseaux bleus, des aigles s'envolent. Tous sont les messagers de l'artiste, sa métamorphose. Ils nous transportent au pays de la beauté et du dialogue avec les dieux. Quelques hommes passent, aussi, mages ou orants, chevaliers du premier feu, maîtres d'armes et de sagesse, venus du tréfonds avec leurs grands véhicules et leurs chariots à roues d'argent, leur impétueuse escorte de cerfs. Goudji est-il entré dans la puissance du passé par l'entremise de ces vieux dinandiers des bas quartiers de Batoumi qui lui enseignèrent quelques gestes essentiels, qu'ils tenaient de leurs pères, et qui prophétisaient, sans qu'ils le sachent, non seulement un passé immémorial mais aussi l'essentiel de son art à venir ? Quelque chose en tout cas lui a été donné, et que ses inventions nous rendent. «Par-delà l'oreille mortelle, (un âge ne l'entend qu'une fois)», c'est «la course épique de Scythie», comme disait Marina Tsvetaeva, qui parvient jusqu'à nous. L'écho de cette course, les premières vendanges de l'homme ne nous parlent pas seulement de royaumes disparus, mais aussi de matins à venir, qui appartiennent encore à Dieu. Parce qu'il a osé regarder en arrière, Goudji a vu ce que d'autres ne voyaient pas. Son œuvre, qui a croisé celle de Pollock, se déplace hors du temps. Elle conduit les aveugles par des chemins de noblesse et d'imaginaire vers une éternité que chacune de ses créations fait exister. Si l'art de Goudji échappe à l'histoire, il s'évade aussi des contingences géographiques. La Géorgie, terre entre deux mers sur les vieilles routes asiates, fut sa première patrie. Elle avait été fécondée par Prométhée, qui paracheva à sa manière l'enseignement des maîtres dinandiers. Voler le feu des dieux, c'était un bon programme pour un jeune homme qui cherchait le salut dans l'accomplissement de formes supérieures. Il serait vain d'espérer tenir aujourd'hui les comptes d'hoirie de son élan imaginal, car s'il est possible d'identifier quelques origines dans les constellations de son cosmos, elles se réfèrent toujours à des mythologies qui ont été en contact les unes avec les autres, parfois front contre front, mais qui toujours ont fini mêlées par les eaux du ciel et d'aujourd'hui. Goudji le chaman a embarqué son bestiaire dans une arche qui ressemble à celle de Noé. Ils sont tous là : le tigre, qui attend l'heure tranquille où les animaux vont boire et qui nous parle d'Orient, le renne et le cheval, descendus de l'arbre altaïque, le taureau, qui est partout chez lui, au pays de Sumer comme à Rome, l'oiseau miroir du soleil. L'ombre de la croix s'allonge sur ce troupeau magique. Elle l'accompagne jusqu'à notre temps, aux portes des abbayes (Champagne, la Grande Trappe, Saint-Philibert de Tournus) ou des nombreuses cathédrales (Luçon, Cambrai, Chartres) qui ont dessiné le premier visage de la France et où Goudji a laissé des signes qui chantent la gloire du Supplicié, comme si toute une vie et tout un art s'étaient rassemblés, en notre temps de grouillement païen, pour retourner à l'Espérance.

Daniel Rondeau

Goudji ou la pluralité des mondes

Jacques Santrot

Racines et métamorphoses

Le 6 juillet 1941, Goudji Amachoukeli naît à Borjomi, dans le Caucase, berceau de la métallurgie.

Il y a trente-trois ans, le 31 janvier 1974, il quitte Moscou pour Paris, l'Union soviétique pour la France et une nouvelle existence. Il a trente-trois ans.

Les Grecs situaient dans l'actuelle Géorgie des mythes fondateurs de la civilisation occidentale. C'est en Colchide, dans la vallée du Phase (l'actuel Rioni) et à son embouchure sur la mer Noire, que Jason et les Argonautes allèrent conquérir la Toison d'or, souvenir d'une pratique d'orpaillage consistant à retenir dans la laine d'un mouton les paillettes d'or roulées par les rivières. C'est encore au sommet enneigé du Caucase qu'était supplicié Prométhée, le Titan puni par Zeus pour avoir modelé le premier homme et dérobé une parcelle du feu céleste pour lui donner la vie. La légende le montre enchaîné au Kasbek par Héphaïstos, le divin forgeron, et condamné au supplice éternel de voir ronger par un aigle son foie sans cesse renaissant.

Mais ce n'est pas le seul titre de cette région des confins de l'Europe et de l'Asie à intéresser l'histoire européenne : avec l'Homme de Dmanissi, *Homo erectus* daté de 1,8 million d'années, la Géorgie conserve le premier jalon de l'occupation humaine de ces continents depuis la Tanzanie. La riche culture néolithique et protohistorique de la Géorgie est, avec celles de l'Anatolie orientale, de la Transcaucasie et de la Mésopotamie, l'un des pôles majeurs de la domestication des plantes et des animaux et de l'acquisition des premières techniques de la céramique (V^e millénaire), de la découverte de la métallurgie (IIIe millénaire), de la première cosmographie et de l'établissement du zodiaque et des calendriers (IIe millénaire). Cette région a fertilisé tout l'ancien monde et contribué à la richesse des civilisations de la Méditerranée, et donc de l'Europe.

Épopées, récits, romans, théâtre et poésie, la littérature géorgienne du XIXe siècle est imprégnée de culture ancienne et de l'histoire de ce pays transmise par la *Chronique de Géorgie*, support de l'identité nationale dont le principal sujet est la résistance géorgienne contre les envahisseurs mongols, turcs et persans. À côté du culte marial, celui de saint Georges est très présent : patron de la Géorgie à qui il a donné son nom, dieu de la Lune,

d'abord, ou *un génie païen sous un nom chrétien comme c'est souvent le cas au Caucase*, ce pieux cavalier de l'armée romaine d'Afrique est représenté terrassant le dragon ou tuant l'empereur Dioclétien, persécuteur des chrétiens. Saint Georges est ainsi le champion du monde chrétien face aux musulmans. C'est dans ce contexte que Goudji a été élevé et c'est cette culture qui, avec un Occident rêvé, a baigné sa jeunesse.

Batoumi, Tbilissi, Moscou – Parcours initiatique

Originaire de Batoumi, chef-lieu de la province d'Adjarie et petit port pétrolier de l'extrême sud de l'Empire soviétique, à quelques pas de la frontière turque, c'est par hasard que Goudji naît à Borjomi le 6 juillet 1941. Georges Amachoukeli, son père, est issu de la petite noblesse géorgienne d'Amachouketi, village de la province d'Iméritie, à l'ouest de la Géorgie. Formé sous les tsars, il est médecin à Batoumi quand l'Allemagne nazie envahit brutalement l'Union soviétique. La mobilisation générale est proclamée et le commandant Amachoukeli est chargé d'organiser un hôpital militaire à Borjomi, dans les monts de Trialéti, une ville thermale réputée depuis les tsars : l'altitude et le climat de cette station de sports d'hiver ont paru propices à la convalescence des grands blessés. Ce voyage précipité accélère la naissance et l'enfant naît en catastrophe, deux semaines après l'offensive, dans la panique de cette déclaration de guerre. Il survit. De ce présage, Goudji tirera le courage de se battre, quoi qu'il arrive.

Second du foyer, le nouveau-né reçoit le prénom d'Elgoudja, sans équivalent chrétien, qui devient Goudji, pour sa famille, un surnom emprunté à un personnage de théâtre réputé pour son esprit de résistance aux tracasseries administratives ! Prédestination ? Lorsqu'en 1943 Staline rétablit les apparences de l'Église géorgienne, la mère de Goudji fait baptiser ses garçons et leur donne les prénoms des deux frères Éristavi, ces princes géorgiens martyrisés au XVIIe siècle pour avoir refusé de se convertir à l'islam : Nukri, l'aîné (1939), est baptisé sous le nom de Chalva, et Goudji, sous celui d'Élizbar. Mais ce baptême a lieu secrètement à Tbilissi, en cachette du père qui aurait pu craindre pour sa position officielle.

La paix revenue, la famille Amachoukeli regagne Batoumi, sa raffinerie vieillie, la pénurie ambiante et la crise du logement : elle occupe un modeste deux-pièces sans eau chaude mais avec l'électricité. Pour toute richesse, la famille dispose d'un vieux mais bon piano allemand, orgueil de Nina, la maman de Goudji, et d'un stéréoscope, instrument féerique rapporté par le grand-père en 1900 de l'Exposition universelle de Paris : toute sa jeunesse, l'enfant scrutera à en rêver les vues en relief de monuments du monde entier, dont les cathédrales de France, le palais Garnier et… la tour Eiffel ! Faute de livres ou de distractions, il en retiendra chaque détail.

Issue de la nouvelle bourgeoisie aisée de l'ancien régime, Nina avait reçu l'éducation en russe du lycée (*gymnasium*), où l'apprentissage du dessin, du chant et de la musique conférait des atouts et des signes de reconnaissance dans la bonne société batoumite. Professeur au lycée russe, Nina y enseignait les sciences naturelles : anatomie, zoologie et botanique.

Goudji entre à l'école d'État et y reçoit un enseignement classique en géorgien. Contre son gré, il est inscrit par sa mère au conservatoire de musique : cette formation fait partie de la «bonne éducation» mais peut-être faut-il y voir aussi la volonté de rendre utile le «piano d'orgueil» familial ? Le garçon n'aime pas l'instrument. Par opposition au projet de sa mère, il fait tout pour échapper à cette destinée de pianiste et les punitions pleuvent. Alors qu'il n'a que neuf ou dix ans, au lieu de porter l'argent des leçons à son professeur de piano, il file s'inscrire aux cours de dessin de l'École des beaux-arts et, durant trois mois, le chenapan donne le change en s'astreignant aux exercices de piano à la maison ! À la fin du trimestre, la sévère Nina découvre le pot aux roses et réinscrit son fils aux cours de piano. Mais elle l'autorise aussi à suivre les enseignements de dessin et de peinture : il apprend l'aquarelle et le travail à l'huile. En fait, Goudji l'ignore, mais sa mère veut à tout prix le protéger du destin de l'un de ses cousins, un peintre médiocre devenu alcoolique après avoir été écarté des circuits officiels.

L'un de ses professeurs complète son modeste salaire en peignant des affiches de film pour le cinéma local. C'est un bon praticien. Affable et généreux, l'homme prend Goudji en affection et lui donne l'envie de progresser en dessin et en peinture alors que le professeur de piano sanctionne ses élèves à coups de règle sur les doigts ! En classe, Goudji travaille avec acharnement et veut obtenir rapidement son «diplôme de maturité», l'équivalent de notre baccalauréat : il y parvient en 1958, brillamment puisqu'il obtient – et conserve encore avec fierté – l'une des trois «médailles d'or de maturité» remportées par sa classe, une distinction susceptible de favoriser son entrée à l'université. Goudji a dix-sept ans et se destine à une carrière artistique malgré sa famille qui veut en faire un médecin : il prépare et tente le concours d'entrée à l'École des beaux-arts de Tbilissi dont les cinq places mises au concours chaque année sont contrôlées par la *nomenklatura*. Recalé à deux reprises, il est admis comme auditeur libre en 1959, puis, après bien des tribulations, il entre en 1960 dans la section de sculpture des Beaux-Arts de Tbilissi où il suit également des cours de dessin, de peinture, de gravure et d'histoire générale de l'art. De sa formation, Goudji garde une reconnaissance attendrie pour deux excellents enseignants. Peintre de l'École de Montparnasse de 1910 à 1925, le célèbre Vassili Choukaev est son professeur de dessin durant deux ans. Déclaré ennemi du peuple pour avoir vécu à l'étranger et accusé d'espionnage à son retour en Russie, il avait fait vingt ans de goulag avant d'être libéré en 1956, après le *Rapport* de Khrouchtchev. Réhabilité à près de soixante-dix ans, désemparé et sans ressources, il avait été accueilli comme professeur à l'École des beaux-arts de Tbilissi. C'était l'un des derniers artistes à avoir connu l'ancien régime, l'Occident et la liberté. Un autre professeur de dessin et de peinture a beaucoup appris à Goudji, Edmond Kalandadzé. Anticonformiste et marginal, il savait user du «système» en se démarquant des officiels, mais assez habilement pour ne pas être inquiété.

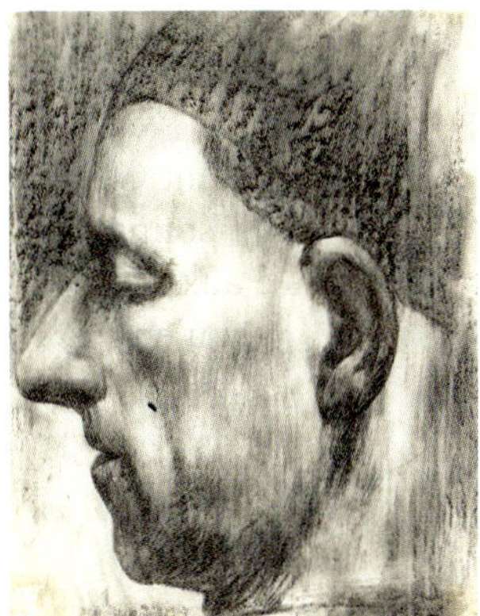 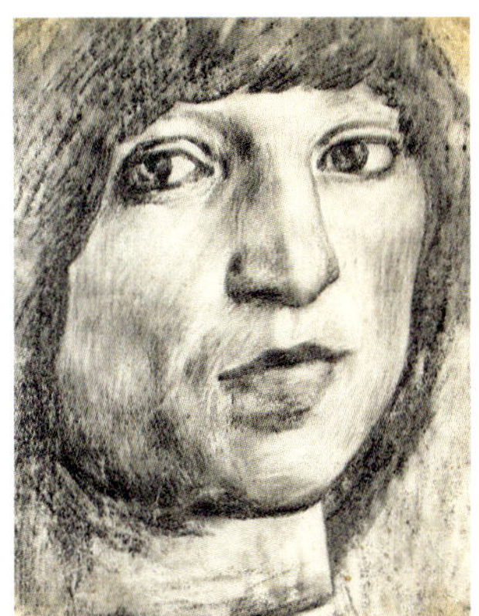 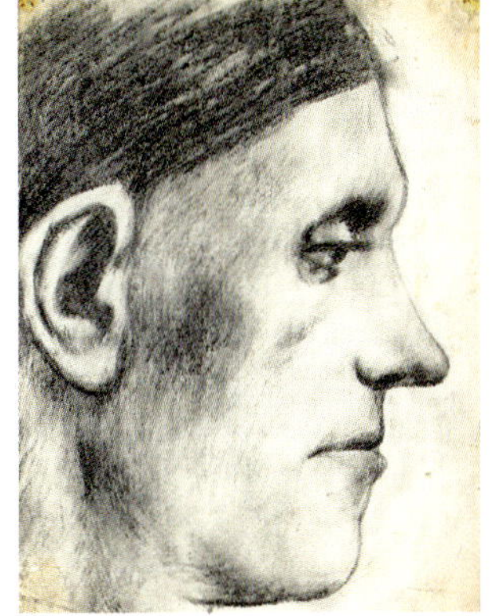

Atelier de Goudji

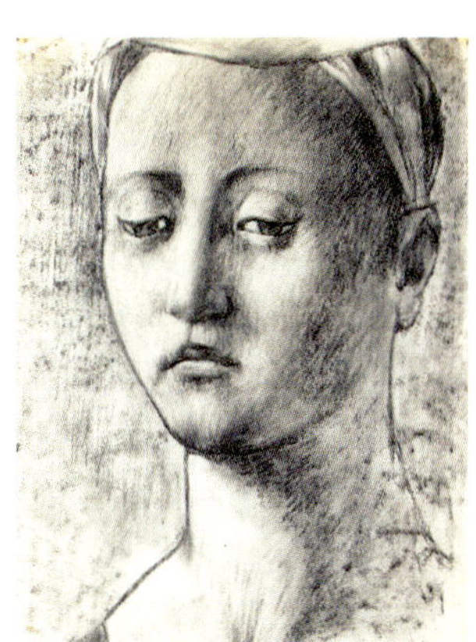

Atelier de Goudji

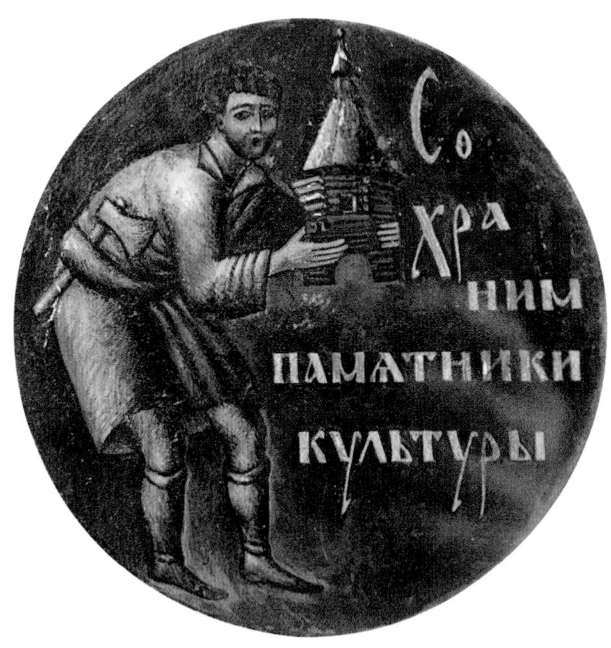

Esquisse de la médaille de la Monnaie
de Moscou sur le thème de la sauvegarde
du patrimoine, 1966
Atelier de Goudji

Malgré cet environnement favorable, Goudji n'obtient jamais son diplôme de fin d'études des Beaux-Arts de Tbilissi. Le destin en décide autrement. En 1962, il doit quitter précipitamment la Géorgie. Deux de ses amis, en vacances à Batoumi, sont arrêtés pour avoir rejoint à la nage un pétrolier à l'ancre et demandé à son commandant de les déposer en Turquie, de l'autre côté du rideau de fer. Immédiatement dénoncés, ils sont condamnés à huit ans de goulag pour *tentative de franchissement illégal de la frontière dans le but de trahir le pays*. Goudji va être inquiété comme complice mais un magistrat, ancien patient de son père, le prévient à temps et lui permet de fuir. Il s'exile à Moscou, dans l'urgence. Là, pendant deux ans de semi-clandestinité, il dévore les ouvrages d'histoire de l'art mais doit trouver mille artifices pour survivre et tenter mille subterfuges pour obtenir enfin, sur son passeport intérieur, la *propisska* de sinistre mémoire, *mot fatal pour tout le monde*, ce précieux tampon de *domiciliation obligatoire* qui donne le droit de vivre et de travailler à Moscou. Avec ce timbre indispensable, il parvient à entrer dans un *kombinat*, un bureau d'études pour l'industrie où sont projetés, dessinés et mis au point des modèles destinés à la production industrielle : il devient donc *designer* et travaille à domicile mais, bien sûr, il n'est pas question de travailler à titre privé. Les maquettes de projet sont soumises chaque semaine au jury chargé de choisir ce qui sera digne d'être réalisé industriellement. Une fois le modèle accepté, son concepteur est chargé d'assurer la mise au point industrielle de sa production dans l'entreprise chargée de la fabrication.

Goudji dessine de ces insignes et décorations dont les Soviétiques sont friands. Il crée aussi, pour la Monnaie de Moscou, des médailles à l'effigie d'hommes illustres, comme Chota Roustavéli ou Jean Hus, et des plaquettes commémoratives, par exemple celle de la victoire d'Alexandre Nevski, sur la Néva, en 1282. Il crée aussi toutes sortes de cendriers sans intérêt ou des chandeliers dont les modèles sont très largement dénaturés par les industriels chargés de les dupliquer. Il sculpte également, dans le plâtre, des modèles de jouets d'enfants : tracteurs, camions, voitures, tricycles, avions, blindés et autres véhicules militaires historiques ou de pure imagination, mais rien de contemporain : gare à l'espionnage ! Cette activité est économiquement intéressante car le « système » est favorable aux « créateurs » : comme ses collègues, Goudji reçoit des droits d'auteur (*avtorskie prava*) à proportion du tirage industriel de ses projets, et il gagne mieux sa vie que son père, pourtant médecin chef de l'hôpital de Batoumi et responsable de la santé de milliers de personnes ! Ce travail lui laisse beaucoup de temps libre, ce qui lui permet de se cultiver. Il hante les bibliothèques, voyage et découvre la culture russe, un enrichissement qui satisfait sa soif d'apprendre.

La créativité de Goudji est appréciée : deux ans après son entrée au *kombinat* et, sur recommandation écrite de sa direction, il est admis dans la section moscovite de l'Union des artistes de l'Union soviétique. Il n'a que vingt-trois ans et restera le plus jeune membre jamais reçu dans cette célèbre institution. Cet honneur est important pour ses conséquences sociales et économiques : l'Union accueille l'« élite », naturellement sélectionnée par le pouvoir, des artistes, créateurs et praticiens et leur apporte de bien meilleures conditions de travail. Ils reçoivent davantage de commandes officielles et peuvent voyager. Ils bénéficient de privilèges comme l'entrée gratuite dans tous les musées de l'Union soviétique et le droit d'accéder aux « maisons de création », ces « hôtels » dotés de bibliothèques et d'ateliers où les artistes sont reçus « en résidence », aux frais de l'État socialiste, pour se reposer, se rencontrer, apprendre les uns des autres, et pour créer. À deux reprises, Goudji y séjournera : au bord d'une rivière de la campagne moscovite, il peint quelques paysages pour passer le temps, avec le matériel prêté par un collègue peintre, et, durant deux mois d'hiver, près de Riga, en Lettonie, il crée un petit atelier de repoussage du cuivre qu'il laissera sur place. En tant qu'artiste, Goudji a bénéficié, un temps, du système soviétique mais il n'a jamais été membre du parti communiste : l'idée même le révulsait.

Pour chercher un procédé remplaçant le collage du métal sur le verre dans la fabrication d'objets associant les deux matériaux, Goudji obtient une mission de trois semaines dans la verrerie de Lvov, une ancienne ville polonaise de l'Ukraine occidentale. Il y expérimente une nouvelle technique de production de lanternes, née de son imagination : le soufflage direct d'un verre coloré dans des armatures de cuivre ou de laiton perforées provoquant l'apparition de cabochons saillant du métal. La difficulté réside dans le choix d'un alliage métallique au retrait compatible avec celui du verre. Par tâtonnement, il obtient une dizaine de prototypes réussis mais le procédé entraîne l'oxydation du métal qu'il faut décaper mécaniquement puis orner d'un dépôt électrolytique protecteur. Le manque de qualification de la main-d'œuvre et sa difficulté d'adaptation à de nouvelles techniques entraînent le bris d'un objet sur deux : faute de rentabilité, le procédé est abandonné. La logique industrielle a eu raison de l'innovation mais, de cette recherche, Goudji conserve une expérience des matériaux qui lui restera très utile.

Goudji perd son père le 1er avril 1967 : il rentre à Batoumi et passe des vacances auprès de sa mère. Bientôt l'inoccupation lui pèse. Il découvre alors deux vieux dinandiers, chichement installés à la périphérie de la ville. Avec son commis, le «patron» ne fabrique qu'une gamme réduite de vases utilitaires en cuivre étamé. Peu prisée des citadins qui apprécient davantage le fer émaillé ou le plastique, plus colorés et plus «modernes», cette vaisselle traditionnelle est vendue sur les marchés ou colportée dans les campagnes, où elle reste appréciée des montagnards de Meskhétie et d'Adjarie, près de la frontière turque, des gens au mode de vie encore très archaïque. Avec du cuivre de récupération, car c'est alors un métal stratégique, ces derniers dinandiers de Batoumi produisent des aiguières, des cafetières, quelques chaudrons, des bassines et de grands plats étamés pour cuire les pâtisseries orientales. Le cuivre de remploi est d'abord dessoudé ou dériveté, mis à plat par martelage, recuit à la forge, remis en forme au marteau et à la bigorne, soudé, riveté et intérieurement étamé pour éviter l'intoxication alimentaire. À ces deux artisans, Goudji demande la possibilité de revenir tous les jours les voir travailler et se propose même de les aider. Méfiance! On le soupçonne d'être un agent du fisc chargé de dénoncer la production non déclarée. Mais bientôt Goudji gagne leur confiance et se fait initier au travail du cuivre. Ses amis en vacances se moquent de lui. Le régime leur donne assez pour vivre et ils ne comprennent pas qu'au lieu de tuer le temps en bavardant autour de bouteilles de vodka, Goudji perde le sien dans un atelier sordide, apprenant un métier pénible, sale et bruyant, sans intérêt et sans avenir : cette production n'est destinée qu'à des paysans arriérés au mode de vie appelé à disparaître. Pourtant, rentré à Moscou deux mois plus tard, Goudji sait marteler le cuivre, travailler le métal au repoussé, souder, riveter, étamer. Il a découvert une technique venue du fond des âges qui ne se transmet que par la pratique. Il a appris à monter une forme en martelant une plaque et à souder divers volumes simples pour obtenir l'objet voulu. Surpris par la violence et la virtuosité d'un geste rodé par des millénaires de tradition et toute une vie de dinanderie, il observe, fasciné par le coup d'œil, le savoir-faire, la justesse et la rapidité d'exécution : les artisans montent plusieurs formes à la fois, gagnant du

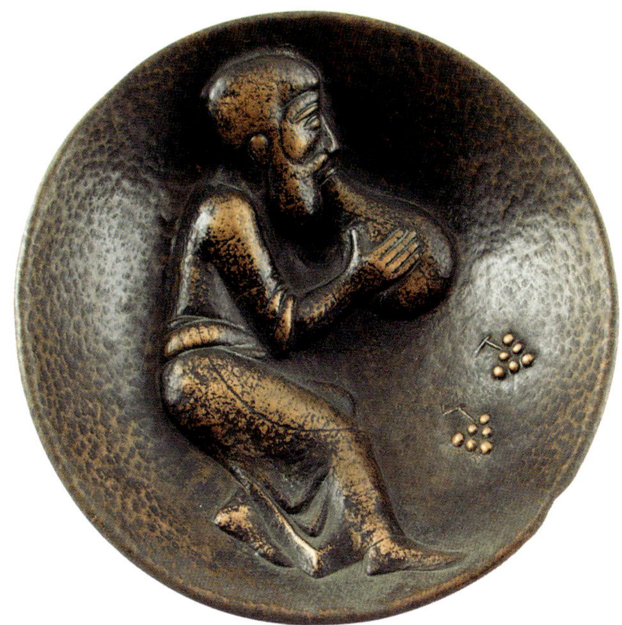

COUPE DU VENDANGEUR, 1965
Cuivre, diam. 16 cm
Collection particulière

temps et économisant le métal. Comme dans l'Antiquité, les artisans raidissent et renforcent le bord des chaudrons et des cuvettes en ourlant leur paroi de cuivre sur un cercle de fer. Pour l'étamage, la pièce est chauffée au rouge, à l'estime, sur un feu de charbon de bois, et décapée d'un jet de salpêtre. Le cuivre brûlant fait vite perler l'étain jeté en rognures sur la vasque tournée à la pince tandis qu'en un tournemain, le dinandier étale vivement le métal blanc d'un chiffon qui s'enflamme en fumant et grésillant. Tout réside dans la couleur du métal surchauffé, dans l'appréciation d'une chaleur uniforme, dans la rapidité et la précision du geste, le rougeoiement des braises, les odeurs, l'âcre fumée d'étain fondu et de salpêtre… Goudji observe et imite. Sur la même forge, il apprend à travailler le fer. Les outils des derniers dinandiers de Batoumi sont anciens, transmis avec l'atelier, la clientèle et le métier. Goudji les dessine et trouvera à Moscou la forge nécessaire pour les reproduire, les adapter, les diversifier à l'envi. Cette technique ancestrale qu'il découvre en un mois est la base même de son art de sculpteur de métal.
Nouvelle expérience formatrice en 1968 : Goudji, qui a découvert dans les musées la richesse et l'originalité des célèbres émaux géorgiens du Moyen Âge, obtient une bourse pour étudier et adapter à une production industrielle la technique très délicate des fameux émaux d'Oussol, produits, du XVIIe siècle au milieu du XIXe, dans la région de Solvytchégodsk, un port fluvial au nord de Moscou. Ces émaux allient au cuivre battu, repoussé et cloisonné, la couleur de la pâte de verre délicatement peinte en aplats, chaque couleur étant successivement fixée par cuisson à la température adaptée. Caractérisée

13

par des tulipes orangées sur fond blanc, leur riche polychromie s'inspire de décors hollandais parvenus jusque-là par le fleuve. Avant d'en aborder la technique, Goudji découvre les chefs-d'œuvre de cette production au palais des Armures du Kremlin, puis au musée de l'Ermitage, à Leningrad. Il manipule aussi des objets plus modestes dans les réserves du Musée historique de Moscou. Dans un atelier, il émaille de blanc quelques coupes de cuivre repoussé puis les peint au bleu de cobalt. Double cuisson. S'il s'inspire d'abord des tulipes originelles, il s'affranchit bientôt du motif traditionnel des émaux d'Oussol; il en simplifie le procédé de fabrication et le motif décoratif, tout en l'enrichissant de sa propre créativité. Il orne déjà ses essais d'un bestiaire stylisé, monochrome, qui annonce ses créations futures : un cerf porteur de croix est tatoué de rosettes, comme la biche du psaume sur les assiettes paléochrétiennes des rivages atlantiques. Ce n'est que par les livres qu'une telle inspiration archéologique a pu parvenir jusqu'à Goudji. Les difficultés bureaucratiques et techniques ont encore raison de ce projet : exigeant des ouvriers une compétence et une rigueur de travail peu conciliables avec la rentabilité industrielle et les manières du temps, le savoir-faire des émaux d'Oussol est incompatible avec l'industrie soviétique…

Cette pratique du travail artistique du métal et une créativité qui force l'admiration valent bientôt à Goudji quelques commandes importantes. Il en est ainsi des grilles, cheminées et luminaires en fer forgé enrichi d'un bestiaire de cuivre repoussé pour les salles de réception d'une *datcha* destinée aux hôtes étrangers du ministère de l'Intérieur.

En 1967, Goudji fait la connaissance de Katherine Barsacq, une jeune interprète française de vingt ans qui a choisi un séjour à Moscou pour parfaire ses connaissances en russe. Venue pour huit jours accompagner la tournée théâtrale de son père, elle est engagée à l'ambassade de France le lendemain même de son arrivée et chargée par le conseiller culturel de travailler à la diffusion de la culture française en URSS par le cinéma, des tournées de théâtre et de concerts, des livres de littérature et d'apprentissage de la langue française. Elle restera à Moscou huit années durant. Petite-fille de Pierre Barsacq, sorti major de l'école d'ingénieurs agronomes de Versailles, mort du typhus en 1920 alors qu'il luttait pour sauver le vignoble de Crimée du phylloxéra, elle baigne dans le théâtre et dans l'art : son père, André Barsacq, est metteur en scène et dirige le Théâtre de l'Atelier, à Montmartre, durant près de cinquante ans, faisant découvrir au public les premières pièces de Jean Anouilh, Marcel Aymé, Félicien Marceau, Françoise Sagan. Décorateur de cinéma, son oncle Léon Barsacq signe les décors de Renoir, René Clair, Duvivier et Marcel Carné, tandis que sa mère, Mila, originaire de Saint-Pétersbourg, est la nièce de Léon Bakst, le décorateur fétiche de Diaghilev pour les Ballets russes de Paris. C'est pour elle que Goudji, encore à Moscou, créera sa première fibule (broche); sa vie durant, elle ne portera plus que le bijou créé pour elle par son futur gendre.

En septembre 1969, Katherine dépose sa demande officielle de mariage auprès des autorités. Pour pouvoir épouser un Soviétique, elle doit quitter l'ambassade.

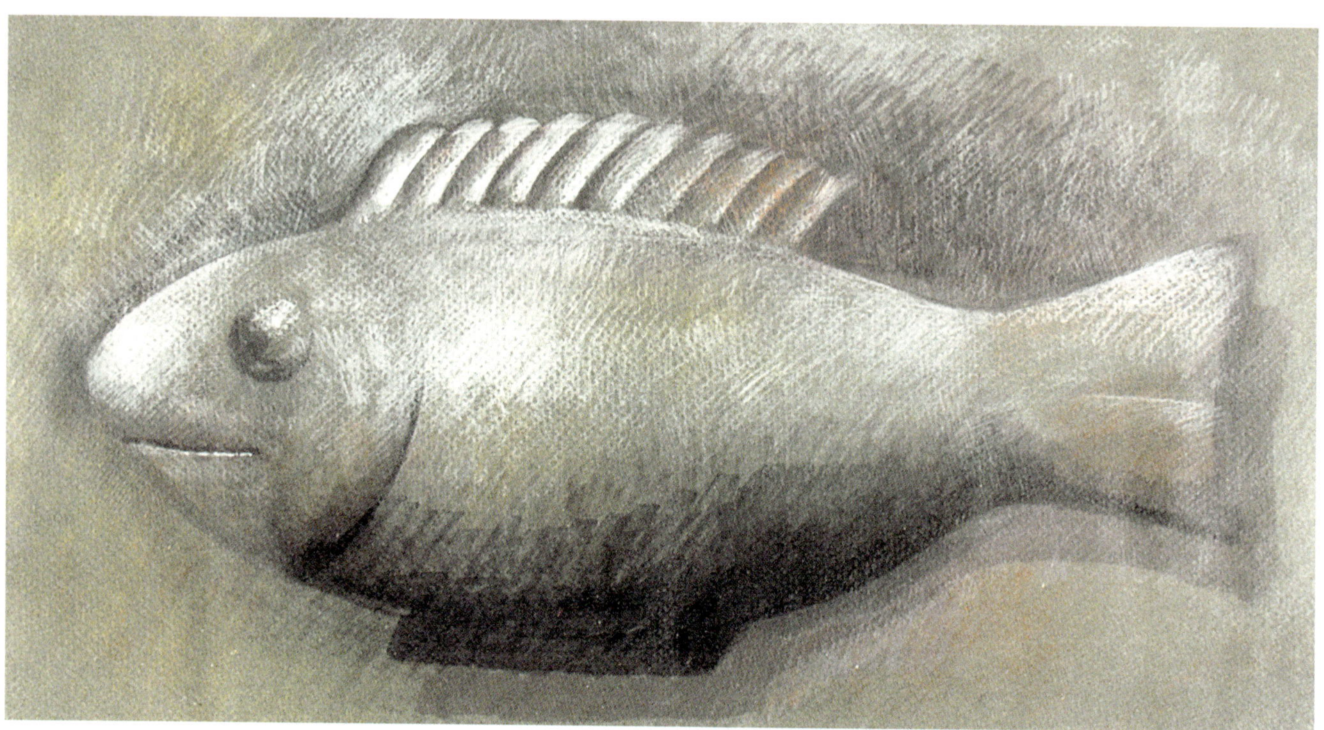

Esquisse, 1995
Atelier de Goudji

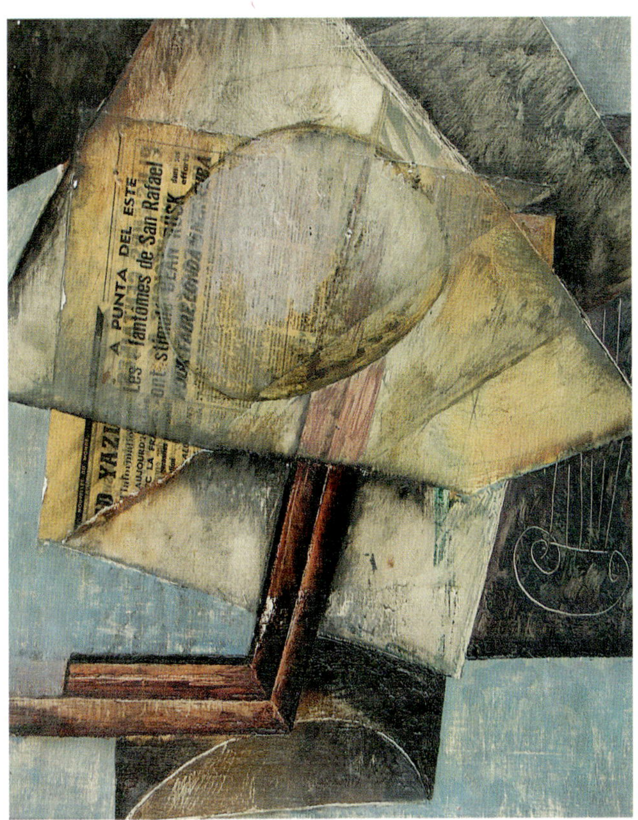

NATURE MORTE, 1958
Huile sur toile – Atelier de Goudji

Elle rentre en France pour terminer ses études mais, pour revoir Goudji, elle accompagne comme impresario la première tournée en URSS d'une troupe flamenca après le dégel des relations de l'URSS avec l'Espagne de Franco : la tournée est bientôt déviée vers Batoumi pour un concert supplémentaire, ce qui permet à Goudji d'annoncer à sa mère son intention de se marier et de lui présenter Katherine, mais aussi d'obtenir l'autorisation parentale réglementaire. Se marier avec une étrangère était rare en URSS, surtout avec une Française, et naturellement mal vu par le pouvoir et la société soviétiques. Or, non seulement Nina accorde son autorisation malgré les pressions, mais encore elle demande à Katherine de faire quitter le pays à son fiancé, quoiqu'elle sente qu'elle ne reverra plus son fils car elle sait qu'il ne supporte pas le régime et que ce rebelle finira mal s'il reste en Union soviétique. Après maintes tracasseries, Goudji épouse Katherine le 30 décembre 1969. Marié à une « capitaliste », il est mis au ban de la société soviétique. Il n'y a plus pour lui ni commande, ni travail, ni salaire et il perd tous les avantages de sa position d'artiste. C'est Katherine, désormais, qui doit faire chauffer la marmite. Elle devient l'assistante d'Alain Manevy au bureau de *France Soir* à Moscou, puis retrouve un poste à la Mission commerciale française grâce à l'amitié du conseiller commercial, Henri Lombard.

Peu après son mariage, Goudji demande un visa de sortie pour se rendre en France et faire la connaissance de sa belle-famille : refus catégorique de l'administration, sans explication. Trois nouvelles démarches restent vaines. En 1972, à la veille de la naissance de Stéphane que Katherine décide de mettre au monde en France, seule, pour qu'il puisse obtenir un passeport français, Goudji demande à quitter définitivement le pays. Nouveau refus brutal des autorités, mais l'artiste est aussitôt convoqué par le comité de l'Union des artistes soviétiques qui lui fait rédiger sur-le-champ une lettre de démission, immédiatement acceptée. Cependant, la bureaucratie soviétique est lente et, paradoxalement, Goudji continuera à percevoir des droits d'auteur : muni d'une procuration, l'un de ses amis en profitera encore deux ans durant après son départ en Occident…

Dès le mariage, André Barsacq intervient auprès de Georges Pompidou pour faire sortir son gendre d'URSS. C'est en 1972, lors de son avant-dernier voyage à Moscou, que le président de la République rencontre Katherine à l'ambassade et lui promet d'intervenir à nouveau personnellement auprès de Brejnev pour demander la venue de Goudji en France. Il faudra encore attendre deux ans de démarches pressantes du gouvernement français pour que Goudji puisse quitter l'URSS. En 1973, Katherine écrit au responsable de l'OVIR, la préfecture de Moscou, qu'elle *n'hésitera pas à s'adresser au sénateur américain Jackson pour faire respecter ses droits de citoyen tels qu'ils sont stipulés dans la Déclaration des droits de l'homme…* Le sénateur Jackson était considéré comme un « faucon » par les Soviets car il présidait la commission sénatoriale chargée de mesurer les achats de blé américain par l'Union soviétique eu égard au respect des droits de l'homme par Moscou. Or l'URSS espère alors obtenir la clause de la nation la plus favorisée. Le président Pompidou obtient l'inscription de Goudji sur la liste des règlements de litiges privés par faveur de chef d'État et, fin 1973, les choses vont très vite : on donne un mois à Goudji pour quitter le territoire. Il va voir sa mère une dernière fois à Batoumi, avec Stéphane, âgé de dix-huit mois. Nina décédera en 1985 et Goudji n'a jamais revu ni sa mère ni sa patrie.

Après d'ultimes mesures d'intimidation –Katherine est convoquée à la douane centrale–, le couple peut partir. L'artiste n'est autorisé à emporter que peu de souvenirs matériels de sa « période soviétique ». Pour parer à tout incident de dernière minute, une diplomate, Claire Malaurie, accompagne Goudji, Katherine et leur petit Stéphane jusqu'à l'avion d'Air France.

PARIS, LES CHEMINS DE LA LIBERTÉ
OU LE MARTEAU SANS LA FAUCILLE

Goudji arrive à Paris le 31 janvier 1974. C'est une nouvelle naissance. La France l'accueille puis se l'approprie : il devient français en 1978.

Libre ! Goudji est, à Paris, libéré de son passé, sans bagages mais riche d'une profonde culture, si originale. Le lendemain de son arrivée, il sort seul dans Montmartre, un quartier qu'il connaissait déjà par la littérature, monte à la place du Tertre et jusqu'au Sacré-Cœur. Devant ce panorama superbe et paisible, Paris au petit matin dans la brume de février, Goudji se reconnaît et se sent chez lui. Il est à l'aise. Cette promenade le libère de sa peur de l'inconnu. Il se souvient de cette remarque des Géorgiens : *Nous aussi, nous avons notre funiculaire et Tbilissi est un petit Paris !* Le funiculaire passe devant sa fenêtre. La France est sa nouvelle patrie et Montmartre, son village…

Les trois premiers mois en France sont difficiles. N'ayant pas eu d'activités subversives, Goudji n'est pas déchu de sa citoyenneté soviétique ; pourtant, son passeport est barré du timbre *Sortie définitive à l'étranger* qui interdit tout retour dans l'Union. Le départ vers l'Occident est définitif, traumatisant. La rupture est brutale et le choc culturel puissant. L'homme est ébloui par la beauté de la ville mais assommé par son environnement trépidant, désarçonné par la course sans fin et vaine de la société de consommation. Moralement épuisé par ce changement de repères et de valeurs, il ne peut d'emblée découvrir Paris. Durant trois mois, il dort… À la grande inquiétude de Katherine qui ne comprend pas cette apathie soudaine. Il se demande quoi faire et comment : *Au début, je n'ai rien compris. J'étais fatigué, épuisé. Je ne savais me déterminer : que fallait-il faire pour vivre, pour exister ?* Il doit se prendre en main et construire une nouvelle vie. Jeune homme, étudiant, il rêvait de devenir orfèvre, créateur d'objets uniques, et s'était essayé à marteler du cuivre ou de la ferraille pour en tirer des volumes, mais ce projet était tout illusoire car façonner les métaux précieux était interdit en Union soviétique. Cette activité était considérée comme subversive, s'opposant à l'économie de l'État socialiste. Pourtant, son premier travail d'orfèvre date de 1969 quand, à Moscou, il a sacrifié son « héritage » en fondant une cuillère pour créer une broche pour Mila, sa future belle-mère, une fibule d'argent enrichie de petits galets colorés polis par le ressac de la mer Noire. Son second bijou est le collier d'argent et de cornaline créé pour sa future belle-sœur, la comédienne Élisabeth Alain. C'était là son unique expérience d'orfèvre, clandestine, à son arrivée en France.

« Je veux créer des objets précieux, mythiques et uniques, des objets de beauté, des objets sacrés. »

Goudji ne parle pas un mot de français et sa nouvelle famille ne sait pas comment lui venir en aide dans un domaine qu'elle ne connaît pas. Pourtant, Goudji s'éveille peu à peu au mode de vie occidental. Pour apprendre le français, il suit les cours de l'Alliance française, mais pendant deux semaines seulement : il supporte mal l'inculture et l'intolérance de condisciples américains qui n'ont jamais entendu parler de Moscou, de l'URSS, ni, *a fortiori*, de la Géorgie. Lorsque Katherine projette de faire faire le tour du monde à cet homme qui n'avait jamais pu quitter son pays, Goudji objecte qu'il ne bougera pas avant d'avoir trouvé un atelier et de s'être mis au travail. En parcourant la Butte dans ses moindres recoins, il trouve l'atelier de ses rêves et s'y enferme pour n'en plus sortir. Il se jette dans la création à corps perdu et n'apprend le français… qu'au rythme du marteau, en écoutant la radio. Et son tour du monde sera celui des lettrés du Moyen Âge, dans les livres et les grimoires !…

« Timidement, j'ai commencé à créer quelques pièces de bijoux. »

Pour faire vivre le foyer, Katherine travaille pour une société. Le soir, elle pourvoit aux tâches administratives et commerciales générées par l'activité de son mari. L'atelier prenant de l'essor, elle doit, cinq ans plus tard, se consacrer exclusivement à l'artiste.

Goudji voyage un peu et découvre l'art occidental. Il est fasciné par l'architecture médiévale car l'art roman, dont les racines carolingiennes se sont nourries de contacts avec le Proche-Orient, lui rappelle l'architecture chrétienne de son pays natal. Sa découverte de l'abbaye du Thoronet est un choc spirituel et esthétique. Dès lors, il provoquera toutes les occasions de découvrir les grands monuments médiévaux.

L'artiste bénéficie d'une carte de séjour pour un an, renouvelée pour trois ans. Dès qu'il est en mesure de déclarer des revenus, il demande à être naturalisé français. Baptisé sous le prénom d'Elizbar, Goudji devient, en 1978, Guy Georges Amachoukeli mais, dès ses premières expositions, l'artiste signe ses œuvres de son seul diminutif, Goudji, et fait porter ce nom d'usage sur ses papiers d'identité.

Dans son échoppe de Montmartre, une pièce donnant sur un passage couvert face à la maison où vécurent deux autres immigrés célèbres – Théo et Vincent Van Gogh –, Goudji crée une première série de bijoux, en cuivre et en laiton. Comme les artisans de Batoumi, il récupère sa matière première aux puces de Clignancourt, la martèle, la recuit et lui donne une nouvelle vie, la transcende. Ses premières créations françaises sont montrées par une amie, Andrée Jaigu, à Hubert de Givenchy. Le grand couturier demande au jeune immigré de créer pour lui une ligne de bijoux. Pour Goudji, inconnu et sans moyens, une telle offre est une aubaine autant qu'une réelle reconnaissance, mais il fait répondre en toute innocence que s'il fabrique des bijoux, ce sera sous sa propre signature. Trait de caractère et confiance en sa destinée ! C'est d'ailleurs en 1975 que Goudji crée son célèbre poinçon aux initiales en caractères géorgiens *mkhedruli* (alphabet spécifique des textes profanes), un « G » accompagné d'un petit « A » en exposant, et sa signature en capitales latines. Il estampille ainsi les bijoux qu'il présente, pour la première fois, dans une galerie : grâce à Hubert de Givenchy qui a eu l'élégance de le recommander, c'est chez Sven, qui diffuse des tirages de Max Ernst, Braque et Picasso, des multiples principalement destinés à la vente aux États-Unis,

que Goudji expose ses premiers bijoux. Ses créations originales s'inscrivent, «modestement», dans la lignée de
l'art géorgien médiéval, célèbre par son orfèvrerie et ses
émaux. Ses pièces uniques en laiton ou en cuivre argenté
se vendent bien et c'est encourageant!

« J'ai commencé par des bijoux, qui ne demandaient
pas beaucoup d'investissement,
moins que les pièces de forme, et me donnaient
de l'indépendance [financière]. »

Ses humbles bijoux de cuivre prennent vite l'apparence
de l'orfèvrerie : l'artiste les fait argenter par électrolyse.
Par ces petites parures, modestes, d'abord, puis somptueuses, que ses amis et sa famille collectionnent –
notamment son beau-frère Jean-Louis Barsacq et
Catherine, son épouse–, il se fait rapidement connaître
des amateurs. En 1976, la galerie Sven expose ses bijoux
à la Foire internationale d'art contemporain de Paris (Fiac)
et, plusieurs années de suite, Goudji participe au Salon
des ateliers d'art qui se tient deux fois par an à la Porte de
Versailles. Plus tard, il participe au salon Bijhorca, spécialisé dans la joaillerie, l'orfèvrerie, la bijouterie et l'horlogerie, puis au salon de Bâle (1981), la seule manifestation
internationale d'importance pour la bijouterie, et, à Paris,
à la Biennale des antiquaires et de la haute joaillerie, au
Grand-Palais (1982). Il a bientôt l'opportunité d'exposer
ses créations en Allemagne (Altes Rathaus d'Inzlingen,
1983 et 1986), au Luxembourg (galerie Jean Hilger, 1985),
à New York (Arras Gallery, 1986-1987), à Miami (Gallery
99, 1987-1988), à Londres, Munich et Barcelone (galerie
ASB, 1987-1988), etc. Dès lors, il commence à recevoir
des commandes et commercialise toute sa production.
Cette indépendance économique nouvellement conquise
a ses exigences : l'artiste est conduit au respect des délais
et de la parole donnée, au rythme soutenu et à la rigueur
du travail, toutes choses inconnues de sa formation
soviétique et souvent éloignées de la mentalité d'artiste.
Pourtant, Goudji se donne une discipline de fer et sa vie,
désormais toute de mouvement, est cadencée par le marteau d'exigence et par la forge de vérité.
Dès son arrivée en France, Goudji se refuse à faire des
séries, qui lui rappelleraient sa période soviétique. Ses créations sont toujours uniques, battues au marteau à partir de
la feuille de cuivre, puis d'argent, et ne permettent pas une
diffusion large. Lorsque les galeries lui demandent de reproduire les bijoux présentés dans les salons, il s'y refuse et
propose de nouvelles créations, dans le même esprit mais
en se renouvelant sans cesse : « J'aime changer. » Il sait ainsi
conserver sa liberté de création sans jamais décevoir ses
commanditaires. Seul un pendentif moulé, mais ciselé et
poli individuellement, sera inséré dans la reliure du tirage de
tête de l'ouvrage de Marc Hérissé en 1993 (*Goudji*, Éditions
de l'Amateur et Charles-Yves et Françoise Plessis). En 1995,
Michel Laclotte, président-directeur du musée du Louvre, et
la Réunion des musées nationaux célèbrent le bicentenaire
du Louvre (1995) en commandant à Goudji la création

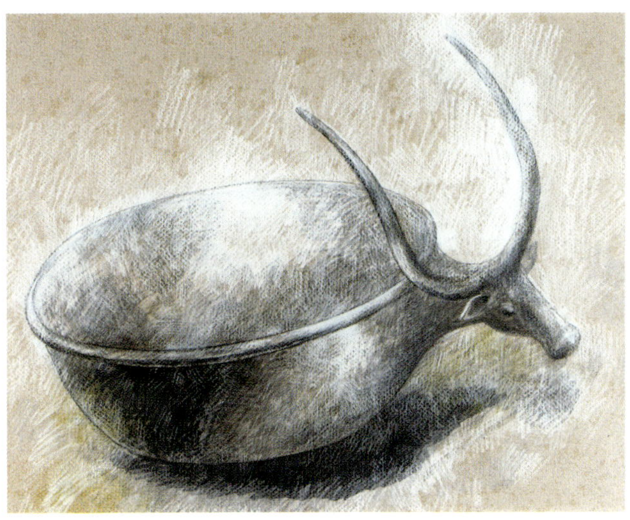

E S Q U I S S E , 1996
Atelier de Goudji

d'une ligne de bijoux, *Goudji au Louvre*, trois parures de cinq
bijoux réalisées à huit exemplaires numérotés, tous réalisés
individuellement et ornés de pierres différentes.
À partir de 1976, l'utilisation du vermeil, dorure électrolytique de l'argent massif par cinq microns d'or à 750 millièmes, permet à Goudji de jouer sur de nouvelles associations de couleurs. Substitut de l'or dont il a l'aspect
et plus commode à travailler, le vermeil prend, à l'usage,
une patine sans égale : l'argent transparaît sous la pellicule d'or affinée par le frottement. Mais cette vie frémissante et sensible du vermeil au fil du temps n'est pas
toujours comprise et Goudji, qui n'aime guère redorer le
vermeil usé, préfère aujourd'hui façonner la feuille d'or.
C'est également en 1976, que Goudji se voit confier la
création de l'épée d'académicien de Félicien Marceau et,
par Michel Barsacq, le frère architecte de Katherine, il fait
la connaissance de François Mathey, normalien et chrétien convaincu qui, d'inspecteur des Monuments historiques, est devenu le conservateur du musée des Arts décoratifs de Paris. Cette rencontre est déterminante et, vingt
ans durant, jusqu'à sa mort, l'historien de l'art encouragera Goudji à poursuivre la création de pièces de forme,
un choix difficile qui nécessite de lourds investissements
en matière première et en temps. Modestes, ces premiers
objets sont en cuivre argenté, des essais non destinés à la
commercialisation que François Mathey apprécie d'emblée. L'artiste lui confie son désir de jeune homme : créer
des objets de culte. Un rien provocateur, le conservateur
répond par une boutade : *Vous feriez mieux de créer des tro*
phées de football car, dans le domaine de l'art sacré, la création
est indigente en France et les gens semblent préférer le football à
tout autre « art », fût-il sacré!
En 1977, Françoise Plessis, dont l'époux céramiste Charles-
Yves participait également aux Salons des ateliers d'art,

organise une exposition de bijoux de Goudji dans une cave au sol de terre battue, à Montfaucon-sur-Moine, un village de cinq cents âmes dans le Maine-et-Loire : Goudji accepte, par amitié, sans y croire, mais c'est une étonnante réussite et elle se renouvellera plusieurs fois dans leur galerie nantaise. Autre rencontre, avec Gérard et Sophie Capazza qui demandent à Goudji, dès le premier Salon des ateliers d'art, d'exposer ses œuvres dans leur jeune galerie de Nançay (Cher). Katherine ne les décourage pas mais leur demande de revenir plus tard, quand ils auront fait leurs armes. Ce qu'ils firent pendant cinq ans : tous les ans, ils apportèrent des photos de la galerie qu'ils restauraient pour montrer qu'ils progressaient et que les amateurs en Sologne leur faisaient confiance. Devant la beauté du lieu restauré et la ténacité des jeunes galeristes, Goudji décide de leur faire confiance et leur confie quelques œuvres. Voilà trente ans que leur collaboration se poursuit.

Fort de ces premiers succès, Goudji se risque à travailler l'argent : une admirable coupe ovale à la tête de taureau aux cornes en lyre est, en 1980, sa première sculpture en argent massif : elle résume tout son art à venir. Déjà parfaitement aboutie, cette œuvre reste, comme un symbole, l'un des rares objets conservés en propre par Katherine. Peu à peu, l'artiste met au point sa technique si originale du «martelé creux» qui consiste à former séparément, puis à emboîter et souder deux parois semblables en argent battu, séparées par du vide. Cette technique permet d'économiser le métal et d'alléger les objets, bijoux ou pièces de forme, tout en les rigidifiant. L'usage de plis ou la confection de «rides» repoussées sert également à renforcer une surface sans apport de métal. En outre, le martelé creux facilite l'enchâssement de pierres rares dans la paroi réservée. Ce procédé était connu des Romains mais, dans les vases d'argent des trésors pompéiens, un mastic coulé entre les parois les raidissait et réduisait les risques d'enfoncement. Bien évidemment, cette technique interdit toute reproduction par des moyens mécaniques et c'est aussi une raison pour Goudji de la préférer à toute autre. *Je reste tout à fait conventionnel, archaïque, sans aucune modernité dans les moyens. Je travaille avec des moyens simples, comme il y a deux ou trois mille ans. À notre époque basée sur la technologie, j'ai une démarche inverse de celle des créateurs actuels qui dessinent les objets du quotidien qui sortent des machines,* ce premier métier dont Goudji s'est éloigné dès qu'il l'a pu. Pourtant, l'artiste est un homme de son temps qui adopte rapidement les techniques contemporaines et sait innover. Dès 1980, le chalumeau oxhydrique et le réchaud à gaz remplacent la forge multimillénaire, mais cet équipement mythique, encombrant et salissant reste indispensable pour le travail du fer, la fabrication des outils, la construction de meubles pour les espaces sacrés. À l'antique goupille de ses premiers torques «hittites», l'artiste substitue bientôt un ingénieux fermoir à aimant qui permet l'utilisation de plusieurs bagues ou pendentifs, interchangeables sur une même base réversible, offrant ainsi plusieurs bijoux en un seul. Ce procédé est rapidement imité. Peu satisfait de l'argenture et de la dorure de sous-traitance qui pourtant le soulageait d'un travail sale, pénible et, somme toute, dangereux, il acquiert l'équipement nécessaire et dose lui-même ses dépôts électrolytiques. Dominant toutes les techniques indispensables à son art, Goudji maîtrise toute la chaîne artisanale qui lui permet de s'exprimer pleinement.

> ### Artiste et artisan
>
> *Il n'y a pas de frontière entre artiste et artisan. La maîtrise du métier est indispensable mais la créativité vient en plus. On peut bien maîtriser son métier mais ne pas exprimer jusqu'au bout l'idée que l'on a dans la tête.*
> *Artisanat ? Art ? La question est éternelle. Artiste ou Artisan ? Où finit l'artisanat ? Où commence l'art ? L'artisanat fait partie du métier. Les matériaux nobles sont importants pour le résultat du travail. Mais la créativité est la vraie valeur ajoutée. C'est au public qui aime ce que je fais et qui achète mes créations de décider si c'est de l'art ou de l'artisanat... L'art est universel ; il rapproche les cultures diverses et les contrées lointaines par la spiritualité qui le motive.*

En 1979, la naissance de leur fille, Marie, vient compléter une cellule familiale qui peut désormais s'épanouir.
À côté des déjà célèbres bijoux de Goudji, la galerie Jansen, rue Royale à Paris, expose en 1982 ses premières pièces de forme en argent massif et en vermeil. Réminiscences de civilisations anciennes nourrries des mille cultures de l'ancien monde, ces œuvres ne sont ni des copies ni des plagiats mais une synthèse de l'antique et de notre temps, des créations inspirées, des «goudji» puisque ce surnom géorgien devient à lui seul une signature et, quasiment, un nom commun. Ce succès permet à l'artiste de créer des œuvres plus ambitieuses et originales, des boîtes, des centres de table, des coupes de pierre dure dignes du Bas-Empire romain ou de la Renaissance. Son style ne ressemble à aucun autre, pas plus que sa technique.

«Réaliser mon rêve ; réaliser mes idées»

En 1987, Goudji crée une étonnante table «barbare», architecturée comme un coffre roman, dont les quatre tours d'angle aux chapeaux de granit servent de piètement et de support à un épais plateau de verre. Cette table aux plaques d'argent assemblées sur une âme de bois par quelque trois mille clous d'argent est vendue à Londres dès l'ouverture de son exposition par la galerie ASB. À cette même époque, l'artiste crée pour Claude Bernard le premier de ses étonnants «chariots de table». La rencontre de Goudji avec Claude Bernard, directeur de la célèbre galerie parisienne de la rue des Beaux-Arts, date de 1984. Elle est déterminante car c'est lui qui donne de l'ampleur aux expositions personnelles de l'artiste, lui encore qui pousse à la création d'œuvres ambitieuses malgré le risque économique qu'elles représentent. Sans le connaître personnellement, Claude Bernard avait acheté quelques bijoux de Goudji à la Fiac et encouragé la galerie Alice Pauli de Lausanne à exposer l'orfèvre (1985). Persuadé, lors de ses multiples voyages, que Goudji n'avait pas son pareil, Claude Bernard expose régulièrement ses œuvres depuis 1989 dans la galerie qui porte son nom et dans de nombreuses «foires» étrangè-res, créant l'événement à chaque exposition.

Formé dans cette société soviétique où le créateur était protégé pour autant qu'il ne déviât pas de la ligne fixée par l'État, Goudji est porteur d'une double culture, la cul-ture géorgienne, russe et soviétique, d'abord, mais aussi la culture méditerranéenne et européenne acquise depuis son arrivée à Paris. Il a montré qu'en Occident, dans une société libérale, impitoyable à plus d'un titre, il est possi-ble de développer son art et d'être reconnu, à force de créativité, de talent, de volonté tenace et de travail acharné. La créativité est primordiale ; la ténacité et le courage sont déterminants. Pour accéder à la notoriété et pouvoir vivre de son art, l'artiste doit défendre lui-même sa création. Mais les artistes ne doivent leur survie écono-mique qu'à l'intérêt de collectionneurs privés et à la clair-voyance de responsables de galerie, gens passionnés et cultivés qui, avec les créateurs, prennent seuls le risque économique et qui, seuls, permettent aux artistes d'émer-ger et de poursuivre leur œuvre. C'est d'abord le marché, les galeristes et les amateurs d'art qui ont été séduits et qui, en achetant ses œuvres, ont reconnu Goudji. Cette reconnaissance est venue aussi, mais plus tard, d'institu-tions, comme les musées, dont les spécialistes plus ou moins clairvoyants ont reconnu le caractère novateur, l'originalité, l'intemporalité et l'universalité du travail de

Goudji. Ce n'est plus l'État qui paie les artistes. Si, de leurs mains habiles, naissent de nouveaux trésors, les mécènes de jadis, les princes ont disparu !

Reconnaissance, art et métiers d'art

Les maîtres d'art sont des *artisans indépendants, maîtrisant des techniques ancestrales et des savoir-faire exceptionnels, tournés vers l'innovation et la recherche. Ils s'engagent à transmettre leur savoir-faire à un élève de leur choix, pendant une durée de trois années.* La reconnaissance de Goudji comme «maître d'art» par le ministère français de la Culture en 1998 est une forme rare de reconnaissance officielle, un honneur sans nul doute, mais c'est aussi une impossible mission : à l'instar des «tré-sors nationaux vivants» du Japon, le maître d'art est reconnu par la société mais il est aussi chargé de transmettre un métier, de léguer un savoir-faire. Malgré l'intérêt de la démar-che, il y a là une forme d'utopie car la créativité et le génie sont affaires individuelles !

Historien de l'Antiquité méditerranéenne et membre de l'Institut, Robert Turcan se dit *très impressionné par cet art foncièrement religieux, un hymne à la création animale, aux règnes végétal et minéral... Cette communion entre la pierre et le métal conduit à des créations qui évoquent une sorte d'absolu éblouissant, luxuriant et, pour tout dire, fulgurant.* Et, dans la bouche de ce spécialiste des influences orientales dans l'Occident romain, cela évoque tout à la fois le foudre, l'arme suprême et tonitruante du maître des dieux, Zeus-Jupiter, l'art d'Héphaïstos-Vulcain, le divin forgeron qui arme les dieux et les héros, mais aussi le feu dérobé aux dieux par Prométhée pour donner à l'homme le souffle et la culture, c'est-à-dire la civilisation qui le différencie des dieux et des bêtes.

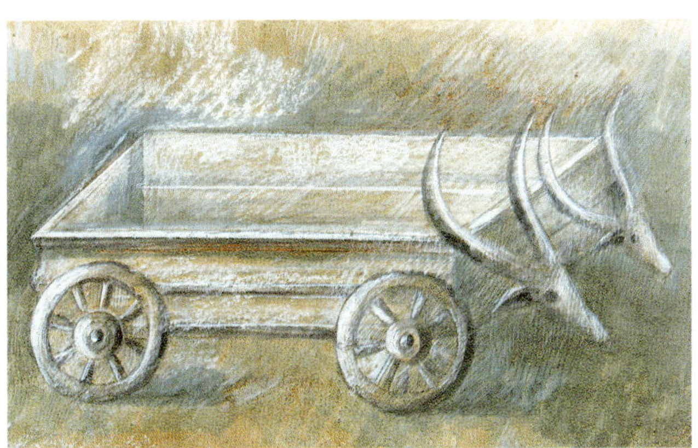

Le Chariot des Watusi, 2002
Esquisse de l'artiste

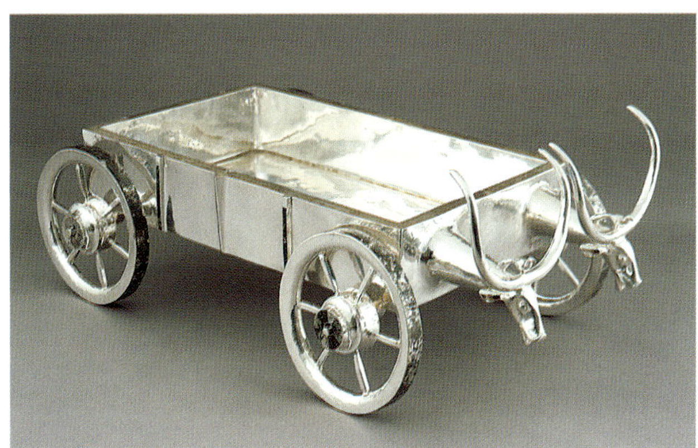

Le Chariot des Watusi, 2002
Argent, pyrite, cristal avec inclusions de rutile, 19 × 47 × 28,5 cm
Collection particulière

Technique et savoir-faire

Travail manuel et création pure, l'art de Goudji est tout entier commandé par un métier réinventé, un savoir-faire unique, un coup d'œil acéré, une main puissante et adroite animée d'une pensée généreuse, d'une créativité foisonnante, d'une volonté tenace, d'une énergie farouche et d'un rythme barbare, quasi musical parfois, qui lui sont particuliers.

Les ateliers de Goudji

Goudji travaille toujours aujourd'hui dans son antre de 1974, un ancien marché des quatre-saisons ouvrant sur la rue par une porte anonyme. Il y a d'abord investi une minuscule échoppe – 12 m^2 –, puis s'est agrandi de part et d'autre de ce passage discret. Quelques artistes et artisans y travaillent dans la convivialité et, dans la lumière tamisée d'une haute verrière, des décorateurs, une tapissière, des peintres et une graphiste, tous créateurs aux doigts de fée. Selon la marche de son travail, l'orfèvre court d'une porte à l'autre de ses six ateliers, tel le furet de la chanson, et seul permet de le situer le son de son marteau concertant avec la scie lapidaire de son assistant. Petites et maigrement éclairées comme un laboratoire d'alchimiste, ces pièces sont spécialisées. Les unes, propres et plus calmes, sont destinées à l'accueil, à l'administration, au recueillement, à la réflexion et aux travaux de finition : y trône un vieil établi d'orfèvre en fruitier, superbement patiné de générations d'artisans, dont la table, festonnée de postes de travail, est frangée des soufflets destinés à récupérer les précieuses limailles. Joliment mais densément meublées, elles sont peuplées de dessins, de modèles, de peintures et de photographies, autant de souvenirs précieux et d'objets insolites qui résistent à l'envahissement des outils, tapissant les murs par centaines, soigneusement polis, esthétiquement classés. Dans cet environnement chaleureux et contrasté de bois ciré, de fer poli et de café ou de thé fumant, où formes, couleurs et matériaux divers joutent dans la pénombre et dialoguent de leurs reflets, on accueille et l'on écoute.

Au-delà de ce passage, en d'anciens magasins vitrés occupés peu à peu, se fait le travail bruyant, salissant, malodorant et, pour tout dire, pénible. C'est tout un bric-à-brac raisonné d'outils inquiétants mais dont le brillant velouté invite à la caresse, de vieilles mécaniques noires qui ne tournent qu'à la main et qui auraient perdu, sauf ici, toute utilité, de moteurs, de machines ou d'équipements qui ont servi une fois et resserviront peut-être un jour, qui sait ? Tout un monde métallique de récipients et d'objets oubliés mais immédiatement indispensables et au futur utile y a trouvé sa

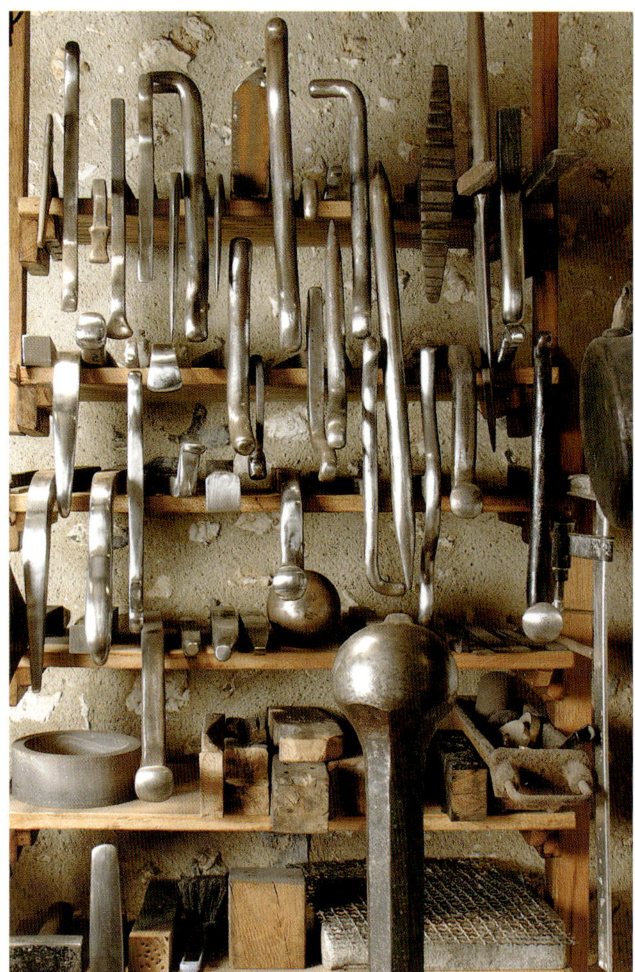

Outils de Goudji

place, à l'usage, progressivement, sans installateur ni savant ergonome. Dans cet antre d'alchimiste aux plans de travail brutalement éclairés de quelque ampoule tombée du plafond, tout est noir, d'un noir de forge, de cette poussière de fer travaillé, d'outils polis à miroir et d'argent oxydé qui s'infiltre partout. Seuls y brillent le métal poli, l'oxyde de chrome et l'acide sulfurique, d'un inquiétant vert d'absinthe, inimitable et fumant. L'argent y est terne car il n'est pas encore poli. Dans la loge voisine, minuscule, siège Thierry Hauwel, le lapidaire, élève du maître d'art, qui orne de couleur les formes de Goudji. Enchaîné à sa scie, il a tout à portée de main, dans le ruissellement des eaux de lavage ou de lubrification, le *staccato* de torrent des roches entrechoquées, le bruit strident et la boue de la scie lapidaire. Tout y est gris. Ou noir. Seuls son expérience et son œil averti peuvent, avant même le débitage, déceler les veines du bloc éclaté, imaginer sa couleur et décider, comme le diamantaire, le sens de la taille pour en tirer

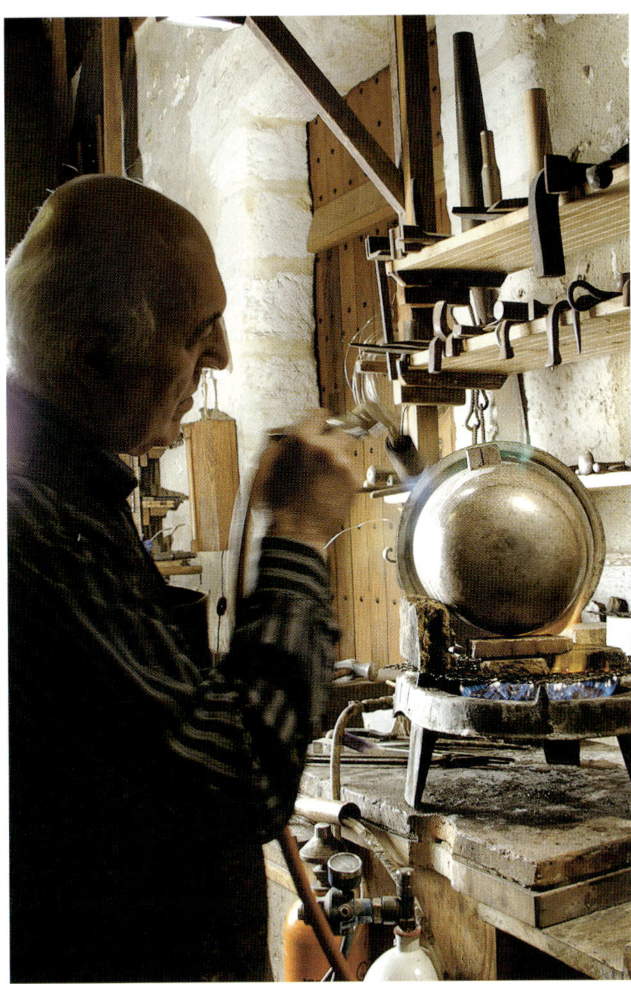

partir briller dans le regard des foules, au chaud soleil des Pouilles ? Et quelle émotion dans le regard de l'artiste qui déjà sent l'œuvre lui échapper pour vivre désormais une aventure sacrée ?

DES OUTILS UNIQUES

Je commence par la fabrication de mes outils. La plupart de mes outils, je les fabrique moi-même, car ils n'existent plus, on ne les trouve pas à acheter ailleurs. Pour chaque objet unique, je dois créer de nouveaux outils, spéciaux, uniques également.
Goudji forge lui-même ses outils car ils ne sont plus fabriqués et trop originaux. Chaque forme, chaque courbe requiert une enclume et une panne adaptées, forgées dans d'épais fers de récupération, qu'il bloque à force dans les mâchoires de l'étau. Parfaitement polis, sans cesse repolis pour contrer l'oxydation car toute imperfection serait irrémédiablement insculpée, tel un poinçon, sur le métal écrasé, ses marteaux, bigornes, enclumettes, pinces, cisailles, limes, poinçons, tamponnoirs, agates à brunir et filières sont classés par centaines dans les râteliers de chêne que l'artiste lui-même a construits. Ce sont aussi des tas, des «marbres» en fonte pesante, des réchauds, des brûleurs et des grils, ou bien des billots et des maillets de bois dur, et des outils de buis. Symbole si riche de la présence de l'artiste et de l'intimité de sa création, son tablier de cuir est plus qu'un vêtement de travail : c'est le nécessaire compagnon de toutes ses luttes, celui qui protège de la morsure du métal, des brûlures de l'argent chauffé au rouge ou des projections d'acide dont ses mains portent souvent les stigmates. Patiné par les ans, le cuir vivant porte les traces du labeur quotidien et des maladresses dues à la fatigue.

TRAVAIL D'ORFÈVRE

Goudji crée ce qu'il «rêve». Le rêve est important pour lui, mais, dans sa langue incertaine et poétique, que veut dire l'artiste ? S'agit-il de songe ou d'imagination, de rêve ou de créativité ? De fait, comme le remarque Katherine, sa femme, ou Thierry, son assistant, Goudji se lève tôt le matin pour créer l'œuvre conçue dans la nuit : il a *tout dans la tête*. L'œuvre est née dans son esprit. Il fonce, saisit la feuille d'argent, la découpe et martèle. Concentré, il ne s'arrête de frapper, de souder, de recuire que lorsque les volumes sont là et les proportions matérialisées. Il découpe la feuille d'argent à l'estime et ne prend jamais de mesures : *J'attaque la matière première sans croquis préliminaire. Seul le métal, et sa spécificité, seule la pierre, et son mystère, me dictent ce qu'il me faut faire. Je travaille sans mesure préalable, tout au jugé, comme mes deux vieux artisans de Batoumi.* Pourtant, l'artiste laisse «parler» la matière : *C'est la matière même qui me dicte les conditions selon lesquelles je dois avancer mon travail.*

le plus bel effet, en jouant des strates et des inclusions. Pour les meubles ou les plus grandes pièces, lourdes et encombrantes, l'artiste dispose à la campagne d'un atelier «secondaire» très ouvert, spacieux, installé dans la verdure d'une demeure à flanc de colline, où il forge aussi le fer et travaille encore le bois. Ses fenêtres donnent sur une vaste cour engazonnée aux vénérables murs de silex, chaînés de calcaire et adoucis d'enduit. Le regard plonge sur un paysage doux et harmonieux, propre à la méditation. Jadis, nous dit-on, se sont affrontés en bataille dans cette immense plaine des preux chevaliers qui ont infléchi l'histoire de la France. Dans cette thébaïde familiale, Goudji ne cesse de créer et d'assembler des fragments préparés à Paris. Quoi de plus beau, et propre à la méditation, que cette grande croix processionnelle brandie par l'artiste sur fond de silex et de gazon, dans le pâle soleil d'un soir d'automne ? Ou cet encensoir nouveau qui pose pour photographie sur l'autel de l'ancienne chapelle avant de

Dessin et création

Goudji est né un crayon dans les doigts. Il n'a cessé de dessiner et a reçu les bases académiques traditionnelles aux Beaux-Arts de Tbilissi. Nombre d'esquisses, de portraits, de dessins achevés et de peintures témoignent de cette compétence et de son amour pour l'expression graphique. Pourtant, l'artiste se sert rarement de dessins préparatoires : l'œuvre naît de son imagination. Il la visualise intérieurement, mais il laisse aussi s'exprimer la matière et, en cours de création, son intuition fulgurante oriente la frappe et modifie le projet. La comparaison d'une œuvre achevée avec le croquis préparatoire qui sert, parfois, au dialogue avec un commanditaire montre que ses proportions ont souvent varié, que sa forme s'est épurée, que la pierre et le jeu des matières, des couleurs et des reflets ont contribué à l'équilibre subtil et à l'harmonie d'une œuvre que ne décrivait pas ainsi l'esquisse initiale. En revanche, Goudji adore dessiner ses œuvres quand elles sont déjà réalisées.

Pourtant, pour certaines commandes, l'esquisse est indispensable, quand elle n'est pas remplacée par une maquette : l'art religieux, les épées d'académicien, les crosses abbatiales et épiscopales, par exemple. Ce sont en effet des créations à programme : l'artiste doit fabriquer un objet qui réponde à des exigences utilitaires, liturgiques ou symboliques, précisées par le commanditaire. Il faut donc s'entendre sur le projet, et le dessin est le vecteur pédagogique, le médiateur de cette approche sensible qu'est la naissance d'une œuvre d'art.

Il permet d'apprécier les proportions d'un mobilier ou d'œuvres complexes, de vérifier l'interprétation des symboles choisis ou l'intégration dans le site d'accueil. Il est indispensable au dossier de demande d'autorisation lorsque la création s'inscrit dans un monument historique et facilite la validation du projet par les partenaires financiers. Puis l'artiste apporte son génie, crée de la beauté. Et surgit l'œuvre d'art.

Chaque œuvre est pensée en volumes élémentaires, sphères, cônes, cylindres ou pyramides, pour lesquels l'artiste découpe des patrons de carton afin de vérifier la justesse des proportions et des angles choisis. Il en reporte les contours sur la feuille de métal puis la découpe à la cisaille, à main levée. À mains nues sur la bigorne ou à grands coups de maillet sur un billot de bois dur, l'artiste met en forme la tôle d'argent. Cadence de la frappe, danse du chalumeau, magie de la trempe, l'artiste dompte le métal par le marteau, par le feu et par l'eau. L'extraordinaire énergie, la puissance physique et l'endurance nécessaires au martelage et au maniement de l'étau, car l'artiste change sans cesse d'enclume, contrastent avec l'image que l'on se fait du métier d'orfèvre, dont la virtuosité manuelle, la précision du geste et la justesse du coup d'œil sont essentielles, en particulier pour les très petits ouvrages. Cent fois sur l'étau, l'artiste s'arc-boute pour changer d'enclumette. Cent fois il troque son marteau, car il doit en adapter la panne, comme l'enclume, à la courbure ou à l'angle qu'il recherche –autant dire la grande difficulté de réaliser des drapés ou des plissés

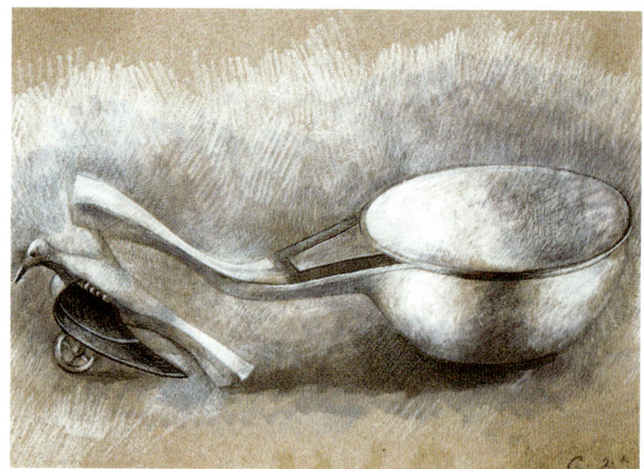

ESQUISSE, 1984
Atelier de Goudji

serrés. Cent fois il recuit car, sous peine de la voir se briser ou se déchirer, la pièce doit être uniformément chauffée au rouge. Cent fois il la trempe dans l'acide puis dans l'eau et rend au métal écroui sa souplesse et sa vie. De l'expérience nécessiteuse des dinandiers de Batoumi, Goudji conserve l'habitude de mener plusieurs pièces à la fois : gain de temps, organisation du travail, économie de matière et de mise en œuvre de techniques et d'outils, différents selon les phases de la fabrication !

Le martelage permet la mise en forme et la création des arrondis. Les extrémités des parties à raccorder sont affinées, dégraissées à l'acide, enduites de fondant (borax), superposées puis chauffées simultanément. Lorsque la couleur du métal indique la température appropriée, les pièces sont soudées par martelage, trempées dans l'acide sulfurique puis rincées à l'eau claire : martelée et polie, la soudure devient invisible.

Héphaïstos forgeant les armes d'Achille

À ces mots, il la quitta, pour aller à ses soufflets. Il les tourna vers le feu, et leur ordonna de travailler. Les soufflets, vingt en tout, sur les fourneaux soufflaient, lançant une haleine habilement variée, tantôt pour aider la hâte d'Héphaïstos, tantôt autrement, selon qu'il le voulait et que l'ouvrage s'achevait. Il jeta dans le feu le bronze dur, l'étain, l'or précieux, l'argent. Il mit ensuite sur son billot une enclume énorme, d'une main prit un marteau puissant et de l'autre des tenailles. Il fit d'abord un bouclier, grand, robuste, bien ouvré en tout sens... Autour, il jeta une bordure brillante, triple, éclatante, et il y suspendit un baudrier d'argent... Et quand il eut fabriqué le bouclier grand et robuste, il fabriqua pour Achille une cuirasse plus brillante que l'éclat du feu; il fabriqua pour lui un casque épais, adapté à ses tempes, beau, fait avec art, et le surmonta d'un panache d'or; il fabriqua pour lui des jambarts, avec l'étain qui se modèle bien. Quand l'illustre forgeron aux bras robustes eut forgé toutes les armes, devant la mère d'Achille il les plaça... (Homère, *Iliade*, chant XVIII, v. 460-470, 605).

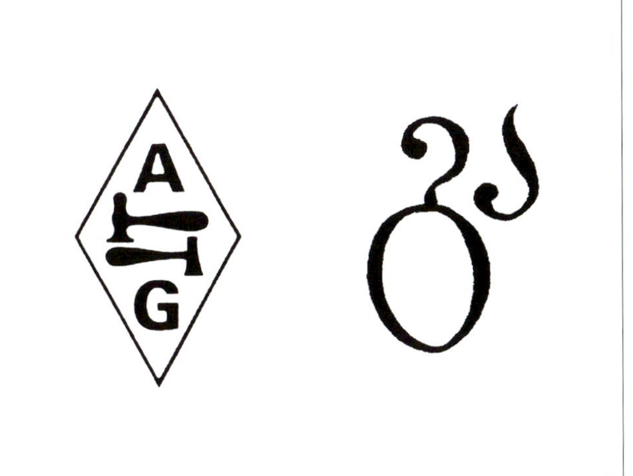

Avant que l'assemblage des éléments ne rende l'opération plus difficile, avant l'intervention du lapidaire puis du polisseur, l'artiste appose les poinçons qui sont sa signature sur l'œuvre en devenir, terne et ajourée, dans l'attente des pierres. Il porte l'œuvre à la vérification de la Garantie de Paris : le poids et le titre du métal de la pièce y sont contrôlés et le poinçon de garantie est insculpé selon la réglementation française qui résulte d'une longue tradition de taxation du travail et des métaux précieux.

Bien qu'il ne travaille que l'argent de premier titre, à 950 millièmes de métal fin, Goudji a insculpé sur ses premiers ouvrages le chiffre 925, poinçon indispensable pour l'exportation vers la Suisse car il correspond au titre minimal exigé pour la commercialisation des travaux d'argent dans la Fédération helvétique. Le poinçon «STERLING», qui indique un titre équivalent au premier titre français, est également favorable à l'exportation dans les pays anglo-saxons. Telle une flamme tourbillonnante, les lettres «G» et «A», initiales de l'artiste en caractères géorgiens, sont insculpés à titre décoratif. C'est aussi la marque de l'artiste. La signature «GOUDJI» en toutes lettres est généralement estampée mais n'est ni obligatoire ni constante. Le poinçon «PARIS» indique le lieu de fabrication et favorise l'exportation. Les bijoux commandés par la Réunion des musées nationaux pour commémorer le bicentenaire du musée du Louvre (1995) portent le poinçon rectangulaire sur trois registres «GOUDJI/AU/LOUVRE». Enfin, la forme triangulaire des trous d'évent, ménagés le plus souvent sur la face cachée pour permettre l'évacuation de l'acide cyanhydrique et le rinçage des pièces creuses soumises à l'électrolyse, n'est pas un poinçon mais peut être considérée comme une marque distinctive et décorative des travaux de l'artiste.

Réalisées par l'assemblage de deux volumes parallèles, les parois épaisses permettent d'inclure dans le vide ainsi constitué des logettes cloisonnées dans lesquelles sont incrustées des pierres ornementales. À partir de petits blocs, ternes et sans promesse pour le profane mais choisis d'un

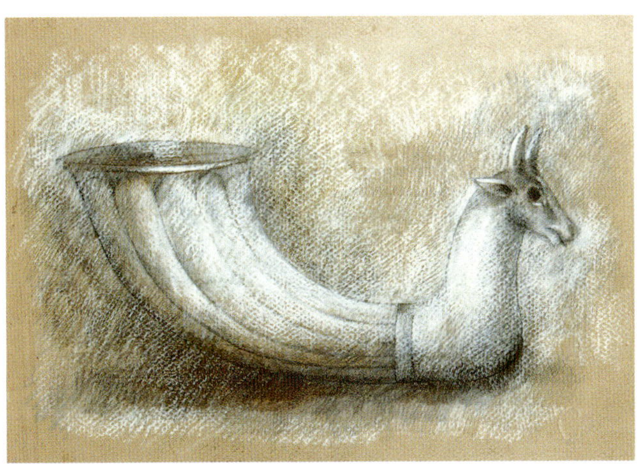

ESQUISSE, 1984
Atelier de Goudji

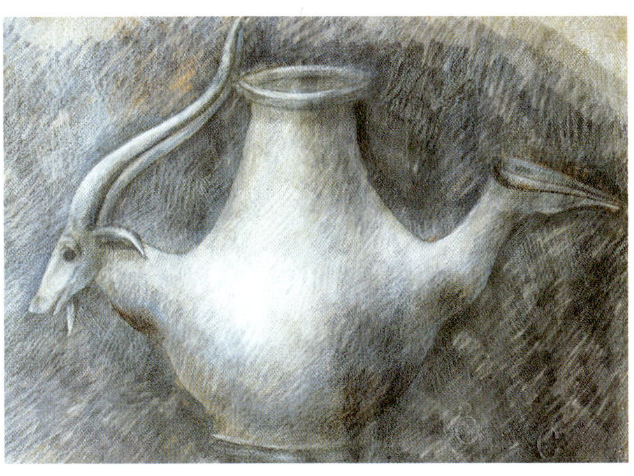

ESQUISSE, 1983
Atelier de Goudji

œil sûr par le lapidaire en accord avec l'orfèvre, elles sont sciées en minces plaquettes, assemblées puis serties. Ce n'est que le polissage qui donnera à la pierre sa couleur, sa brillance et souvent sa transparence. L'incrustation de pierres dures souligne la pureté des formes, équilibre les volumes, rigidifie le métal et enrichit la pièce de couleurs étonnantes : la lumière joue différemment sur le métal et le minéral, intimement mariés.

Réinventée par Goudji, la technique unique du martelé creux et de la double paroi ménage des vides, économise le métal et allège la pièce. Elle permet aussi l'insertion de pierres rares et dures, précieuses ou ornementales, qui ne sont plus, comme jadis, traitées en cabochons montés en batte ou au serti creux, mais traitées en pavage et incrustées à fleur de métal. Goudji discute avec Thierry Hauwel, le jeune lapidaire à qui il a transmis ce métier, les possibilités techniques, les choix de roches et de couleurs car la symbolique des pierres et des couleurs est très importante pour lui. La structure métallique de la pièce doit parfois être modifiée pour permettre au lapidaire sa marqueterie de pierres. Il sélectionne les blocs dans le stock disponible, les débite en fines plaquettes, choisissant les épaisseurs et les angles favorables à la mise en valeur de leurs veines ou de leurs inclusions. Ce travail peut être comparé à celui de l'ébéniste qui joue des veines du bois pour orner un meuble, mais, s'il est magique, car il révèle les couleurs, il est aussi pénible car l'eau est indispensable et Thierry œuvre dans l'humidité de la scie lapidaire. Souvent transparentes selon le cristal choisi, les tablettes de pierre incrustées dans la double paroi ne sont pas collées mais scellées par le martelage des cloisons d'argent, selon la technique du pavage de pierre. Grâce au coup d'œil et à l'habileté du lapidaire qui ne touche pas au métal, ces fines plaquettes sont délicatement appareillées, le plus souvent sans joint visible, bien plus précisément que les tesselles d'une mosaïque, de telle façon qu'elles épousent sans suture apparente la forme de l'objet et qu'elles donnent l'impression d'être d'une seule pièce. Or la petite taille des blocs négociables ne permettrait pas une telle prouesse qui serait, en outre, extrêmement onéreuse : les grands blocs suffisamment homogènes sont très rares et souvent réservés à de grands ouvrages comme la taille de vases monolithes, ce qui en fait le prix. Par le libre choix que lui laisse Goudji après la discussion initiale et la grande indépendance que lui confère la totale confiance de l'artiste, par son inventivité et la virtuosité de son interprétation, Thierry Hauwel participe lui-même à la création.

Les premières pierres que Goudji a serties sont ces petits galets de cornaline, d'agate et de chrysoprase ramassés sur la plage de Batoumi pour orner la broche de Mila, sa future belle-mère. Créée clandestinement à Moscou dans l'argent géorgien de la petite cuillère héritée d'un grand-père, cette broche est aussi le premier bijou de Goudji. Depuis le Moyen Âge, le commerce mondial des pierres ornementales est concentré en Rhénanie Palatinat, à Idar-Oberstein, une petite localité proche de Trêves où était exploitée jadis une mine d'améthyste aujourd'hui épuisée. Un autre marché de pierres ornementales et précieuses s'est développé au Cap, en Afrique du Sud. Utilisées pour des créations raffinées depuis les temps les plus reculés, ces pierres employées par Goudji sont de plus en plus rares et les blocs disponibles sur le marché, de plus en plus petits. Comme les guerres d'Afghanistan pour le lapis-lazuli, les troubles compliquent encore les circuits d'approvisionnement, mais ces pierres sont chargées de symboles, différents selon les civilisations, et Goudji y est très attentif. Son amour pour les pierres lui vint, adolescent, de sa première lecture de l'Apocalypse, où la Jérusalem nouvelle est ainsi décrite par l'Aigle de Patmos : *Et il m'emporta en esprit sur une grande montagne et me montra la Ville sainte, Jérusalem qui descendait du ciel, d'auprès de Dieu. Elle avait la gloire de Dieu. Son éclat était semblable à celui d'une pierre très précieuse, comme serait une pierre de jaspe cristallin. Elle avait un mur grand et élevé. Elle avait douze portes : sur les portes douze anges ainsi que des noms inscrits, ceux des douze tribus des fils d'Israël. À l'orient, trois portes ; au nord, trois portes ; au sud, trois portes ; au couchant, trois portes. Le mur de la cité avait douze soubassements et sur eux, douze noms, ceux des douze apôtres de l'Agneau. Celui qui me parlait tenait comme mesure un roseau d'or pour mesurer la ville, ses portes et sa muraille. Il mesura la ville avec le roseau : douze mille stades. Sa longueur, sa largeur et sa hauteur sont égales. Il mesura sa muraille : cent quarante-quatre coudées, mesure d'homme qui est aussi mesure d'ange. La structure de sa muraille est de jaspe et la ville est de l'or pur. Les soubassements de la ville sont ornés de toutes sortes de pierres précieuses ; le premier est de jaspe ; le deuxième, de saphir ; le troisième, de calcédoine ; le quatrième, d'émeraude ; le cinquième, de sardoine ; le sixième, de cornaline ; le septième, de chrysolite ; le huitième, de béryl ; le neuvième, de topaze ; le dixième, de chrysoprase ; le onzième, de hyacinthe ; le douzième, d'améthyste. Les douze portes sont douze perles ; chacune des portes était faite d'une seule perle. La place de la ville était d'or pur translucide comme cristal… La ville n'a pas besoin du soleil ni de la lune pour l'éclairer : car la gloire de Dieu l'illumine et son flambeau, c'est l'Agneau…* (Jn, Ap 21). Cette vision poétique et prophétique de la Jérusalem nouvelle, habitée par l'Agneau qui *a été égorgé et qui a racheté pour Dieu, par son sang, des hommes de toute tribu, langue, peuple et nation* (Jn, Ap 5), Goudji l'a transcrite dans le rational (agrafe pectorale) créé pour le pape Jean-Paul II, à l'occasion du jubilé de l'an 2000 et régulièrement utilisé par Benoît XVI. Les pierres choisies pour la muraille carrée qui entoure l'Agneau symbolisent les douze portes de la cité céleste.

Aux pierres éminemment symboliques qui fondent la Jérusalem nouvelle, Goudji ajoute la nacre et le jaspe vert, qu'il affectionne particulièrement, le lapis-lazuli rapporté de l'extrême Asie pour les anciens Égyptiens, puis l'agate et l'albâtre, l'amphibolite et l'aventurine, la cordiérite et le corail, le cristal de roche et le granit d'Armorique, la serpentine et le calcaire de Pontijou, le grenat et la labradorite, la néphrite et l'œil-de-faucon, l'œil-de-fer et l'œil-de-tigre, la pierre de Marmara, l'onyx et l'orthocéras, le rutile et la sodalite, la tourmaline et la zoïsite. Goudji apprécie particulièrement la pyrite, un minerai de fer aux cristaux à reflets dorés : conducteurs de l'électricité, ils réagissent à l'électrolyse et l'artiste peut en argenter ou en dorer les veines métalliques. L'ivoire ancien défend la licorne et divers bois sont travaillés : le chêne massif, allié au fer forgé, sert aux structures et pour les meubles. L'acajou, le bois de violette, le buis, l'ébène, le palissandre et le poirier sont utilisés en incrustation, comme les pierres, pour leurs qualités ornementales, chacun selon sa couleur, sa finesse et ses reflets.

Après l'incrustation et le polissage des pierres ou des matières ornementales, l'œuvre reçoit par électrolyse un fin dépôt d'argent, ou un voile d'or pour les pièces en vermeil ou en or. Car, perfectionniste, Goudji réargente l'argent et redore l'or. Pour ne pas être trop ductile, l'or en feuille produit par l'industrie ne peut excéder le taux légal de 18 carats, un alliage qui, pourtant, donne à l'or un aspect plus jaune, plus froid, de la couleur du laiton. L'artiste préfère la chaleur du dépôt électrolytique à l'or fin (pur) à 24 carats (ou 999 millièmes). Enfin, le polissage donne à la pièce tout son éclat et fait vibrer la lumière. Là seulement réside la magie. Avivé au tampon, ce dépôt mat retrouve vie par un dernier polissage au sable, puis à mains nues, et l'artiste lui donne son aspect définitif par le brunissage à l'agate qui veine la surface et accroche la lumière sur les arêtes écrasées des facettes de martelage. Pour enrichir ses créations, Goudji modèle aussi dans la cire de petits sujets qu'il coule en argent massif selon la technique de la fonte à la cire perdue. Il les retravaille ensuite à la lime et les cisèle selon ses besoins.

Rythmes variés du martèlement, grincements du métal et du bois, battements métalliques, sons cristallins et résonances profondes, telles des cloches appelant à la prière, souffle rauque, éclats de lumière du chalumeau manié comme le crayon ou le pinceau, rythmes réguliers et cadences syncopées, friselis mouillés du trempage et de l'attaque acide, couinements des axes et des mâchoires, chuintements alternés de l'émeri et du métal blanc plongé dans l'acide ou trempé dans l'eau froide, gémissements stridents de la scie lapidaire, l'atelier est aussi tout un monde de bruits et de musiques, ponctués de silences et de respirations, dont l'ambiance varie à chaque étape de la création. Dans la chaleur de la forge, du réchaud ou du chalumeau, dans la sueur de l'effort qui inonde le front et les yeux, l'atelier est habité de fumerolles, d'odeurs âcres d'acides et de borax, d'exhalaisons irritantes pour les yeux ou les bronches. La création se fait dans un capharnaüm d'alchimiste, inondé de projections liquides et couvert de la pénétrante et insidieuse poussière noire qui sourd du métal travaillé et de l'interaction des matériaux. Des mains noircies et blessées de l'artiste, crevassées comme le cuir du tablier, naît la beauté dans cet antre bruyant, sombre et malodorant, digne de celui d'Héphaïstos, le dieu forgeron, ou de quelque Cyclope occupé à forger les armes des héros au fond d'un cratère : purifiés par l'électrolyse et le polissage, les matériaux ternes, sales et sans cesse torturés deviennent, comme par miracle, une œuvre infiniment délicate, à l'épiderme frémissant et aux reflets subtils. Pénombre de la pièce et lumière brutale du plan de travail, l'échoppe où l'artiste se retire pour créer évoque aussi, dans les moments de calme, la cellule de quelque trappiste partageant sa vie, dans le silence, entre travail et prière.

Comment expliquer l'irrépressible envie de toucher que provoque la contemplation d'un Goudji ? Les formes simples, l'arrondi des volumes, les reflets des métaux précieux, le poli des pierres, tout invite à la caresse amoureuse. Hélas ! Aux manipulations, même affectueuses, l'argent préfère le blanc de Meudon et le chiffon doux car le temps, la pollution urbaine et l'oxydation révèlent bientôt des traces disgracieuses et des empreintes digitales. Mais quel bonheur, très sensuel, que de fourbir un Goudji, de lui redonner sa splendeur d'origine en rendant son poli et la pureté de ses reflets !

CRÉATION

Tombe étrusque, trésors de la Renaissance ou fastes byzantins, souvenirs de l'Égypte ancienne ou richesses de la Rome antique, or des Scythes ou des Mongols, art des Celtes ou des Vikings, influences de la Chine lointaine, des cavaliers de l'Asie centrale ou des nomades de Crimée, mémoire du Caucase ou de la diaspora des peuples sémites, vieille Russie et Moyen Âge chrétien : ce qui crée l'étonnement, c'est que chacun se reconnaît dans l'art de Goudji, de l'enfant à l'érudit, de l'ouvrier au savant, de l'esthète au lettré. En regardant ses œuvres, chacun découvre sa propre culture, soupçonne une influence et trouve en écho sa référence personnelle au passé, mais il perçoit toujours une création infiniment contemporaine, ressentie comme profondément intemporelle, permanente et fragile comme la vérité.

Il rêve, et puis le lendemain, il crée.

Grand, bien charpenté, le crâne haut et dégarni, luisant comme les têtes polies de ses enclumes, le regard doux mais pénétrant, Goudji est d'une beauté tranquille. Ses mains conservent les stigmates d'un métier éprouvant. Ses attitudes évoquent tout à la fois le forgeron volontaire du réalisme soviétique et le prince des miniatures orientales, perdu dans la rêverie poétique. Sa voix chaude et rocailleuse emprunte son accent aux torrents de l'Adjarie et au ressac de la mer Noire. Sa langue elliptique est syncopée : les verbes et les accords y sont parfois superflus ; masculins et féminins, singuliers et pluriels, bousculés, par le flou de l'expression, enrichissent encore le propos en autorisant l'interprétation et le rêve.

L'expression d'un artiste

Si j'étais écrivain, ce serait un grand handicap pour moi de m'exprimer dans ma langue maternelle. Par mon art, je cherche à exprimer un modeste message, un message universel : je rappelle seulement que l'ensemble de l'humanité a les mêmes racines. Les civilisations éloignées sont spirituellement proches. Je recherche la spiritualité dans les arts et je cherche à exprimer ma spiritualité par mes œuvres.

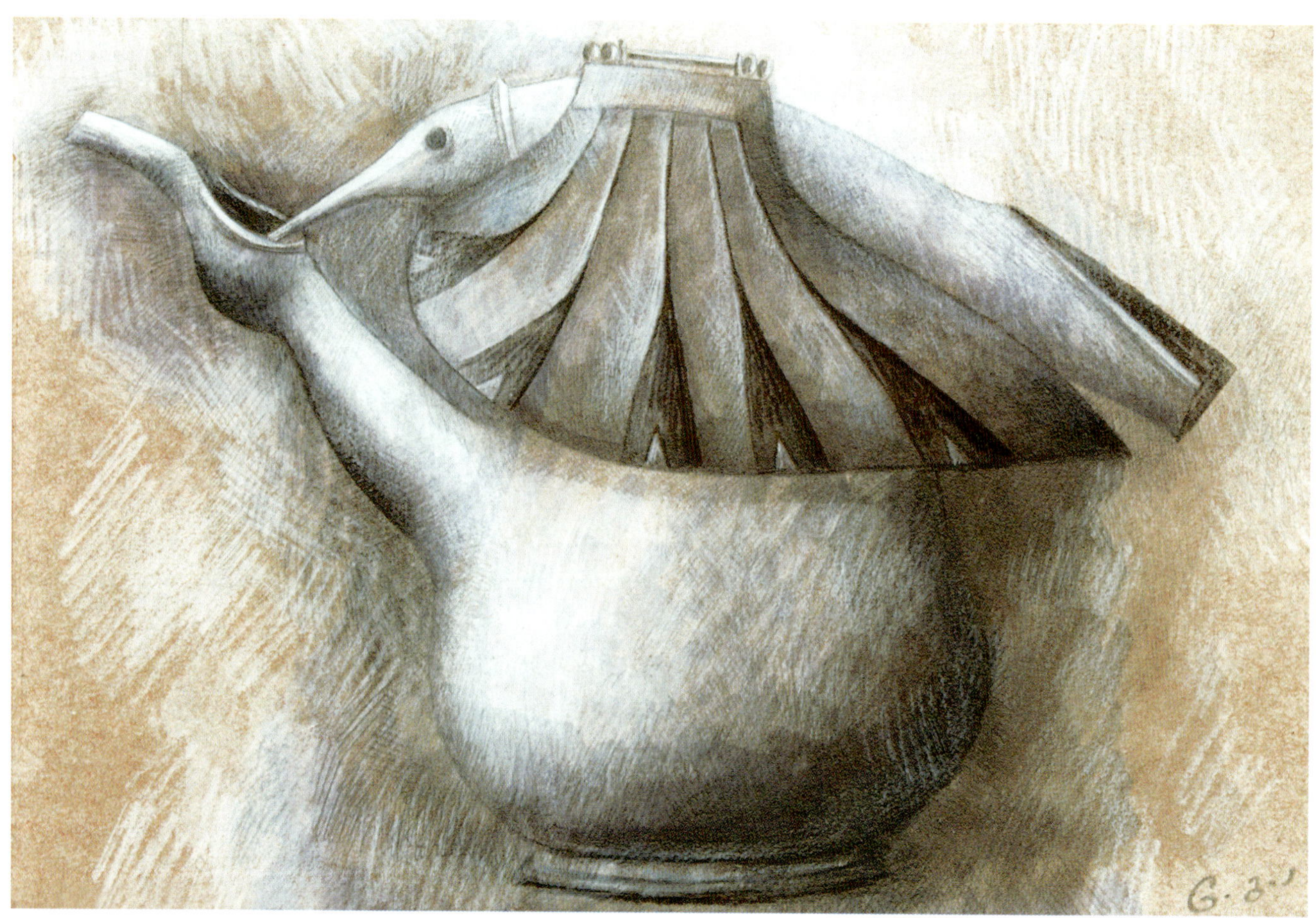

ESQUISSE, 1995
Atelier de Goudji

Goudji est toujours concentré, comme le montrent attitudes et regard, l'esprit sans cesse occupé des vingt projets qu'il mène simultanément, gagnant ainsi du temps, du métal et de l'énergie, comme les pauvres dinandiers de Batoumi. Ce travailleur de force ne cesse de réfléchir, de lire, de se cultiver, de créer, de réaliser. Jamais de vacances, si ce n'est pour rencontrer un commanditaire, étudier un projet, sentir l'espace où vivra sa création, installer quelque œuvre achevée. Curieux, toujours avide de beauté et de culture, il n'omet jamais une occasion de voir, de visiter, de rencontrer, de toucher, de glaner quelque image des chefs-d'œuvre de tous les temps et de toutes les cultures. Peu de haltes dans cette course quotidienne pour faire naître la beauté, si ce n'est pour sa famille ou pour ses amis, plus rarement pour expliquer sa démarche, avec patience, bienveillance, mais en toute humilité. Goudji est de vif argent, toujours actif mais calme et posé, toujours réfléchi mais résolu dans sa démarche et obstiné dans l'action. Il est secondé avec bonheur par son épouse Katherine, assistante incontournable, affectueuse et tenace qui, dans l'ombre de l'artiste, accompagne la création, veille à l'intendance et résout les difficultés.

Un artiste complet

Orfèvre, Goudji l'est bien, et de manière accomplie. Il en a la compétence technique et possède en virtuose un métier qu'il met au service de sa créativité. Mais il est aussi sculpteur, capable de mettre en œuvre de grands volumes, et dessinateur. Il a le sens de l'espace et sait intégrer avec naturel, équilibre et harmonie les œuvres faites pour habiter et servir les espaces grandioses de cathédrales pluriséculaires ou les volumes intimes de chapelles contemporaines. Créées pour cet environnement, elles empruntent à leur architecture, soutiennent la comparaison et semblent à l'épreuve du temps et des modes.
La virtuosité de l'orfèvre ne se limite pas au travail du cuivre et des métaux précieux. D'ailleurs, au début, à l'or, il préférait l'argent et le vermeil – de l'argent massif doré par électrolyse – car l'or fin est trop malléable pour l'orfèvrerie et l'or «légal» à 18 carats produit par l'industrie, alliage extrêmement dur et agressif, lui paraissait trop malaisé à travailler. Aujourd'hui ce n'est plus le cas et l'artiste travaille l'or avec une grande délicatesse. Goudji forge le fer massif, d'abord pour fabriquer des outils puissants, puis pour créer des sièges de cathédrale. Il a travaillé le chêne de Tronçay pour l'autel majeur de Chartres mais aussi pour l'aménagement post-conciliaire de l'espace liturgique de plusieurs cathédrales et abbatiales. Selon la région et le projet, il sait marier le calcaire et l'ardoise, le granite ou le marbre. Comme il use des pierres dures et ornementales, il façonne les bois précieux, l'ivoire et le corail pour les incruster dans l'argent ou dans l'or. En 1994-1995, il utilise la technique originale et délicate du verre coulé dans un moule et collabore avec le maître verrier Antoine Leperlier pour des pièces trop grandes pour être taillées dans un

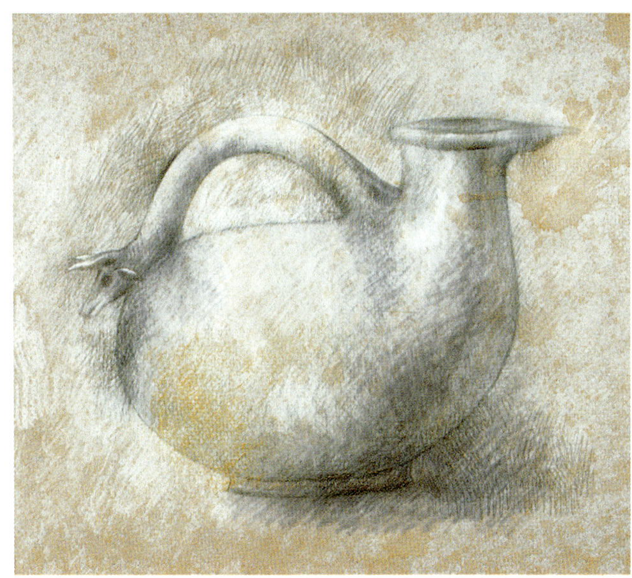

même bloc de pierre dure. Ce procédé lui permet également d'élargir la gamme de ses couleurs. Mais il doit vite renoncer à cette nouvelle technique et peu d'œuvres abouties témoignent de cette tentative car le travail du verre est si aléatoire que, malgré la maîtrise d'Antoine Leperlier, le nombre des échecs rend la démarche irréaliste.

L'œuvre

S'il est nourri du terreau des civilisations disparues, Goudji est sans cesse tourné vers l'avenir. Rêve ou imagination –le rêve a pour lui une grande importance–, il ne cesse de penser à l'œuvre nouvelle. Sa création est perpétuelle, sans cesse renouvelée, sans bornes et très actuelle. Si la richesse chromatique des incrustations et des associations de couleur trouve sa source dans l'Orient ancien, tant il est vrai que ses premiers colliers évoquaient les trésors de Byzance, l'art de Goudji évolue constamment vers davantage de pureté et de rigueur. Progressivement, ses allusions de pierre se font plus discrètes. Malgré la richesse des matériaux et la violence des couleurs, rien de kitsch, rien de trop. Il est tout d'élégance, de pureté et de simplicité. Il ne laisse pas insensible mais suscite l'émotion, l'éblouissement, l'émerveillement. Il porte le rêve qui l'a fait naître. S'il est difficile à l'artiste de définir la fonction de l'art, il en connaît le pouvoir : *L'art doit provoquer une émotion.*
Et, pour nous, demeure une certitude : les objets de Goudji ont bien une âme !

Bijoux, trésors de nomades

Concentré d'amour et de rêve qui honore et qui marque ce que l'on a de plus cher, signe de richesse, gage intime ou symbole de pouvoir, léger et précieux à la fois, le bijou est aussi l'assurance du nomade, ce que l'on emporte discrètement avec soi vers tous les exils. En offrant ses premiers bijoux comme son bien le plus précieux, Goudji accomplissait aussi son rêve d'enfant tout en exauçant le rêve frustré de l'artiste contraint par le régime. Ainsi son «style» naît de la petite cuillère d'argent transformée pour Mila, sertie de galets, souvenirs de Colchide, qui rejoignent la symbolique minérale de la Jérusalem nouvelle.

Des formes venues de très loin

Mes bijoux, leurs formes viennent de très loin, de civilisations disparues. Ces objets de métal précieux livrés par les fouilles, c'est parfois tout ce qu'il nous reste de ces cultures, les seuls témoins des gens qui les ont créés et des temps qui les ont vus utiliser.

Les premiers bijoux de Goudji sont ses premiers pas en orfèvrerie. Clairement orientaux, quasi-byzantins, ces «accessoires de mode» destinés à la vente lui permettent d'affirmer sa personnalité, de faire naître un style inégalé, de prendre son essor de créateur. Il ressuscite le torque, ce collier rigide des Hittites ou des Celtes, l'articule, innove dans son fermoir, remplace les tampons et la goupille par des crochets ou des aimants, l'allège par le creux ou l'enrichit par les pierres. Il renouvelle la fibule, une broche destinée à fixer le vêtement, bijou protéiforme inventé en Europe centrale aux premiers temps des métaux qui trouve son aboutissement dans l'épingle de nourrice. Il transforme sa structure, architecture sa forme, l'enrichit à l'infini de pierres incrustées. Sa capacité d'invention est inouïe. Sa richesse créative fascine même dans ses chaînes, aux maillons un à un façonnés au marteau. Recréant les gestes du dinandier et de l'orfèvre, du joaillier et du lapidaire, Goudji transcende leur métier et retrouve l'esprit sacré des toreutes antiques. Il puise aux sources de civilisations perdues ce qu'elles ont créé d'universel et il s'en sert pour des formes nouvelles, puissantes, animées d'un improbable bestiaire qui fait rêver et qui plonge dans un monde fabuleux, mythique, intemporel.

Goudji au Louvre

Que Goudji ait été choisi pour créer la première ligne de bijoux spécialement destinée au musée du Louvre n'étonnera personne. Outre le fait que plusieurs œuvres de ce grand artiste sont déjà entrées dans les collections de musées français et étrangers, ou y ont été exposées, il y a une évidente connivence entre son art, qui s'inspire explicitement de l'orfèvrerie d'anciennes civilisations —mésopotamienne, grecque, hittite, étrusque...—, et le musée de France où celles-ci sont le plus brillamment représentées. D'ailleurs, qu'il s'agisse du Louvre ou du travail de Goudji, d'une certaine façon le but ultime est le même, puisqu'il s'agit ici de recréer, et là de célébrer, une beauté qui échappe aux inconséquences de la mode et que l'on aimerait dire intemporelle (Michel Laclotte, président-directeur du musée du Louvre, 1995).

Coupes de Colchide pour le banquet des dieux

Depuis toujours, j'ai essayé de faire des objets de table, des objets utilitaires, pour une satisfaction esthétique. Je suis fasciné par ces objets de table en métal qui nous restent de civilisations disparues. Je leur trouve une beauté extraordinaire, qui me rappelle un certain passé. Ils dégagent une grande énergie, un grand mystère et c'est un peu de rêve. Je reste sur ce terrain, en travaillant les métaux précieux, comme dans la tradition. L'argent correspond le mieux aux arts de la table. C'est pour cela que je préfère les réaliser en argent.

Dans les mains de Goudji, une simple boîte devient pyxide ou custode, châsse ou reliquaire, une coupe est un hanap, un gobelet évolue en rhyton et tel vase se révèle le Saint-Graal. Par un choix judicieux de matériaux d'exception, par la noblesse d'une typologie renouvelée qui emprunte au cultuel, par la référence réinventée à des formes consacrées par l'histoire, par la richesse des incrustations colorées ou, au contraire, par la pureté des lignes et la sobriété du poli, par les facettes de martelage et la vibration de lumière, par l'omniprésence d'un bestiaire rêvé qui porte au songe, Goudji sacralise ce qui ne serait que vaisselle ou objet utilitaire. Les formes de l'architecture servent aussi à construire l'objet : ses parois sont des murailles, rythmées de contreforts et d'arcades, scandées de pilastres colorés. Monumentaux, les fermoirs à moraillon et les charnières à pentures évoquent des portes de villes ou de châteaux, ou les défenses de coffres anciens. Les roues tiennent du char, triomphal ou funéraire, ou suggèrent quelque jouet divin. L'oiseau boit à la coupe comme à la Fontaine de vie. Humaines ou animales, caryatides et atlantes soutiennent vasques et obélisques comme les douze bœufs, la Mer d'airain de Salomon, ou les douze lions, la fontaine de l'Alhambra.

Aquamanile, fibule, askos, aiguière, torque, canthare, rhyton, clepsydre, calice, patère, hanap, puiselle, cratère, custode, Goudji «*aime à ressusciter des noms anciens*». Son monde est «*celui de l'imaginaire, de la réflexion sur le temps passé... [Il] aime la mythologie et tout ce qui est imaginaire, improvise et réalise ce qu'il a rêvé*». Ainsi il crée les ustensiles voluptuaires qu'il n'a pas eus dans son enfance : *Je fabrique l'objet que j'aimerais avoir chez moi, mais aussi chez les gens.* La technique même de Goudji conduit à ménager des cavités dans ses œuvres et à y conserver un accès jusqu'à la finition : le quadrupède ou l'oiseau peut ainsi devenir coupe pour le banquet des dieux, gobelet pour leur nectar, ou coffret d'amour pour des secrets d'enfants. Son socle, sa selle, ses ailes ou sa coiffure s'ouvrent à la douceur sucrée, au billet doux, aux trésors privés. Ils développent parfois la bobèche d'une lumière qui donne à l'objet l'éclat du vase sacré. Plus complexes qu'il n'y paraît, les objets de Goudji sont à secrets, des secrets d'amour.

Bestiaire fantastique

Robert Turcan, de l'Institut, dit de l'art de Goudji qu'il est une *révélation de toutes les beautés de la forme animalière.* Colombes, antilopes et licornes symbolisent grâce, douceur et féminine agilité, tandis que zébus, taureaux, lions et cerfs aux ramures vigoureuses évoquent puissance et fécondité : c'est de cette langue immémoriale, commune à tous les âges et à la plupart des contrées que le belluaire laisse parler ses créations. Parfois empruntés aux mythes ou à l'emblématique royale, comme la licorne ou la salamandre, le cerf ailé ou le cheval céleste, les animaux de Goudji sont rarement réalistes. Leur classification est déroutante. Cervidés à demi bovins, chevaux à demi caprins, ces créatures fantastiques ne figurent pas dans les recueils de Buffon ni de Linné.

L'artiste lui-même ne sait dire quel animal il façonne. Il ne peut ni ne veut le représenter *au premier degré*. Il ne cherche pas même à nommer l'animal ou le personnage qu'il fait naître. Lorsqu'on l'interroge, il l'ignore. Lorsqu'on lui propose une attribution, il s'y reconnaît. Depuis 1993 et la rétrospective du musée Dobrée à Nantes, Goudji demande à l'archéologue et historien de l'art de rencontre que je suis de nommer ses créations, souvent encore grises d'inachèvement et dépourvues des couleurs de la pierre. Il me charge ainsi d'ajouter le rêve au rêve, d'individualiser l'œuvre, de la baptiser –*Effatà!* «Ouvre-toi!»– en lui insufflant ce petit supplément de vie, presque surnaturel, qu'est son nom. C'est ainsi que se vérifie l'adage de l'Égypte ancienne : *Nommer, c'est créer.* Le nom crée la chose, reconnaît son unicité, précise son essence profonde. Grande confiance et marque de véritable amitié que cette ineffable complicité de l'artiste, et de Katherine, son épouse, qui, depuis notre rencontre en 1993, m'ont demandé de nommer les œuvres de Goudji. Cette amitié indéfectible de l'artiste et de son épouse me convie ainsi à poursuivre sa création, à lui donner l'étincelle volée aux dieux. Mais Camus aurait écrit : *Mal nommer les choses, c'est ajouter au malheur du monde.* Bigre! Gare à nous! C'est une bien grande responsabilité que de nommer l'œuvre de Goudji qui, lui, ne fait qu'apporter au monde de précieux éclats de bonheur!

Animaux et mythologie

Mes animaux, fantastiques, stylisés, évoquent la mythologie, rappellent les civilisations disparues et les sources d'inspiration sont nombreuses! Je m'inspire aussi bien du Proche-Orient ancien que des cultures méditerranéennes, de l'Europe centrale ou de l'art des Vikings.

Goudji aime les quadrupèdes, cervidés, animaux exotiques, bovins, caprins ou chevaux, qu'il dote volontiers de cous étirés et d'attitudes fragiles. Goudji n'a jamais vu de zébus ni de bœufs Watusi ailleurs qu'au cinéma ou à la télévision. Il rêve d'aller les voir un jour dans la nature des origines. Pour autant, ces animaux nourrissent son imaginaire, non pas en tant qu'espèce précise mais de manière générique. Il est bien difficile alors de définir l'animal qu'il a voulu représenter et cette identification, pour tout dire, n'a que peu

d'importance. La bête est composite, mythique, mais elle est. Peut-être faut-il y voir le souvenir d'un éden oublié? L'expression des animaux est souvent mutine et pleine d'humour; les bêtes semblent effarées, ont l'œil rond et centré, comme écarquillé. Souvent, aussi, l'animal tire la langue. Est-ce de l'humour, comme le suggère Katherine? Que nenni! Goudji s'en défend, mais faut-il le croire? Pour lui, tout bonnement, l'animal a soif, et cette soif ouvre sur son monde secret où tout être est, comme lui, dans l'attente, dans la soif de l'absolu.

DE L'HOMME AU DIEU

Longtemps, Goudji a évité de figurer l'homme et plus encore le dieu. Ses bijoux, les premiers, se sont peuplés de menus animaux, tantôt massifs et coulés à la cire perdue, tantôt légers et gravés sur la pierre dure. Ce n'est que vers 1989 qu'apparaissent, dans l'argent, ses premières grandes figures en martelé creux, d'étranges atlantes primitifs, au vêtement intemporel, porteurs de somptueuses vasques de pierre dure. Barbes sémites, coiffures et caftans orientaux, poulaines, ceintures et phylactères à la juive, ces effigies projettent encore dans un monde inconnu, font appel à une culture qui est autre. D'énigmatiques oiseleurs, des personnages chevauchant des fauves, des orants et des offrants, adorateurs de la grenade et porteurs de la lumière, gardiens du feu et marchands des quatre-saisons, «petits métiers» et colporteurs à la hotte prometteuse, c'est là tout un peuple imaginaire en référence, sans doute, à des souvenirs d'enfance.

Cubisme et frontalité

Du métier traditionnel des dinandiers de Batoumi, Goudji conserve l'habitude de découper les figures en formes simples, sphères, cônes ou cylindres. De cette difficile technique de sculpture au repoussé par martelage sur la bigorne, il résulte une simplicité des volumes qui rappelle le cubisme et, dans ses personnages, une frontalité toute hiératique qui évoque le sacré.

GOUDJI ET LE SACRÉ

Pour se rendre à l'école de musique, car sa mère veut en faire un pianiste, le jeune Goudji passe tous les jours devant la dernière église encore active de Batoumi. Il est tabou d'y pénétrer, surtout pour le fils d'un haut fonctionnaire, mais l'attirance n'en est que plus violente. Vers treize ou quatorze ans, il ose braver l'interdit et franchit la porte. La première image qui le frappe est une peinture figurant un homme en tunique marchant sur l'eau. C'est un choc. Pour lui qui, baptisé en secret, n'a reçu aucune instruction religieuse, ce Christ marchant sur les eaux de Tibériade est une vision extraordinaire, surréaliste et incompréhensible. C'est une révélation et Goudji n'aura de cesse qu'il ne se procurât une édition des Évangiles. La foi sourd, nourrie de lectures, et le goût du symbole se développe.

couleurs bénédictines, le blanc et le bleu, sont souhaitées par le clergé : ainsi s'explique l'ivoire et le lapis-lazuli associés, dans ce premier vase sacré, au vermeil liturgique et à l'aventurine, verte comme l'Espérance ! Offert plus tard par François Mathey à la chapelle de Ronchamp (Haute-Saône), ce calice fut souvent utilisé par le chanoine Bolle-Reddat dans la chapelle de Le Corbusier, construite sur la proposition du conservateur pour sa ville natale.

C'est également sur la recommandation de François Mathey, qui adore les créations de Goudji – *On trouverait vos objets dans la terre et tout le monde y verrait des chefs-d'œuvre !* –, que le Comité national français d'art sacré commande à Goudji ses premières créations religieuses, pour le Fonds national d'art contemporain (Fnac). C'était en 1987, pour l'exposition accompagnant le colloque international et interconfessionnel sur l'art sacré contemporain organisé à l'abbaye de l'Épau (Sarthe). L'artiste crée alors une impressionnante et « barbare » cuve baptismale en plaques d'argent repoussé, cloutées et enrichies de granit armoricain et d'orthocéras (fossiles de mollusques nautiloïdes), avec son aiguière et le chandelier pascal incrustés de même. Sur la requête du cardinal Lustiger, ces trois objets spectaculaires seront affectés au culte et placés dans le chœur de la cathédrale Notre-Dame de Paris. Dix ans plus tard, en août 1997, ils seront utilisés par le pape Jean-Paul II pour les baptêmes d'adultes célébrés lors des Journées mondiales de la jeunesse du Bourget.

SS. Jean-Paul II à Goudji

Le pape m'a chargé de vous transmettre ses vifs remerciements. Il se réjouit de ce que vos créations de sculpteur-orfèvre, profondément inspirées par l'Écriture et l'esprit liturgique de l'Église, illustrent cette « alliance établie depuis toujours entre l'Évangile et l'art », comme il l'a souligné dans sa Lettre aux artistes. Puissent la beauté de votre art et l'inspiration créatrice qui le suscite aider les hommes à s'émerveiller devant le mystère de l'Incarnation que nous célébrons de manière toute spéciale en cette année jubilaire ! (Mgr G.B.Ré, substitut du pape, 9 mars 2000).

Goudji est chrétien, orthodoxe évidemment, mais il est œcuménique. Pour autant, c'est l'Église catholique qui l'a sollicité et qui lui confie le soin de poursuivre l'édifice, de créer les instruments du culte, dans les nouvelles exigences liturgiques post-conciliaires, en ajoutant des trésors contemporains aux trésors les plus anciens.

LES GRANDS PROGRAMMES D'ART SACRÉ EN FRANCE ET À L'ÉTRANGER

La première commande religieuse importante est celle de Mgr Jacques Perrier, alors évêque de Chartres, sur le conseil de Guy Nicot, l'architecte en chef des Monuments histori-

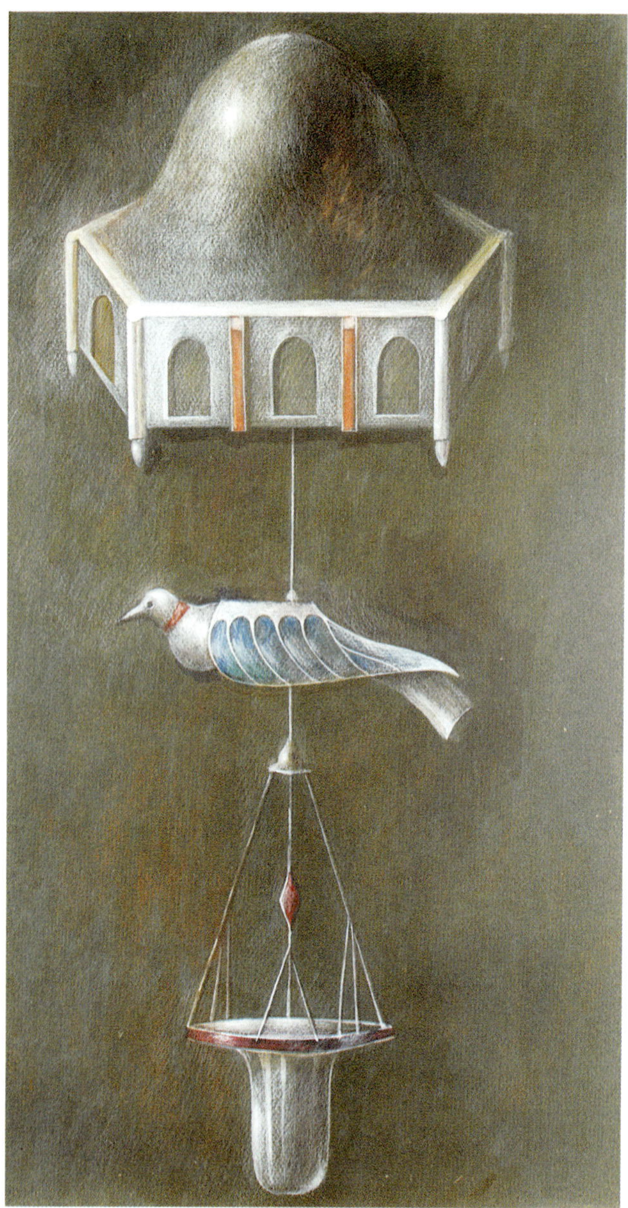

ESQUISSE DU DAIS DE LA COLOMBE
DU SAINT-ESPRIT ET DE LA LANTERNE
DU TABERNACLE DE L'ÉGLISE SAINT-AUGUSTIN
DE BELLEVILLE EN BEAUJOLAIS, 2004
Atelier de Goudji

Étudiant, Goudji rêve d'orfèvrerie et voudrait créer *des objets uniques avec une destination chargée de symboles, des objets de beauté à la gloire de Dieu*, mais, dans ce pays athée, il est tout aussi exclu d'exprimer sa foi que de travailler les métaux précieux. Ce n'est qu'en 1987, qu'il est sollicité par le P. Dominique Rey, aujourd'hui évêque de Fréjus-Toulon, pour un calice destiné à la cérémonie concélébrée par le primat des Gaules, le cardinal Decourtray, et l'épiscopat français lors du festival d'art chrétien *Magnificat*, à Paray-le-Monial (Saône-et-Loire). Pour cette célébration européenne du millénaire de la mort de saint Benoît, les

ques, et du recteur de la cathédrale, le chanoine François Legaux : en trois mois seulement, au début de 1992, Goudji, créateur inspiré, construit le *Roc de lumière*, autel majeur de l'insigne basilique, la cathèdre épiscopale, les sièges des célébrants, et réalise l'ambon, les deux croix d'autel et tous les autres objets sacrés liés au nouvel aménagement de l'espace liturgique de la cathédrale Notre-Dame de Chartres, en application des dispositions du concile Vatican II. À l'occasion du huitième centenaire de la reconstruction de la cathédrale, Goudji complète cet ensemble extraordinaire en créant *Le Verbe*, grand évangéliaire des processions, l'encensoir et sa navette, puis *L'Esprit de Chartres*, modèle d'une tour de la cathédrale choisi comme trophée du grand prix du XIVe concours international d'orgue de Chartres organisé pour cet anniversaire (1994). Ce sont quelque vingt-sept pièces différentes qui sont ainsi créées *avec honneur et émotion* pour Chartres, *cette merveille inouïe du patrimoine de la France*, grâce à la générosité de la communauté chrétienne et de quelques entreprises mécènes : 130 kilos d'argent, du chêne de la forêt de Tronçay, de l'or, toutes sortes de pierres dures et même des émeraudes sont offerts par les fidèles et les amis de Goudji, Madeleine Chossière et Alain Roure, permettant ainsi à notre temps d'apporter sa pierre à ce haut lieu spirituel et à l'artiste qui offre son travail de contribuer à l'enrichissement du trésor millénaire de la cathédrale.

L'artiste est aujourd'hui sollicité pour la création du mobilier et des objets liturgiques post-conciliaires dans de nombreux édifices religieux : la cathédrale de Luçon, en Vendée (1995), l'abbatiale romane de Saint-Philibert de Tournus, en Saône-et-Loire (1999 et 2002), l'abbaye de La Grande Trappe de Soligny, dans l'Orne (2000), l'abbaye romane Saint-Pierre de Champagne-sur-Rhône, en Ardèche (2000), la cathédrale de Cambrai, dans le Nord (2003-2004), l'église contemporaine du Christ-Roi, à Fribourg (Suisse), la collégiale romane de Belleville-en-Beaujolais, dans le Rhône, la nouvelle église Padre Pio de l'abbaye de San Giovanni Rotondo (Pouilles, Italie), le monastère de Novy Dvur (République tchèque) et la collégiale Saint-Liphard de Meung-sur-Loire, dans le Loiret (2004). Goudji considère comme un défi, comme une grande responsabilité et comme un honneur tout particulier que de se voir confier des créations pour les plus grands sanctuaires romans de l'Occident chrétien, comme l'abbaye Saint-Philibert de Tournus, pour les plus vénérables cathédrales gothiques, comme Paris, Chartres ou Luçon, ou du plus pur classicisme français, telle Cambrai. L'artiste a créé plusieurs crosses abbatiales ou épiscopales : celles de deux bénédictins, dom Jorrot, abbé de Saint-Maurice de Clervaux, au Grand-Duché de Luxembourg (1994), et dom Courau, abbé de Notre-Dame de Triors, en Isère (1996), celles du père abbé de Champagne-sur-Rhône (2000), de Mgr Bruguès, évêque d'Angers (2001) et de Mgr Giraud, évêque auxiliaire de Lyon (2004). Cet insigne de dignité et de juridiction des évêques, des abbés et des abbesses est, comme l'épée de l'académicien, un monument très personnel, répondant à un programme hautement symbolique défini par le prélat.

Dans la tradition de l'Église primitive et du haut Moyen Âge, lorsqu'il fallait mettre les hosties consacrées à l'abri des animaux et du sacrilège, ce disciple de saint Éloi suspend aux voûtes des colombes eucharistiques, tabernacles en forme d'oiseau, comme dans la chapelle privée de

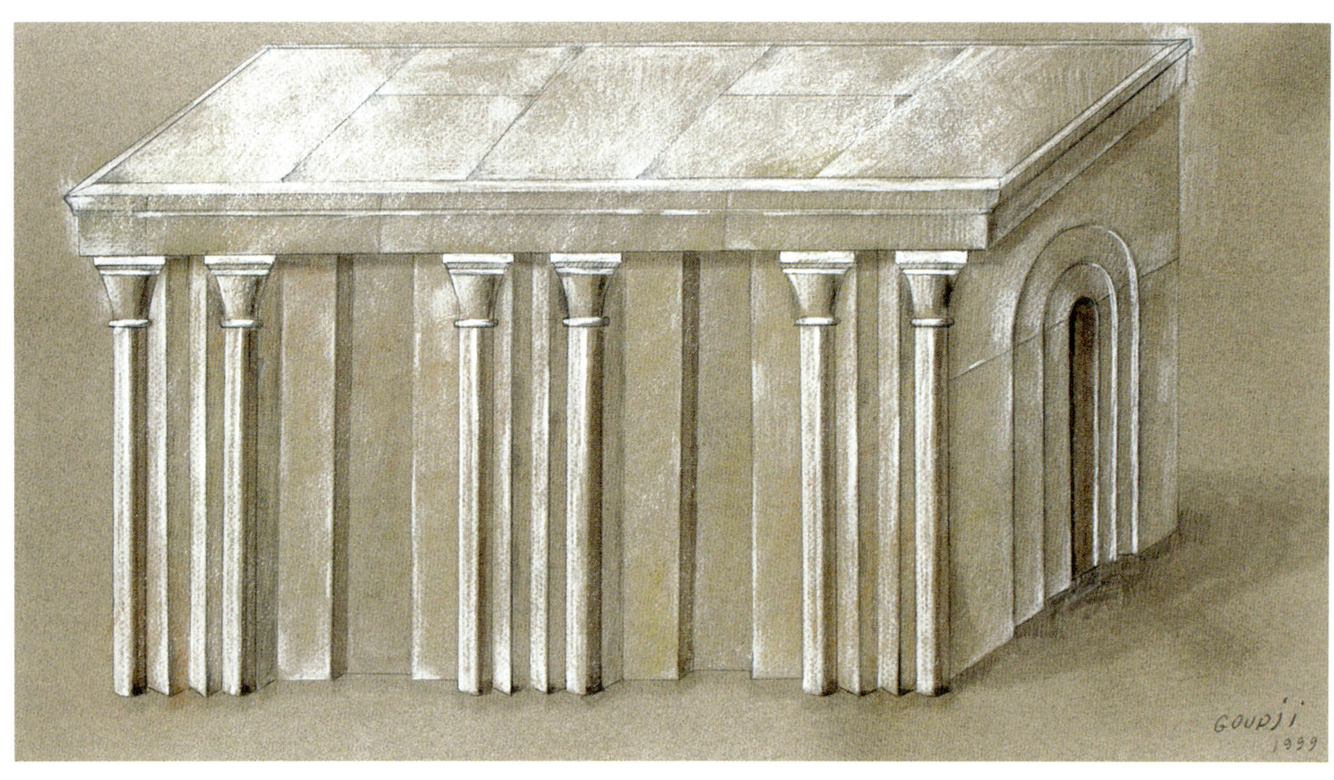

ESQUISSE DE L'AUTEL DE SAINT-PIERRE DE CHAMPAGNE-SUR-RHÔNE, 2000
Atelier de Goudji

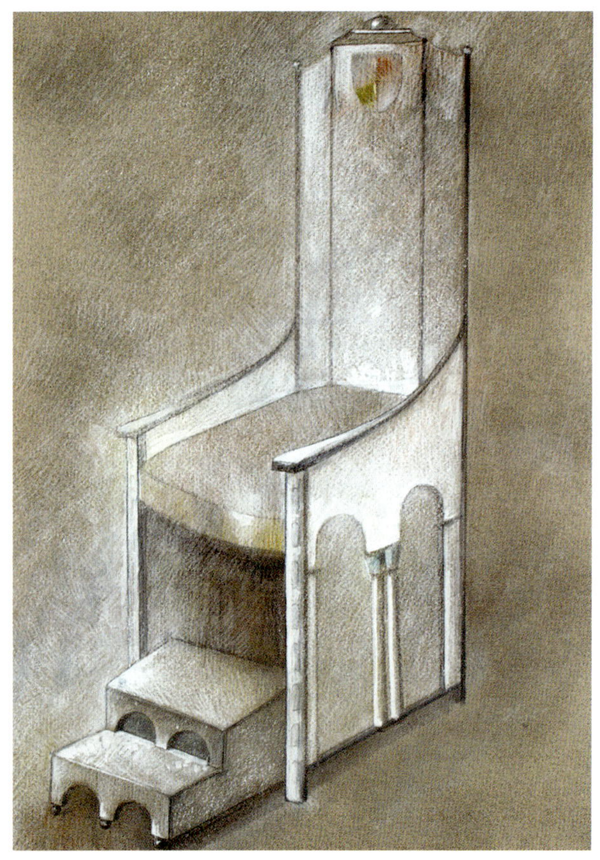

ESQUISSE DU SIÈGE DE L'ABBÉ GÉNÉRAL DE
SAINT-PIERRE DE CHAMPAGNE-SUR-RHÔNE, 2003
Atelier de Goudji

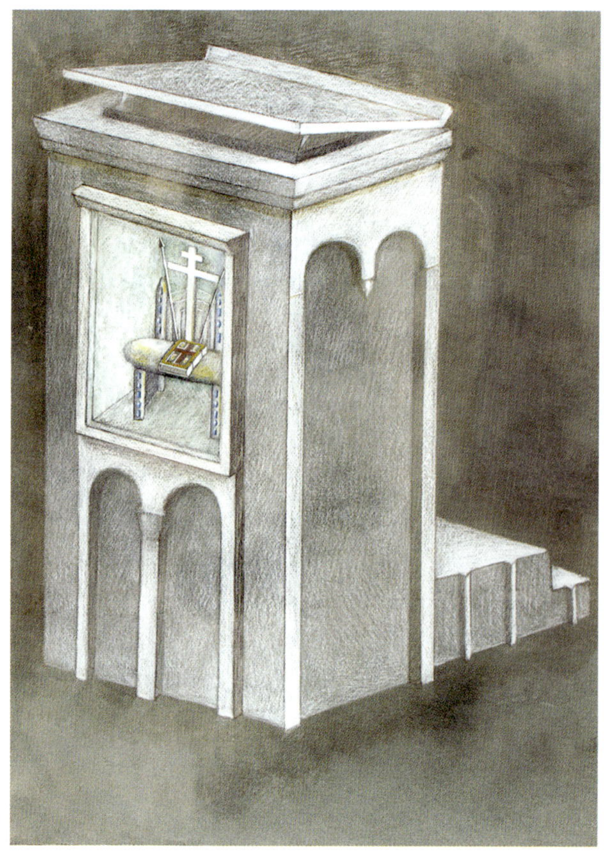

ESQUISSE DU PROJET DE L'AMBON
DE LA PRIMATIALE SAINT-JEAN DE LYON, 2001
Atelier de Goudji

l'évêque de Chartres, Mgr Jacques Perrier (1992), dans celle de l'école du P. Brottier à Blois, ou le symbole trinitaire de la Trinité de Vendôme, en Loir-et-Cher (2000). L'artiste renouvelle aussi le type des grands ostensoirs des processions pour la basilique de Lourdes (2002) ou la cathédrale du Puy-en-Velay (2005). Des reliquaires sont créés pour le Padre Pio, en Italie, pour les abbayes de Sept-Fons (Allier) et de Saint-Philibert de Tournus, pour une relique de la Vraie Croix à la Grande Trappe de Soligny (Orne) et pour le bienheureux Alain de Solminihac à Cahors (Lot). Lorsqu'il doute d'une interprétation canonique ou d'une iconographie chrétienne, Goudji fait appel à Bernard Berthod, spécialiste des arts liturgiques, consultant pour le Saint-Siège et conservateur du musée d'Art sacré de Fourvière, à Lyon, qui organisa en 2002 la première exposition d'œuvres liturgiques de Goudji.

En 2006, pour l'abbaye capucine de San Giovanni Rotondo, dans les Pouilles, Goudji crée un extraordinaire ostensoir dont la custode est portée par l'archange Michel, ainsi qu'une grande croix processionnelle où le Christ figure ressuscité, comme sur la croix staurothèque de la Grande Trappe de Soligny, et sur celles du Christ-Roi de Fribourg ou de Saint-Philibert de Tournus. En effet, l'artiste s'est toujours refusé à suivre la tradition médiévale, occidentale et catholique du crucifix : si, depuis le concile de 692, il est permis de représenter le Christ sur la croix, tête nue ou couronnée, et vêtu d'une longue robe, ce n'est qu'à partir du XIIIe siècle qu'en Occident, le Christ commence à être représenté dénudé, vêtu d'un simple pagne (*perizonium*), souffrant, couronné d'épines et près de rendre l'âme. Goudji préfère retenir la figuration dite «du Christ syrien», représenté ressuscité, vivant, triomphant et compatissant, roi et prêtre à la fois, accueillant les fidèles de ses bras étendus, coiffé non plus des épines de dérision, mais de la couronne royale comme sur les émaux champlevés du Limousin. Vêtu de longues robes orientales superposées, ce Christ s'inspire de figurations byzantines antérieures au XIIe siècle.

Jean-Paul II, le Padre Pio et les capucins

En 1999, l'ordre des Frères mineurs capucins commande à Goudji un reliquaire offert à Jean-Paul II pour la cérémonie de béatification du Padre Pio (1999, appartements privés du pape au Vatican, puis cathédrale de Foggia), tandis que le maître des cérémonies pontificales, Mgr Piero Marini, lui demande un marteau jubilaire et un rational (agrafe pectorale circulaire), utilisés par Jean-Paul II pour ouvrir et fermer la Porte sainte de la basilique Saint-Pierre de Rome dans la liturgie du jubilé de passage au IIIe millénaire (24 décembre 1999 et 6 janvier 2001). Comme à l'accoutumée, Goudji s'est très étroitement inspiré des Écritures : bijou liturgique inspiré de l'*éphod* du grand prêtre des Hébreux, le rational fait référence à la Jérusalem céleste (Jn, Ap 21) et l'*Agnus Dei* y figure entouré des murailles de la Jérusalem nouvelle.

Goudji considère que les objets religieux doivent d'abord répondre aux besoins du clergé et satisfaire aux exigences de la liturgie, mais qu'il faut leur donner une esthétique adaptée à l'espace qu'ils doivent habiter. Il recherche donc la cohérence et l'harmonie entre l'objet et le site. C'est pourquoi certaines œuvres reflètent l'architecture du lieu auquel elles sont destinées.

Une porte qui ouvre sur le sacré et l'éternel

Pour Goudji, l'art pour l'art ne veut rien dire. La beauté, jadis, n'était pas gratuite mais au service et à la gloire des dieux. Comme dans les grottes sacrées de la préhistoire, dans les trésors des temples antiques ou au temps des cathédrales, la spiritualité, pour lui, reste le moteur de la création. L'art religieux est l'expression d'un programme spirituel suggéré par le clergé, voulu par la communauté chrétienne et soutenu par des moyens privés, mécènes discrets ou foule des chrétiens, corps vivant de l'Église car il n'est pas financé par l'Église, qui ne le pourrait, ni par l'État, laïcité oblige. Pour l'artiste, l'art sacré est précieux entre tous car, à la différence des œuvres profanes qui demeurent chez les particuliers et à l'usage exclusif de leur commanditaire, il permet à la multitude qui assiste aux offices ou qui visite les églises d'accéder à la beauté et à une forme contemporaine de la création ; il est animé, comme jadis, par un puissant sentiment religieux, par le respect du sacré et la volonté de s'inscrire dans un effort millénaire : construire un édifice qui élève l'âme et la conduit à la divinité.

Animé de l'esprit généreux des bâtisseurs de cathédrales et nourri de leurs sublimes créations, Goudji se fond désormais dans les traditions romanes et gothiques de l'Occident pour jeter les bases d'une nouvelle expression de l'art chrétien.

L'ÉPÉE ET L'ACADÉMICIEN

Depuis l'Empire, l'épée fait partie du costume de l'académicien et lui est généralement offerte par ses amis (souscription), mais c'est le bénéficiaire qui en définit le programme : «L'épée d'académicien est personnalisée. Son décor est le reflet des travaux auxquels s'est consacré le récipiendaire» (Robert Turcan, Académie des Inscriptions et Belles Lettres).

Dès 1976, Félicien Marceau, homme de théâtre et ami d'André Barsacq, le beau-père de Goudji, commande à ce dernier *Amitié*, son épée d'académicien. En faisant confiance à l'artiste, il sort de la tradition car c'est la première fois qu'un créateur seul est chargé d'une telle réalisation, plus souvent confiée à une équipe de concepteurs et de praticiens comme ceux des ateliers Arthus-Bertrand, Cartier ou Van Cleef & Arpels. Il est imité en 1991 par l'historien Robert Turcan, puis par le futur secrétaire perpétuel de l'Académie française : troisième femme élue sous la Coupole et la première à com-

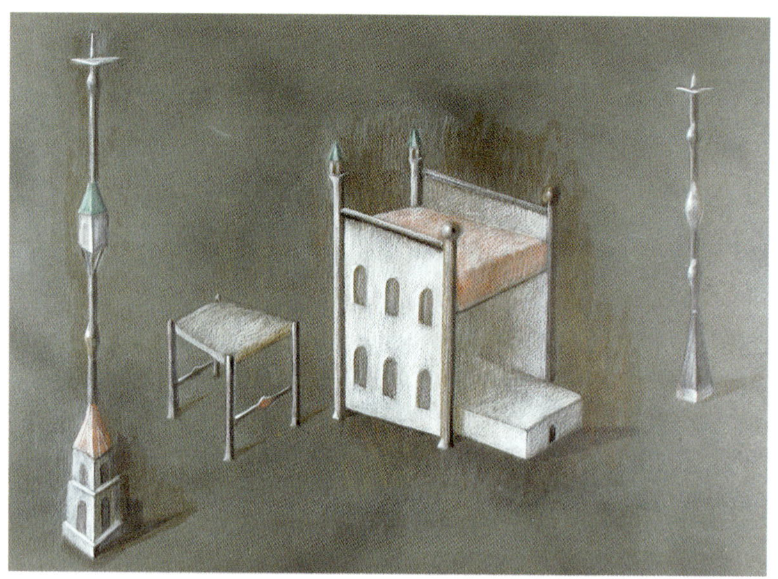

mander une épée, l'historienne et politologue Hélène Carrère d'Encausse est née en France d'un père géorgien et d'une mère russe. Elle est spécialiste des problèmes soviétiques, du monde russe et du Caucase. En 2007, Goudji a créé treize épées d'académicien, *Amitié* pour Félicien Marceau (1976), Robert Turcan (1991), Hélène Carrère d'Encausse (1991), *Espérance* pour Jean Cluzel (1992), Jacques Boré (1992), Maurice Allais (1993), l'*akinakès* de Paul Bernard (1993), Gilbert Dagron (1995), Bernard Destremau (1996), Raymond Barre et Bertrand Collomb (2002), Zao Wou-Ki et Christian Poncelet (2003). Il a également créé un «médaillon emblématique» pour Mme Claude Sainteny, historienne spécialiste de la correspondance cryptée entre Louis XIII et Anne d'Autriche (1996).

Goudji n'a jamais créé de lame d'épée mais, fasciné par le fer militaire dont la gouge devait faciliter l'écoulement du sang, il remploie des rapières à l'européenne, *qui ont déjà servi, des lames qui ont une histoire.* L'ancien Premier ministre Raymond Barre dit de son épée qu'elle est *un chef-d'œuvre de précision, de tact et d'élégance.* Ce qu'il aime chez Goudji, *c'est un art tout fait de simplicité, de pureté des lignes, jamais tarabiscoté. Un art très simple et très beau.*

L'ART DE GOUDJI

Ce sont tous les austères raffinements des peuples de l'éternelle errance dans l'immensité du paysage et l'infini de la pensée, ceux des montagnards hors du temps ou des nomades des steppes qui portaient sur eux leurs richesses, c'est la pureté primitive des formes mythiques et sacrées des antiquités de l'Orient et des Barbares de l'Extrême-Occident, c'est aussi la virtuosité des artistes du Bas-Empire romain et de la Renaissance italienne qui n'hésitaient pas à creuser les cristaux comme l'on forge le métal, ce sont tous les trésors mythiques de la Colchide et de l'Ibérie que Goudji ose recréer pour nos temps incertains, et pour l'éternité, sélectionnant les blocs les plus rares, réinventant les techniques disparues.

L'histoire n'enseigne-t-elle pas que c'est lorsqu'ils naissent ou renaissent que les peuples créent des arts «primitifs», ces expressions «archaïques» les plus pures et les plus prometteuses de la pensée humaine, les plus stables et les plus révélatrices de l'essentiel? N'est-ce pas lorsqu'elles chancellent que les nations produisent ce qu'elles ont de plus raffiné ou de plus complexe, d'éternel et d'éphémère à la fois? N'était-ce pas dans les profondeurs les plus sombres et gardés par les dragons les plus terribles que se cachaient l'or des dieux ou l'escarboucle des légendes? Dans l'antre du monstre éveillé, soumis par Médée la magicienne, que reposait la Toison d'or? Et les armes des dieux n'étaient-elles pas forgées dans le cratère formidable où œuvraient Titans et Cyclopes? Tel Prométhée ou Pygmalion, Goudji crée des formes humaines qu'il anime d'un feu divin. Intellectuel et sensible à la fois, l'art de Goudji est une moderne alchimie. Il choisit les matériaux et transmute la matière. Il la dompte avant d'y insuffler cet esprit qui lui donne force et beauté, équilibre et intemporalité. Témoin contemporain d'âges révolus ou archéologue du futur, Goudji rappelle et recrée, transforme et suggère. Sa référence n'est plus quotidienne, elle est d'éternité.

J. S.

Goudji

au château royal de Blois

Une rencontre imaginaire

Goudji, le Magicien d'Or rappelle par son titre les ors des décors royaux du château et les arts de la magie célébrés au musée même qui fait face au château royal. La présentation de cette exposition dans un lieu traditionnellement consacré aux arts du passé et à l'histoire des rois de France paraît insolite. Nous avons voulu que cette dissemblance initiale amène à un enrichissement réciproque, une sorte de concerto orchestré par une muséographie résonant des accords entre l'artiste et le château.

Le point d'orgue de cette symphonie est sans conteste la création de Goudji pour le château de Blois : une salamandre d'argent portant insolemment sa couronne d'or. Emblème historique de François Ier, la salamandre accompagnée de la devise « *Nutrisco et extinguo* » symbolisait le combat de la justice royale sur le mal. L'artiste l'interprète en se l'appropriant en un animal familier et assagi : comme il a vaincu la matière, Goudji a modelé la créature fantastique et lui a posé une couronne sur la tête. C'est donc l'orfèvre qui reprend à son compte le symbole royal et montre son pouvoir sur le feu.

L'exposition consacrée à Goudji durant l'été de 2007 au château de Blois, c'est l'histoire d'une rencontre qui paraissait improbable entre un artiste contemporain à l'imagination féconde et un palais historique, symbolique de notre attachement à la préservation du passé. Pourtant l'artiste sait construire des ponts avec les civilisations du passé et le château royal se transforme sans cesse, sujet de notre réflexion sur le devenir et l'usage du patrimoine…
Le travail des matières de Goudji répond en effet singulièrement à une réflexion sur la polychromie intégrée dans la problématique des restaurateurs du château de Blois, cherchant à retrouver celle des temps de la Renaissance. C'est le prétexte à un voyage artistique entre l'art contemporain et les civilisations anciennes, un syncrétisme culturel rare dont le château de Blois se fait l'écho dans la synthèse opérée entre le XVIe et le XIXe siècle. À travers son goût pour les formes oubliées, Goudji construit un pont avec le passé, des objets qui passeraient aisément de la table des dieux à la table des rois : aquamanile, rhytons et autres chariots de table…
C'est aussi un parcours aux origines de la création ; origines matérielles, quand est montré comment l'artiste transmute la matière ; origines formelles, à travers des espaces montrant les sources de l'imaginaire de l'artiste. Les vitrines s'entrelacent suivant un plan prismatique qui renvoie au cristal premier de l'humanité, celui que l'artiste transforme en son cabinet.
La finalité de la muséographie proposée à Blois, qui travaille sur les matières et les matériaux, comme les sables d'or jonchant le sol de l'*aula* des dieux, et sur les mises en lumière, est de transcrire la magie de l'artiste, à l'origine

« artisan de l'or », ce que désigne le nom d'orfèvre *auri faber*, qui crée des objets aux limites du fantastique, dans un syncrétisme sacré où les limites et les distinctions entre inspiration, représentation consciente et expression d'un monde imaginaire se sont évanouies pour proposer l'œuvre inexplicable, semblant appartenir à un monde légendaire.
L'exposition s'ouvre avec un « cerf ailé d'or », une autre création de Goudji pour l'exposition. Choisi pour emblème au XIVe siècle par un autre roi, Charles VI, le cerf ailé symbolise la promptitude de la justice royale. En tant qu'animal chassé, le cerf représente la force vitale, il est l'expression de la puissance et donc le gibier réservé aux rois : au pays de Chambord et des rois de la Renaissance, le cerf trouve ici une place qui lui semblait réservée. Avec ses ailes de lapis-lazuli, il aurait pu aussi orner la table des festins royaux.

Le parcours se poursuit avec « le temps des bijoux » qui propose des pièces révélatrices de la technicité de l'artiste, visiblement inspirées par les civilisations anciennes, objets somptueux appartenant au temps des hommes, celui des parures… Cet espace présente également l'atelier du magicien dont les outils sont façonnés par l'artiste. C'est l'univers des formes, des œuvres premières et géométriques : une sorte de répertoire de la manière dont le magicien façonne les matières et produit des objets aux usages parfois fantasmagoriques… sans pour autant délaisser la pureté des formes sans iconographie autre que des motifs géométriques et composées de pierres de couleur choisies pour la seule magie de la polychromie.
Au bout de ce premier voyage on pénètre dans l'univers des « objets d'un monde irréel », autant d'œuvres dont la destination, la forme ou l'iconographie renvoient à un « monde imaginaire », celui d'objets du quotidien transfigurés par un usage rêvé, appartenant à trois éléments fondamentaux, le temps, l'eau et le feu. Puis se déroule la suite inexorable des éléments qui ont pris possession des objets. C'est le temps que l'on compte, le temps qui passe, le temps que l'on voudrait arrêter, le temps du voyage : sabliers, animaux migrateurs et chariots. C'est aussi l'eau que l'on verse, l'eau que l'on boit, l'eau dont on s'asperge en ablutions : fontaines, bassins, aquamaniles, verseuses. C'est enfin le feu dont on s'éclaire, la lumière que l'on porte, le feu qui nous chauffe, le soleil : mage de lumière, chevalier de feu, lampadophores et flambeaux.

À ces objets illusoires on associe des hommes symboliques des sentiments, des occupations ou des jeux des humains : l'« Attente », l'« Innocence », et surtout l'« Escamoteur », encore un magicien, que n'aurait pas renié Jean-Eugène Robert-Houdin, l'illustre et mythique magicien de Blois auquel une maison est consacrée en face du château… Il faut imaginer que le visiteur est convié à la «table des dieux»; le couvert est mis, le dressoir est garni, mais les objets ne sont pas ordinaires parce qu'improbables sur la table des hommes : c'est un festin magique et divin, celui que les dieux de l'Olympe auraient pu connaître. Ainsi canthares, coupes, rhytons, chariot de table, carafe et hanaps portent les ornements des temples : frises, protomés et acrotères zoomorphes.

Du monde divin passons au monde des hommes : un dernier espace montre comment le souffle créateur de l'artiste et sa virtuosité peuvent modeler les images d'un monde qui se voudrait réel, celles d'un «grand bestiaire», des animaux empruntés à l'espace naturel qui nous entoure mais auxquels l'inventivité de l'artiste ajoute des détails insolites : le zébu nage dans une rivière d'agate verte tandis que le taureau promène l'aigle de Jupiter. Quand l'imaginaire envahit la faune, il nous produit non pas des monstres mais des êtres de légende, ceux dont les mythologies créées par les hommes ont peuplé nos songes et notre univers artistique depuis des millénaires : Licorne, Minotaure, Veau d'or.

La confrontation ultime avec le réel est en fait une approche du divin : l'artiste se consacre largement ces dernières années à l'art sacré; si calices, patènes et crosses sont les objets d'un rituel, ils sont aussi le lien terrestre avec un Créateur suprême, aboutissement rêvé de la création artistique.

Le voyage dans le monde s'achève avec ces épées d'académiciens, marques significatives du pouvoir temporel de ces hommes et de ces femmes distingués par notre société : on les dit pourtant «immortels», mais c'est le vœu des hommes…

ÉLISABETH LATRÉMOLIÈRE

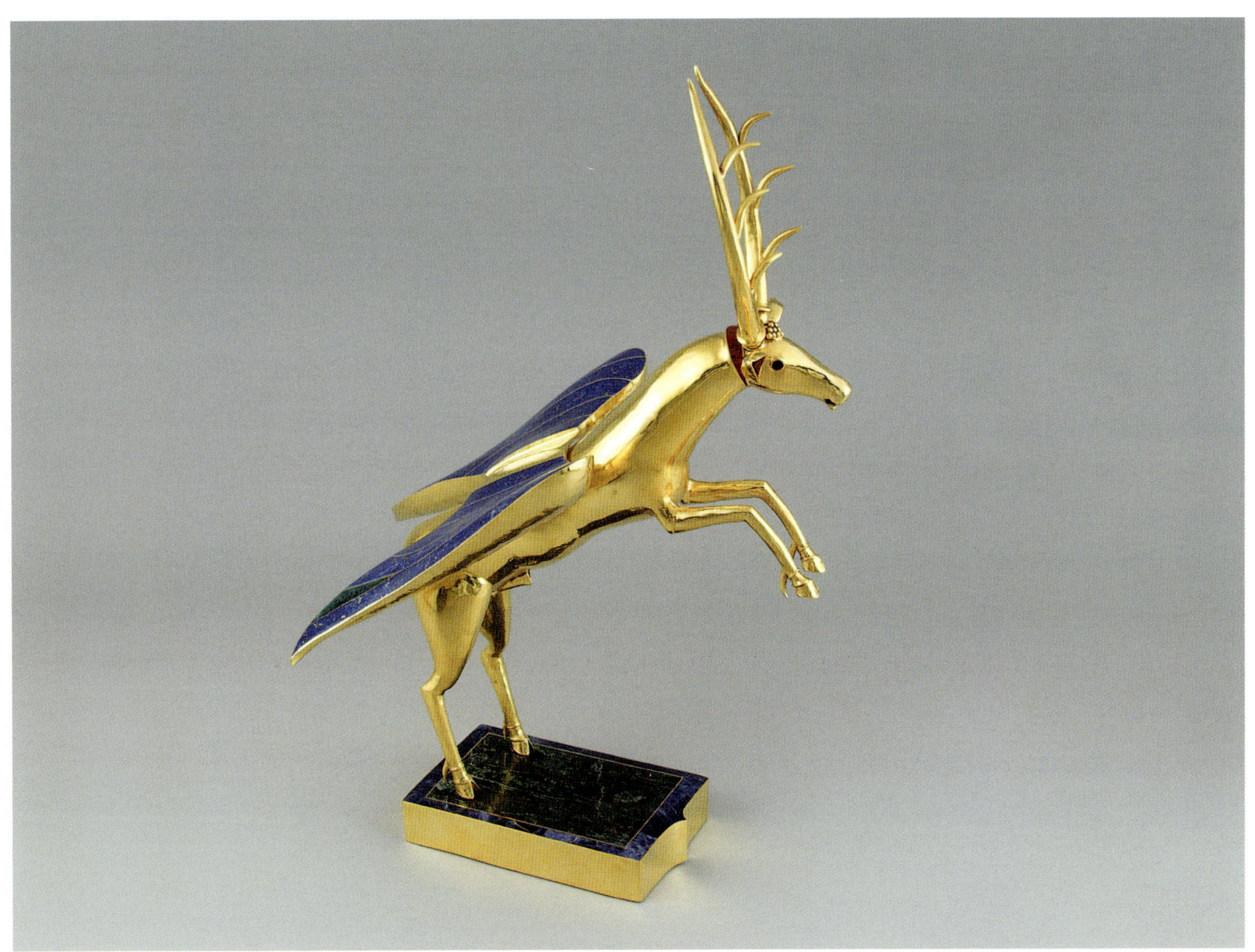

LE ROI-CERF VOLANT, 2007
Or 18 cts, lapis-lazuli, aventurine, jaspe, sodalite, serpentine; 40 × 29 × 17 cm – Collection particulière

Genèse et formes

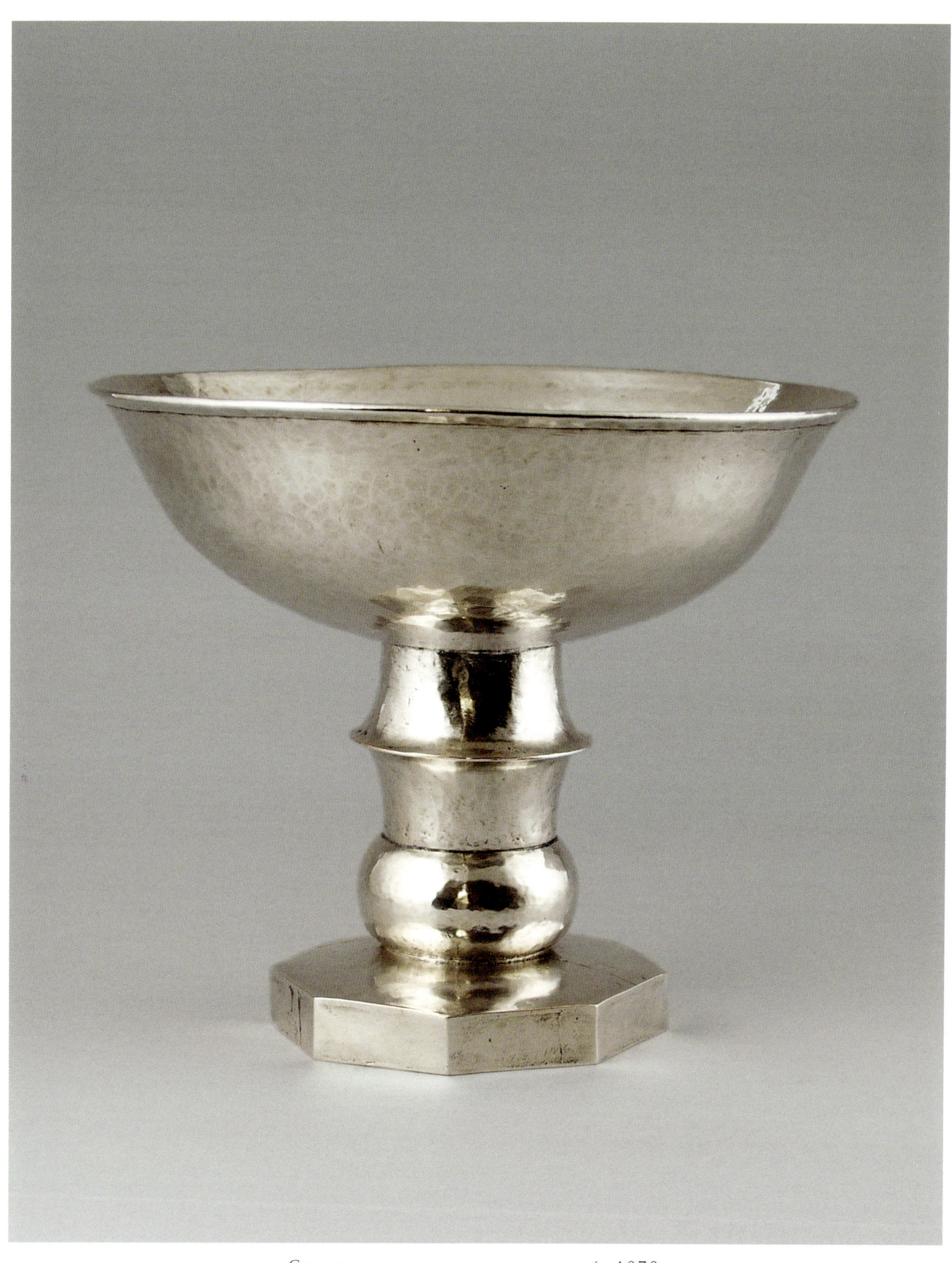

Grande coupe en cuivre argenté, 1979
Métal argenté ; 22 × 27 cm – Collection particulière

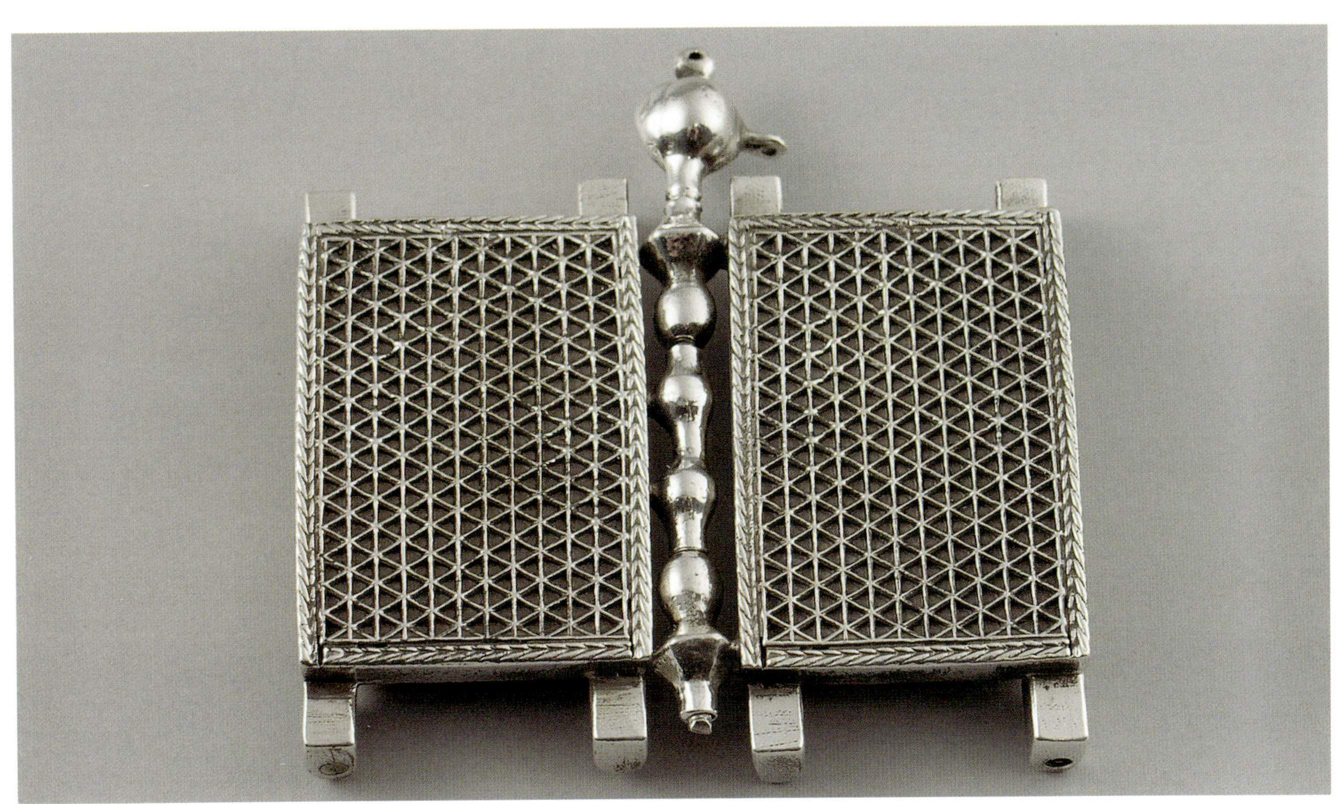

BOUCLE DE CEINTURE, 1977
Métal argenté ; 8,5 × 8,5 cm – Collection particulière

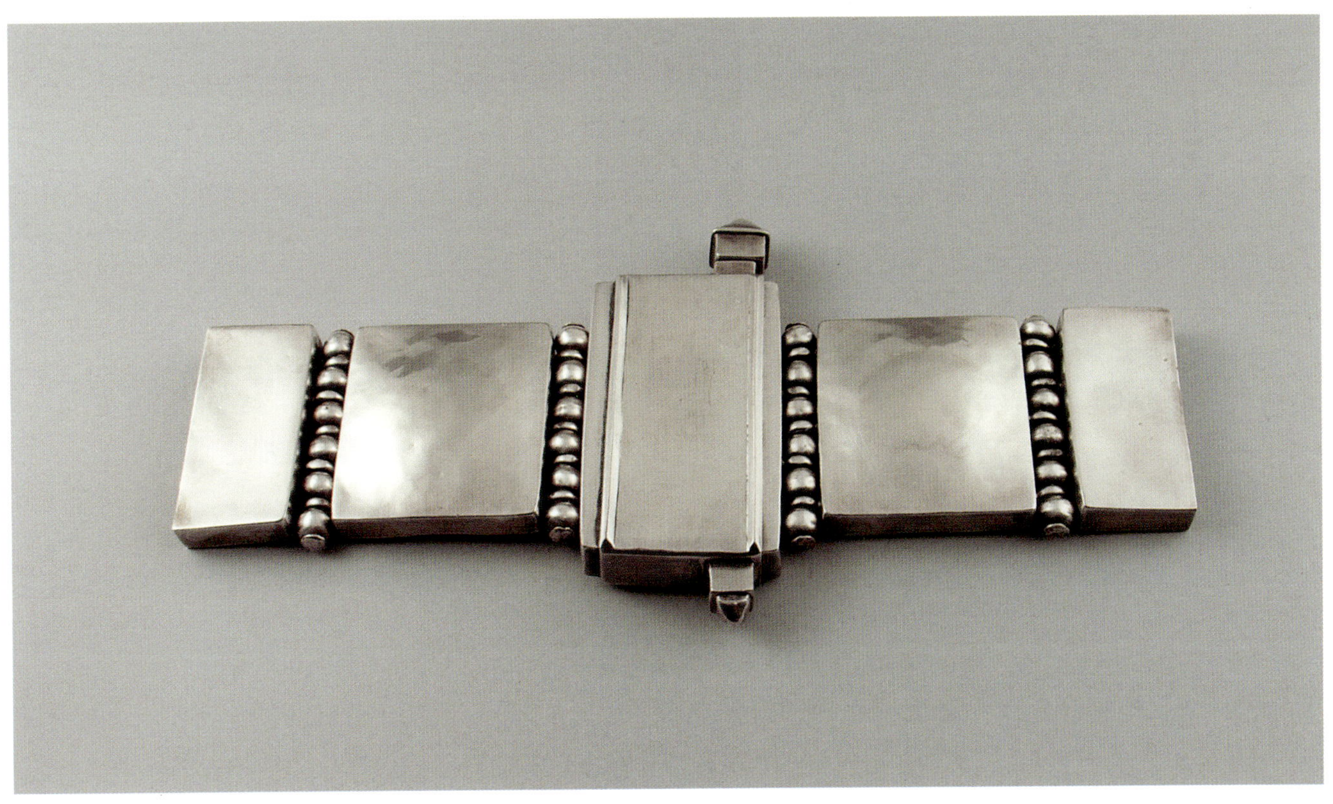

BOUCLE DE CEINTURE, 1975
Métal argenté ; 12 × 25 cm – Collection particulière

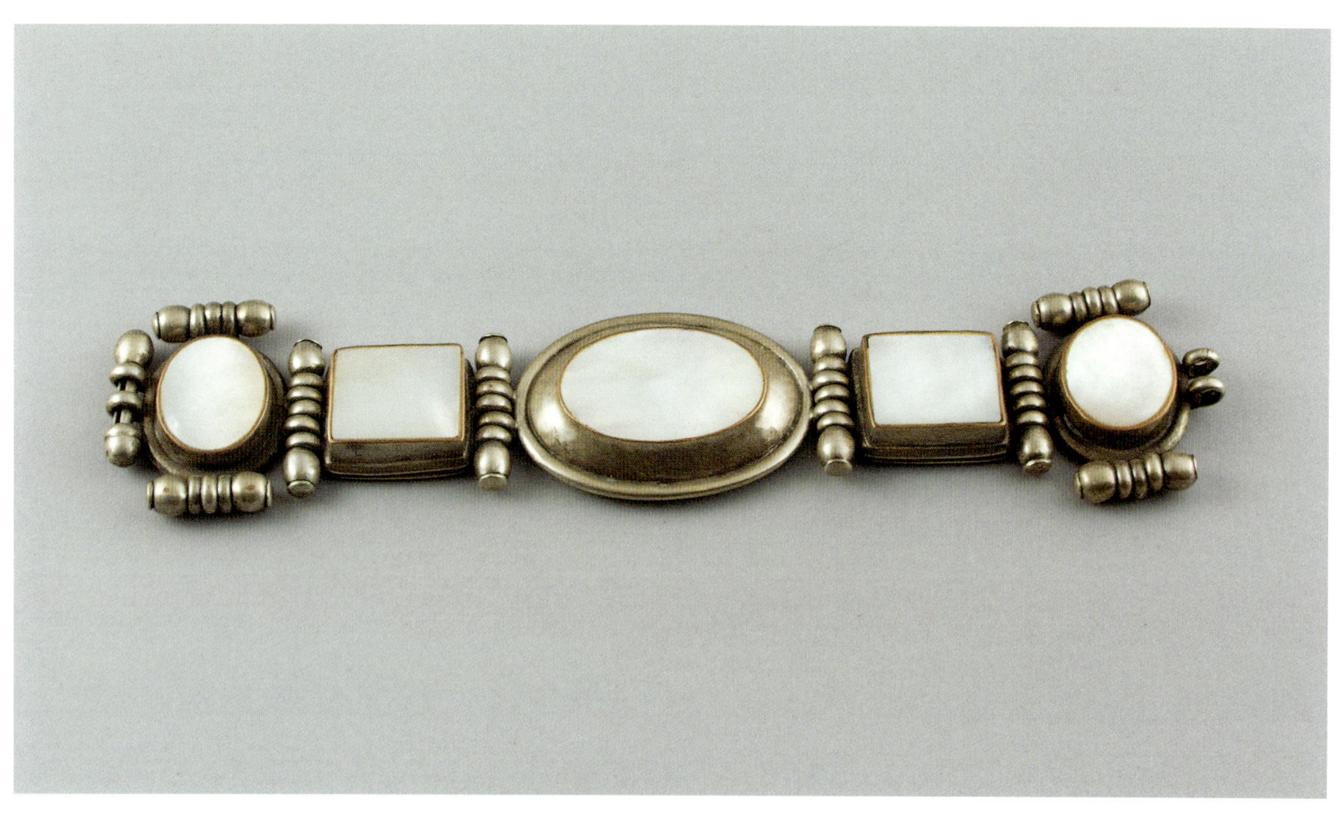

BOUCLE DE CEINTURE, 1974
Métal argenté ; 4,5 × 20,5 cm – Collection particulière

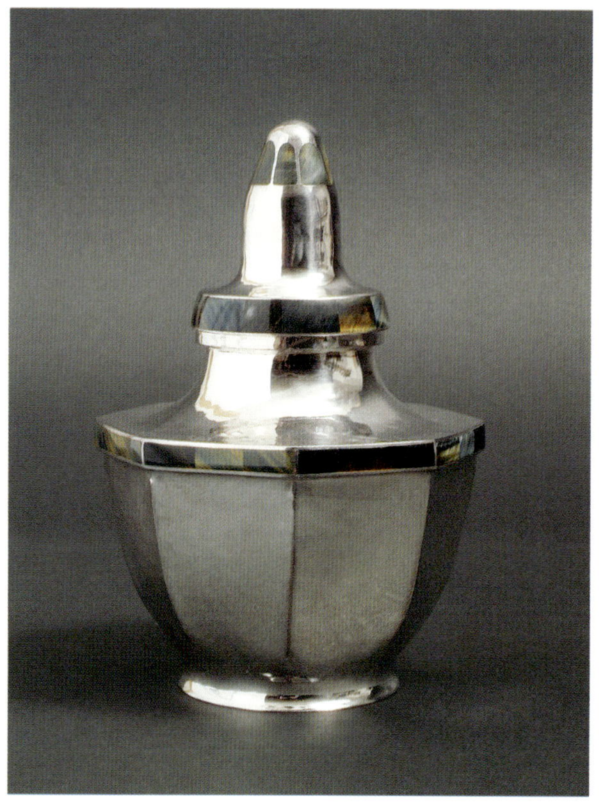

BOITE À THÉ CUSTODE, 1988
Argent, œil-de-faucon, palissandre ; 17 × 12 × 12 cm
Collection particulière

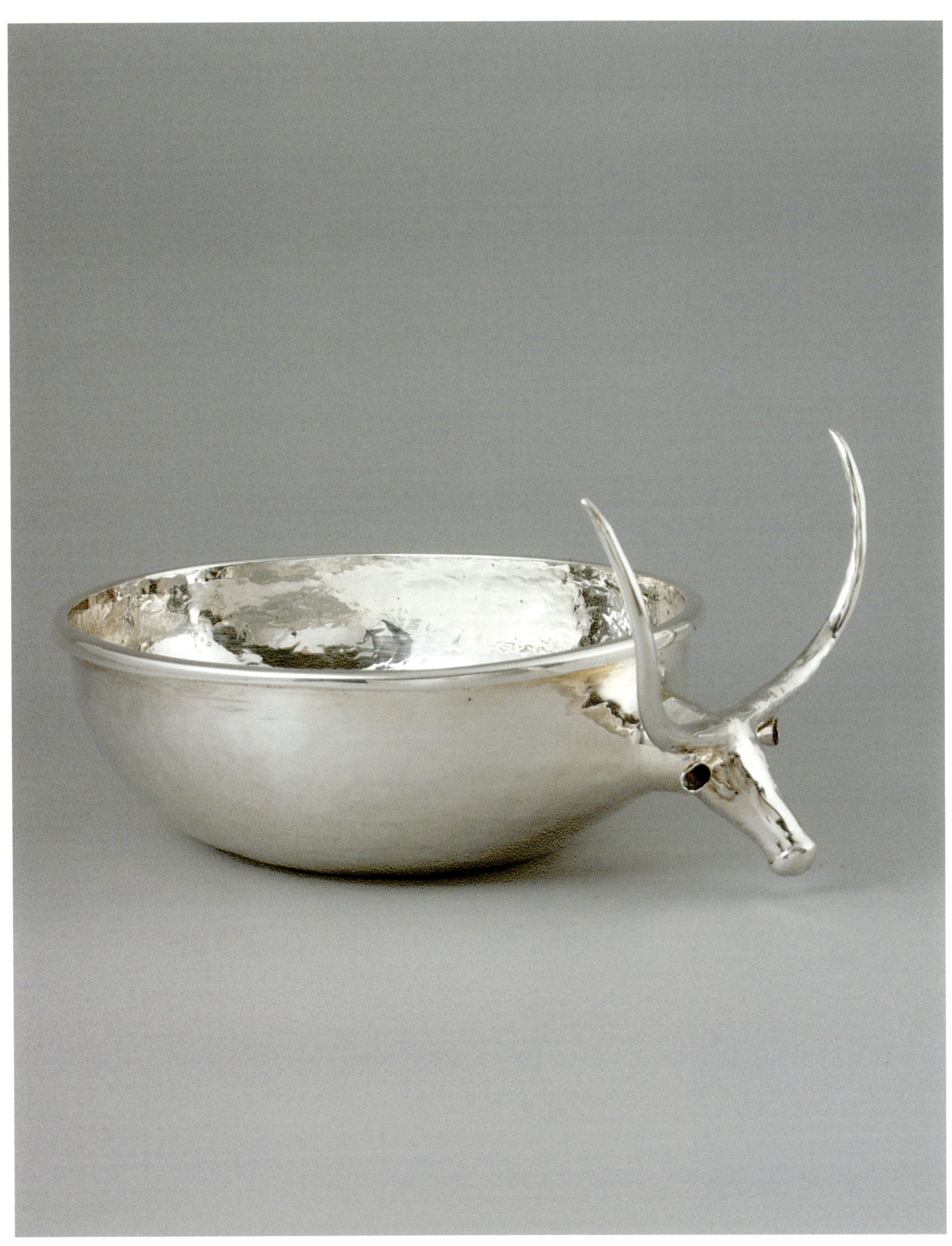

Coupe ovale au protomé de taureau, 1980
Argent ; 12,1 × 27,1 cm – Collection particulière

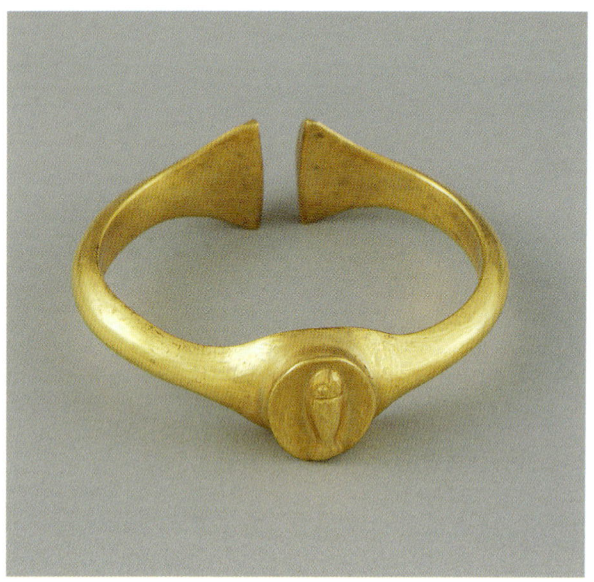

BRACELET AU POISSON, 1975
Cuivre doré – Collection particulière

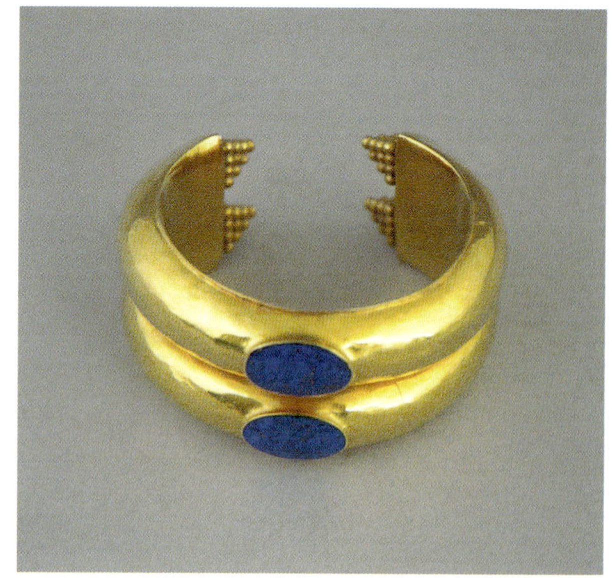

BRACELET OUVERT AUX CABOCHONS
DE LAPIS-LAZULI, 1989
Or 18 cts, lapis-lazuli – Collection particulière

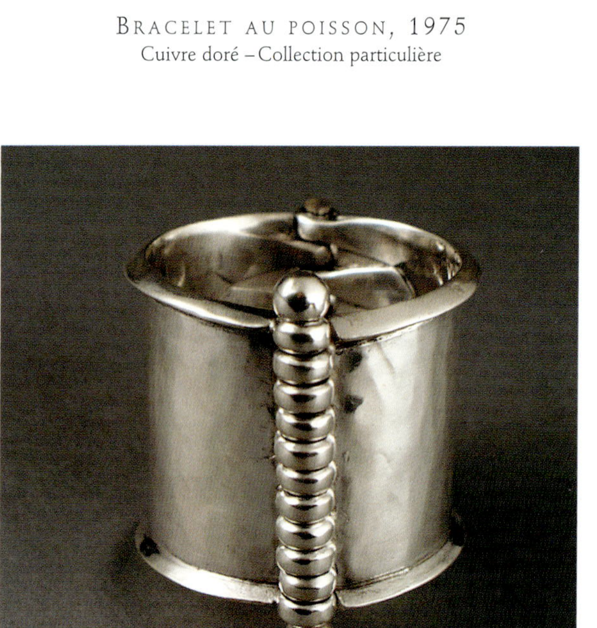

BRACELET À CHARNIÈRE, 1975
Argent – Collection particulière

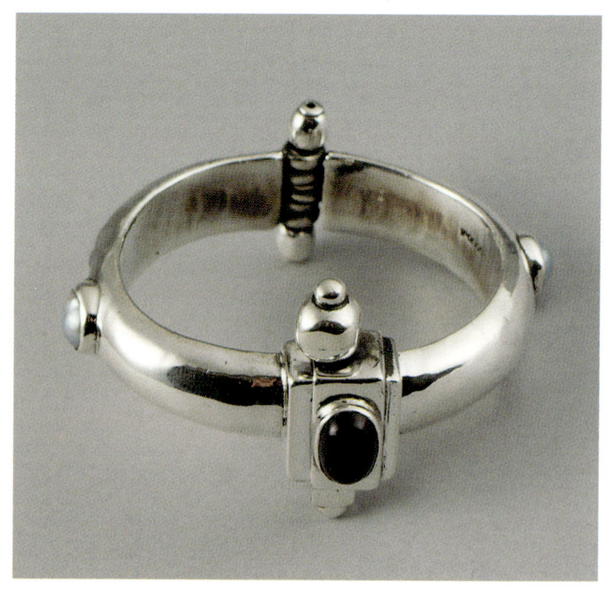

BRACELET À CHARNIÈRE, 1975
Argent, cornaline – Collection particulière

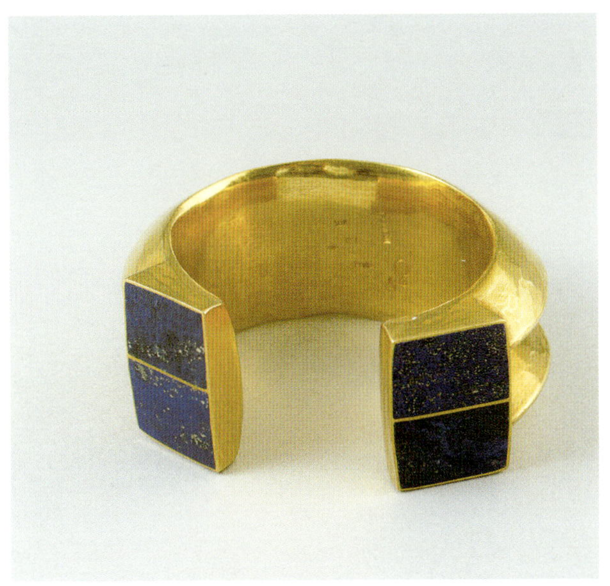

BRACELET, 2004
Or 18 cts, lapis-lazuli – Collection particulière

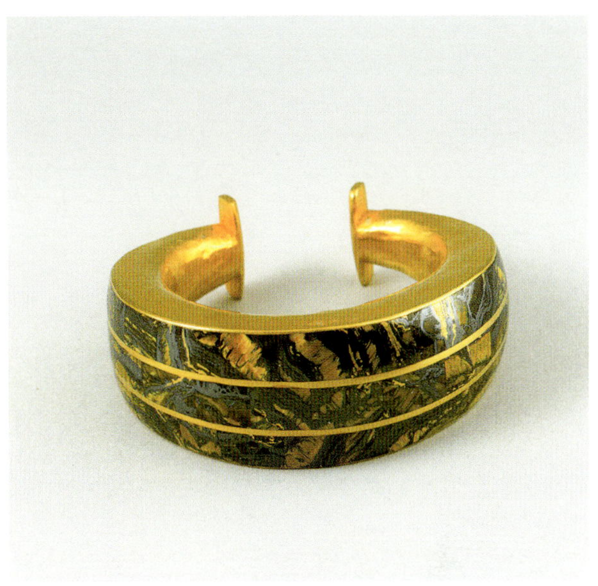

BRACELET, 1995
Vermeil, œil-de-fer – Collection particulière

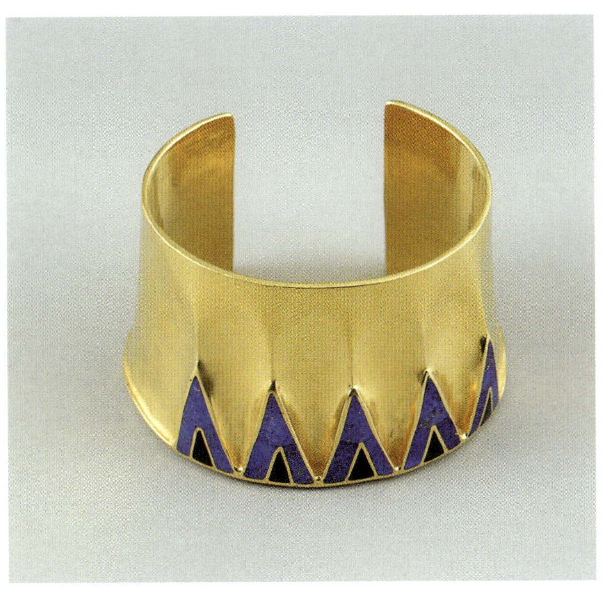

BRACELET OUVERT AUX DENTS DE LOUP
DE LAPIS, 1993
Vermeil, lapis-lazuli, onyx noir
Nantes, collection particulière

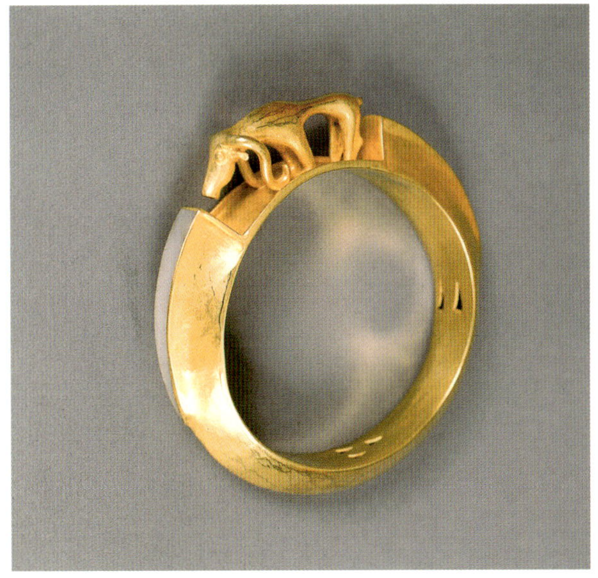

BRACELET AU CERVIDÉ, 1987
Vermeil, nacre
Collection particulière

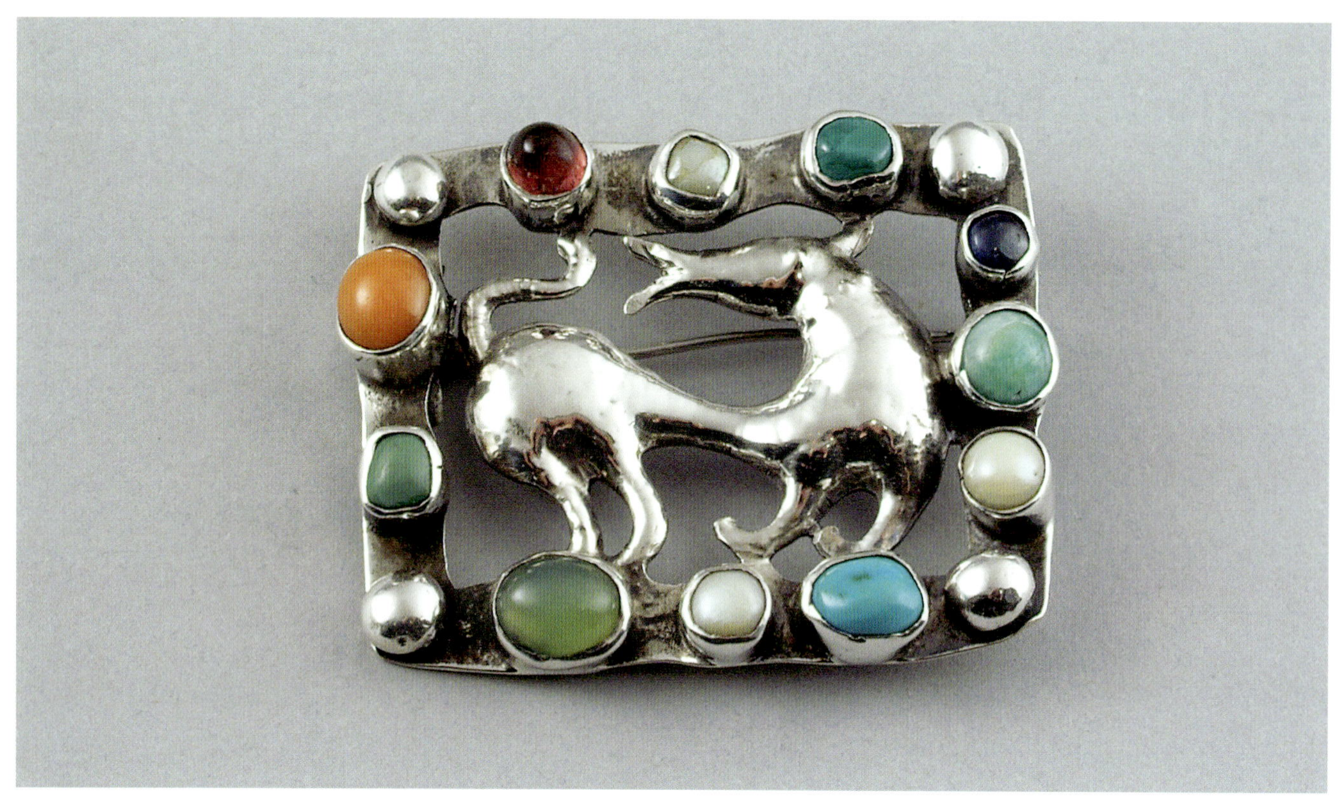

Broche de Mila, 1968
Argent, pierres dures de Russie – Collection particulière

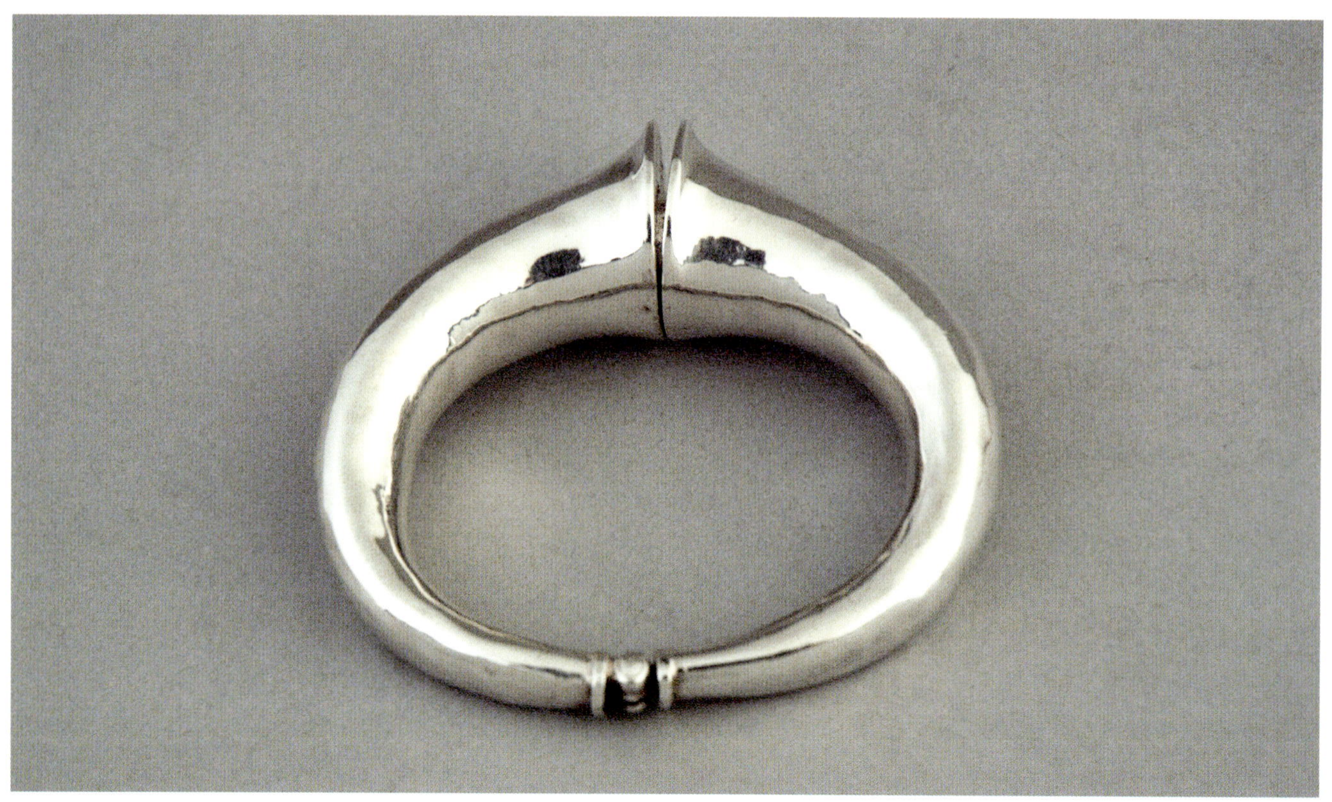

Bracelet aimanté, 1993
Argent – Collection particulière

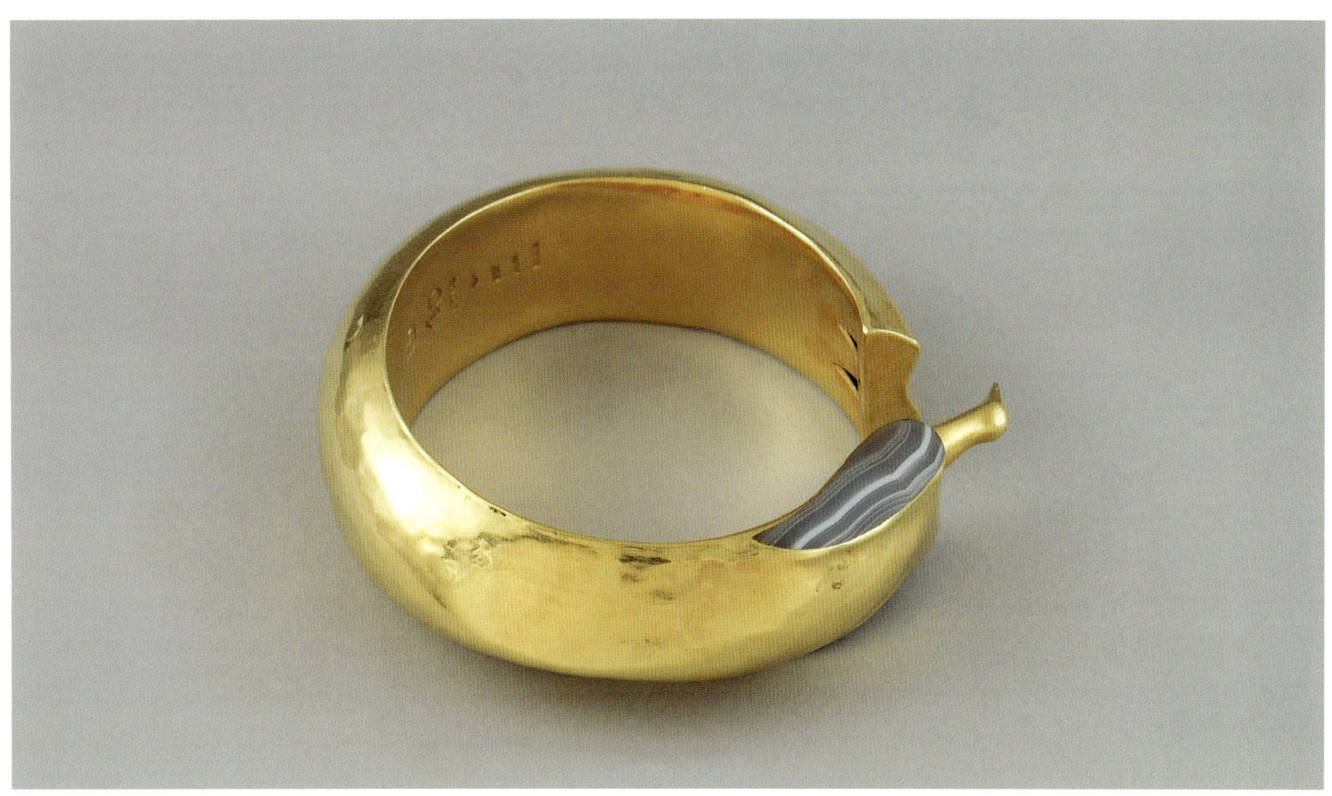

Bracelet à l'oiseau à l'aile pavée de calcédoine, 1997
Vermeil, calcédoine – Collection particulière

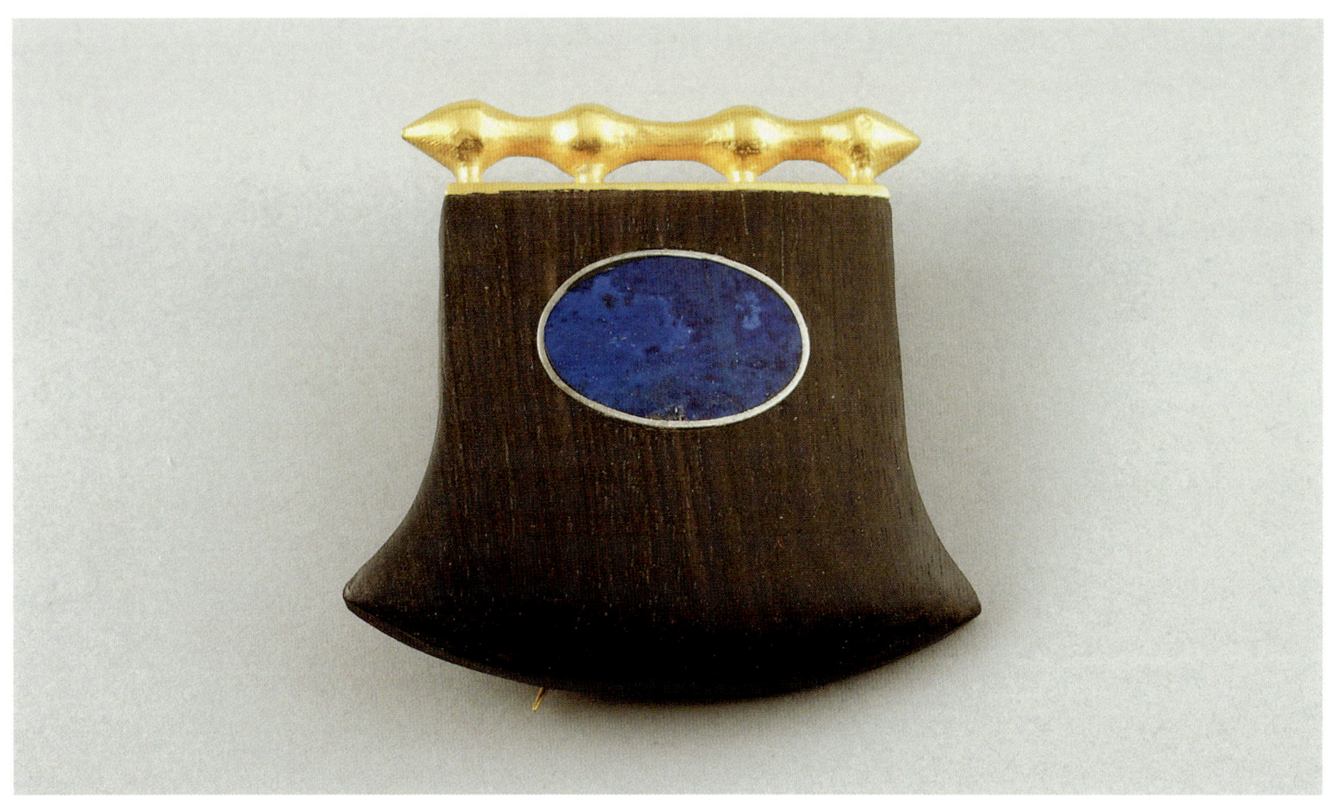

Broche à la hachette d'ébène, 1981
Vermeil, ébène, lapis-lazuli – Collection particulière

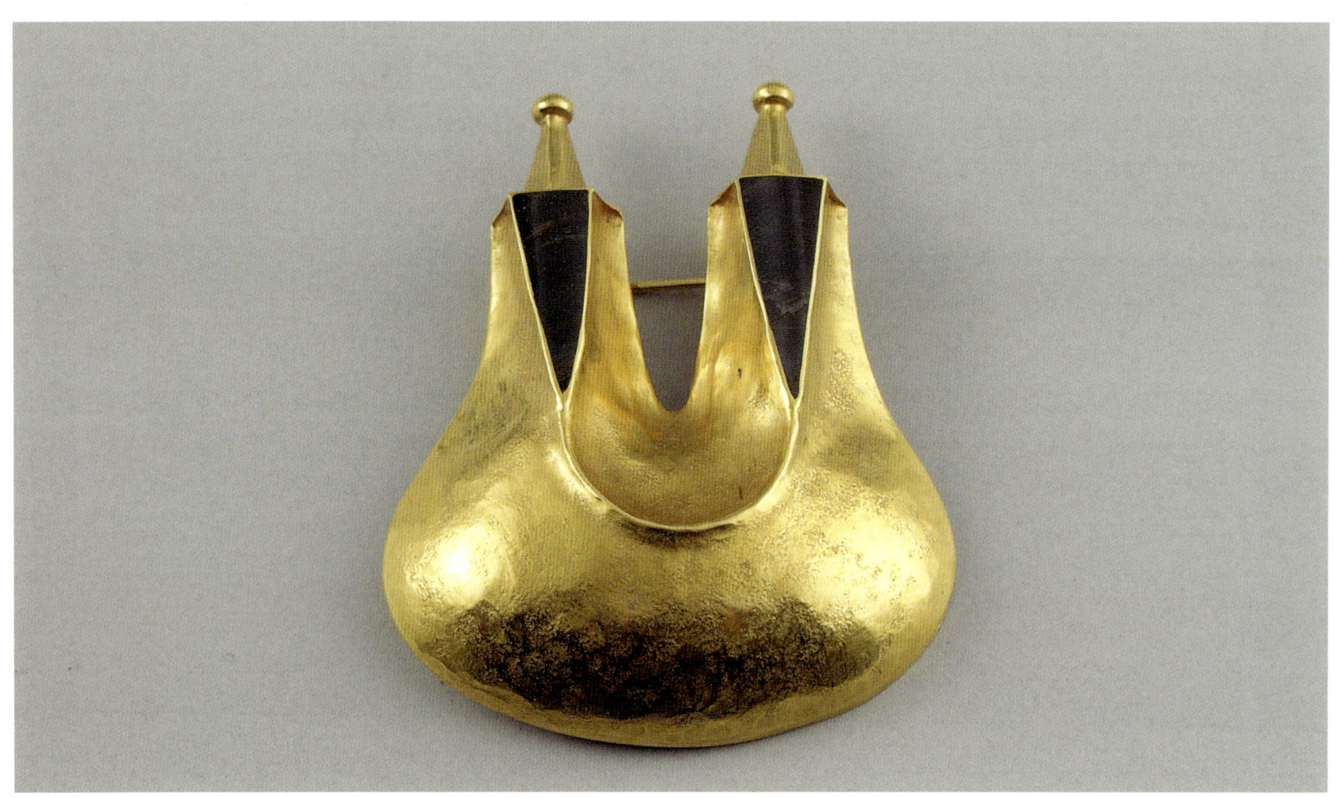

BROCHE, 2000
Or 18 cts, œil-de-faucon – Collection particulière

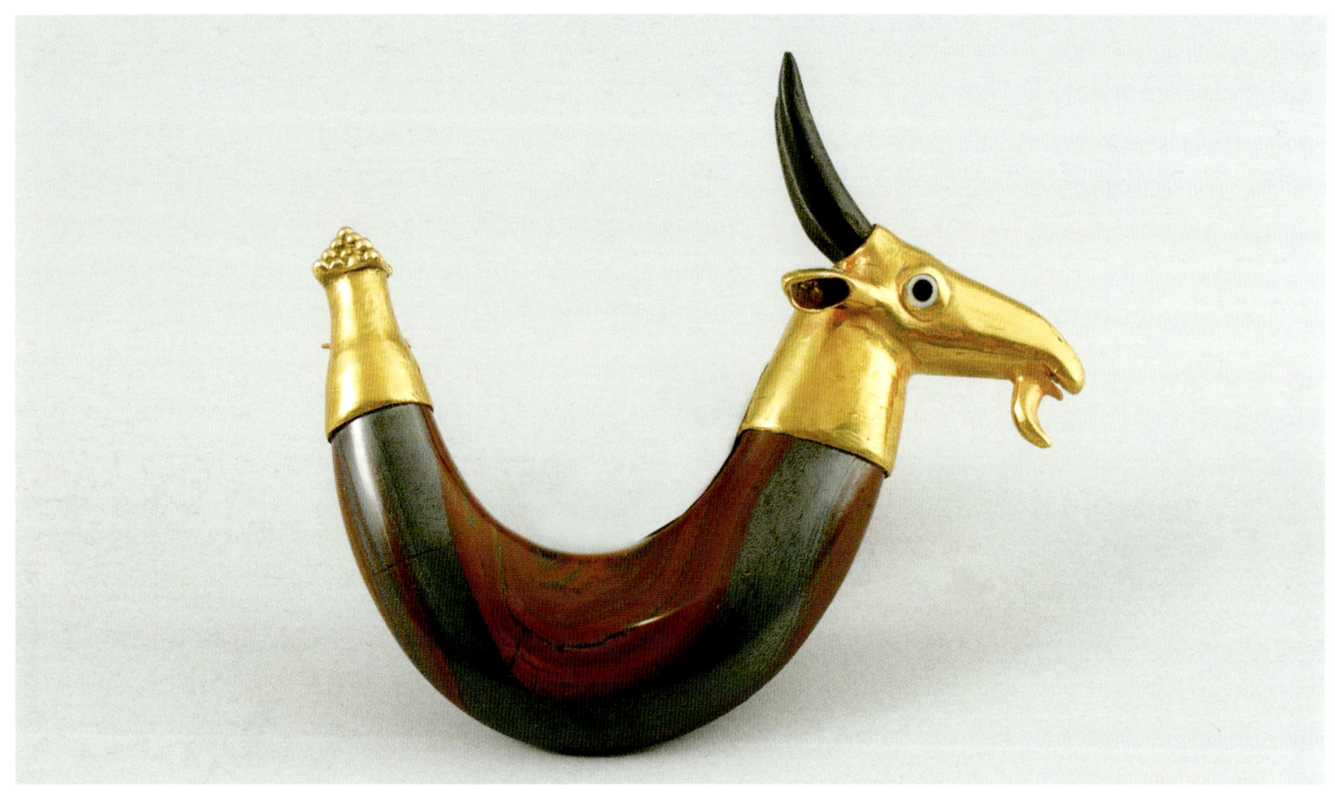

AMALTHÉE, LA DIVINE NOURRICE, 2006
Or 18 cts, œil-de-fer, nacre, ébène – Collection particulière

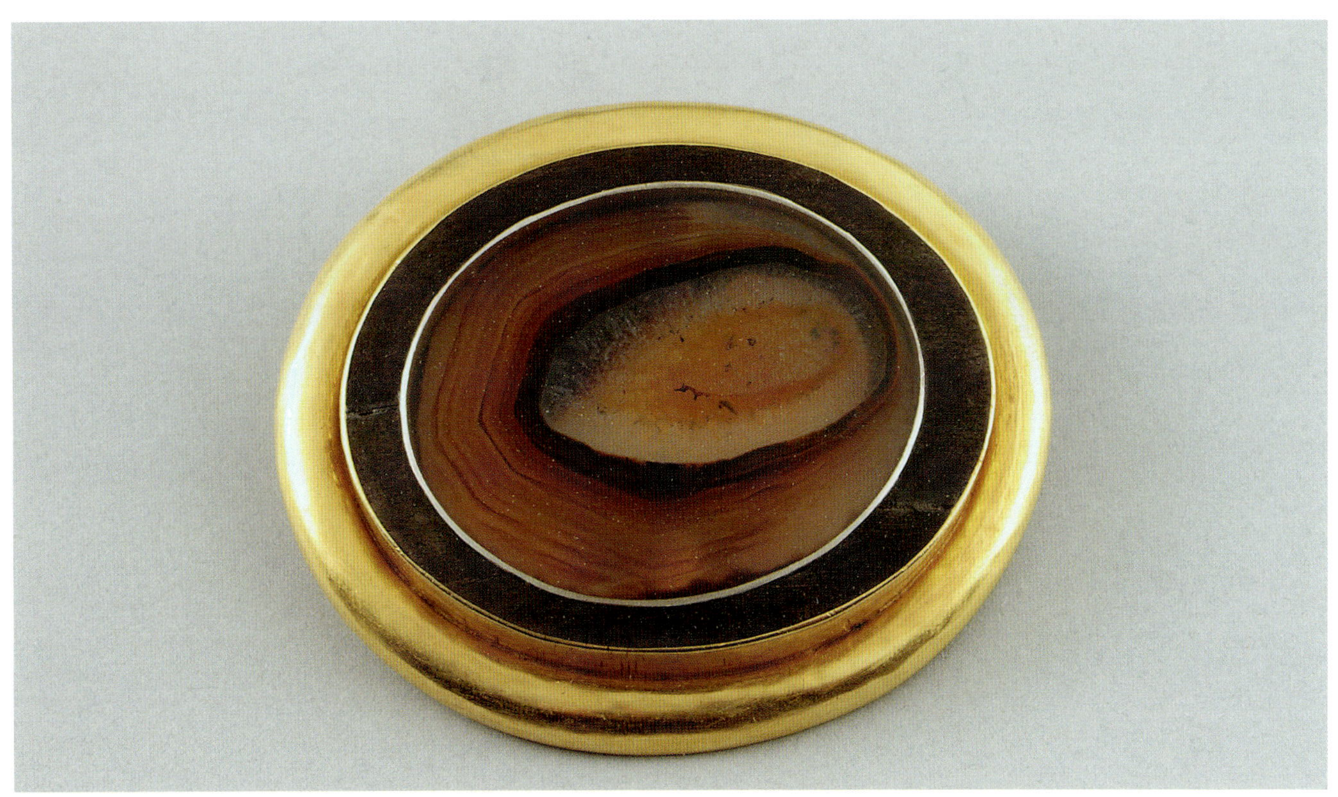

BROCHE À L'AGATE, 1985
Vermeil, agate, ébène – Collection particulière

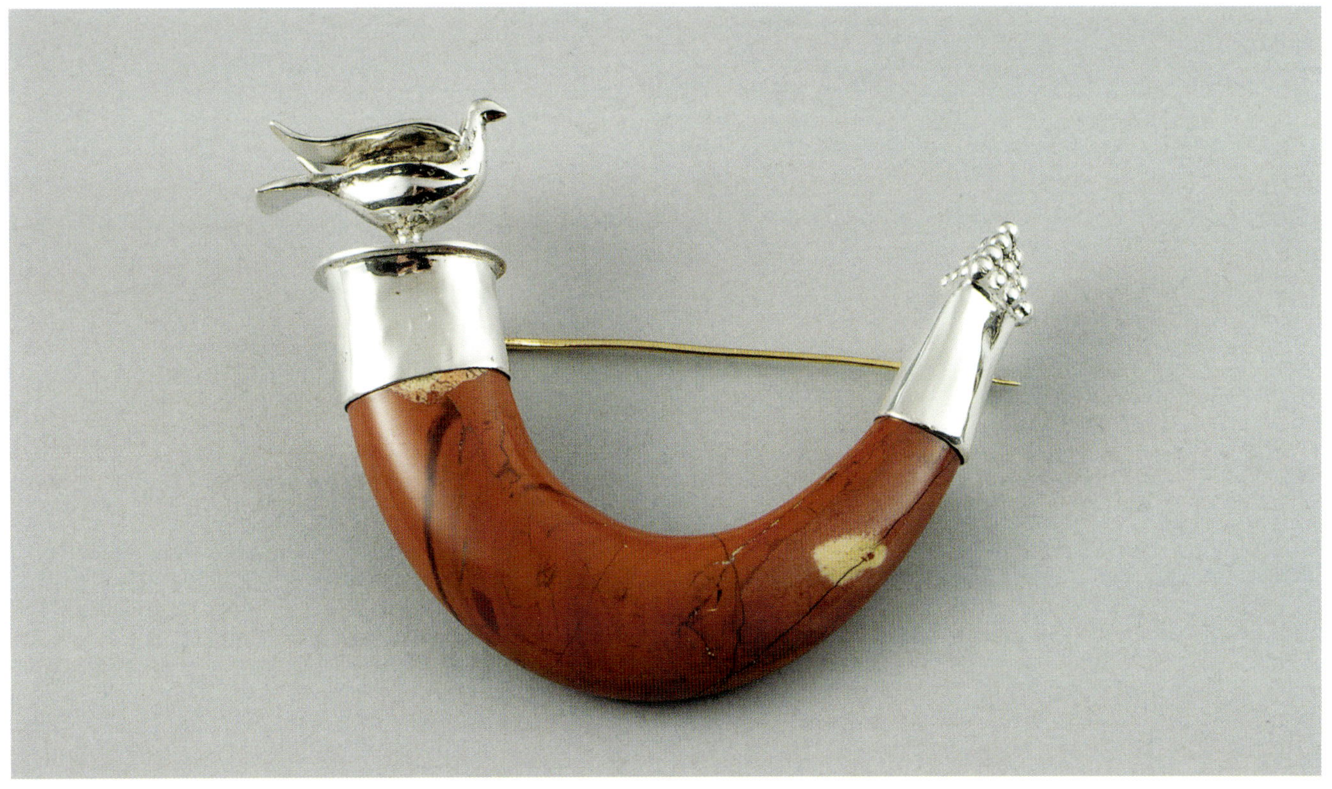

L'ENVOL, FIBULE, 2006
Argent, jaspe – Mme Andrée Jaigu

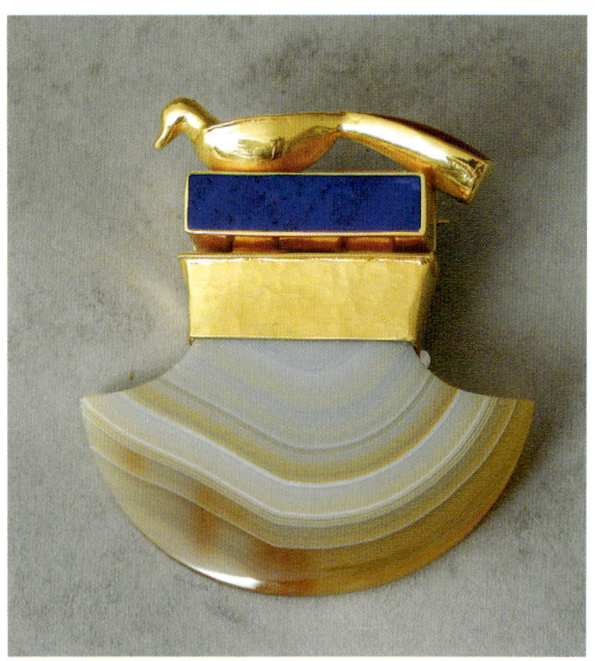

B R O C H E   À   L ' O I S E A U , 2006
Or 18 cts, lapis-lazuli, agate
Collection particulière

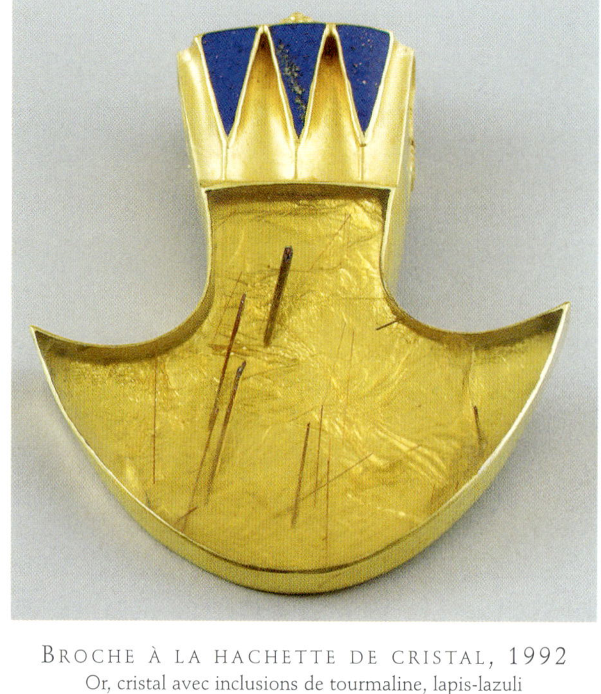

B R O C H E   À   L A   H A C H E T T E   D E   C R I S T A L , 1992
Or, cristal avec inclusions de tourmaline, lapis-lazuli
Collection particulière

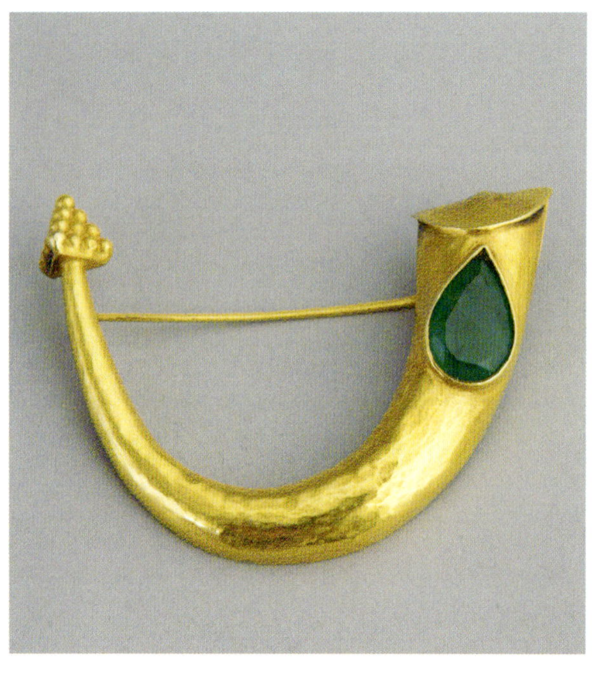

F I B U L E , 1998
Or 18 cts, émeraude – Collection particulière

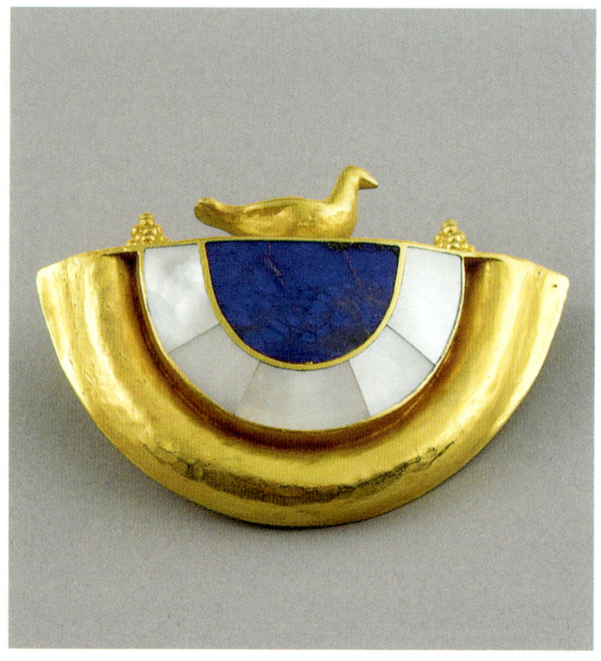

B R O C H E   É V E N T A I L   À   L ' O I S E A U , 1990
Vermeil, nacre, lapis-lazuli – Collection particulière

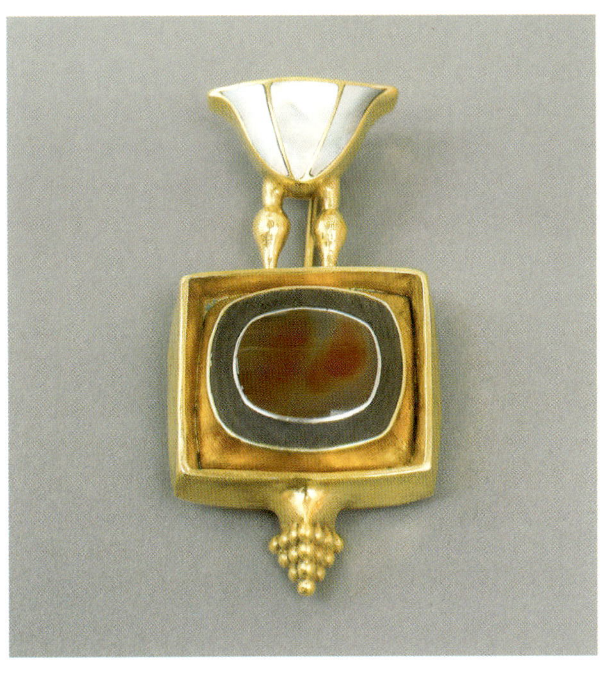

BROCHE EN AGATE À LA VASQUE DE NACRE, 1986
Vermeil, agate, ébène, nacre – Collection particulière

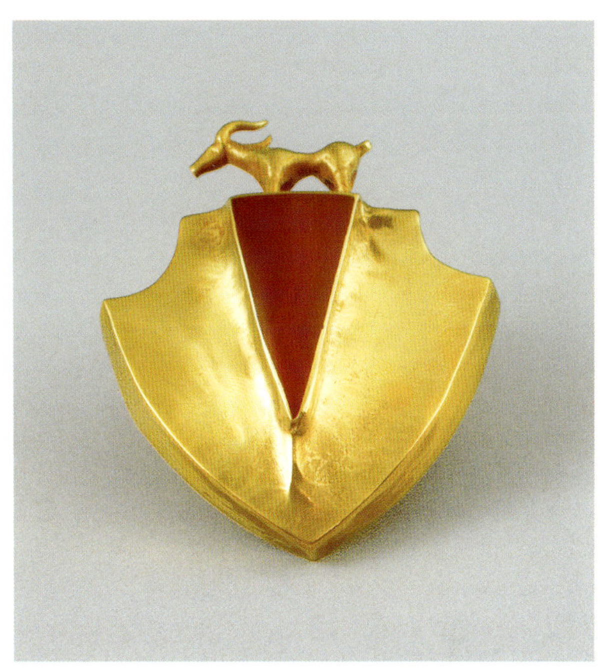

BROCHE AU BOUQUETIN, 2005
Or 18 cts, cornaline – Collection particulière

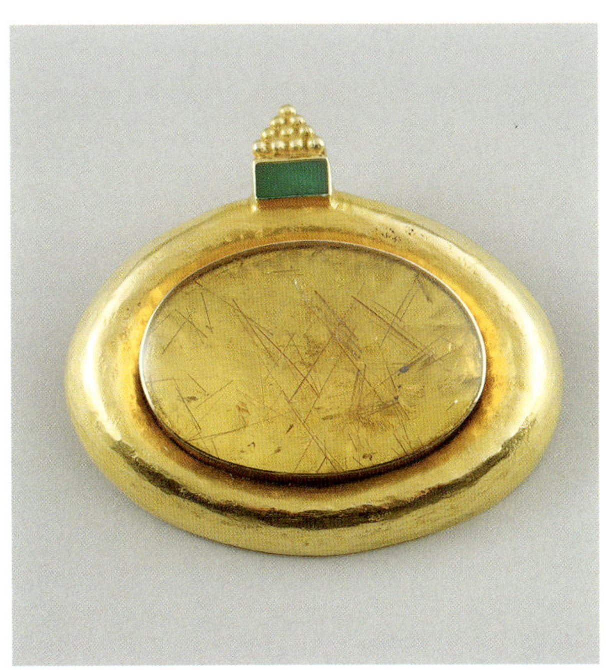

BROCHE AU TRIÈDRE À DIX GLOBULES, 1999
Or 18 cts, cristal avec inclusions de tourmaline, chrysoprase
Collection particulière

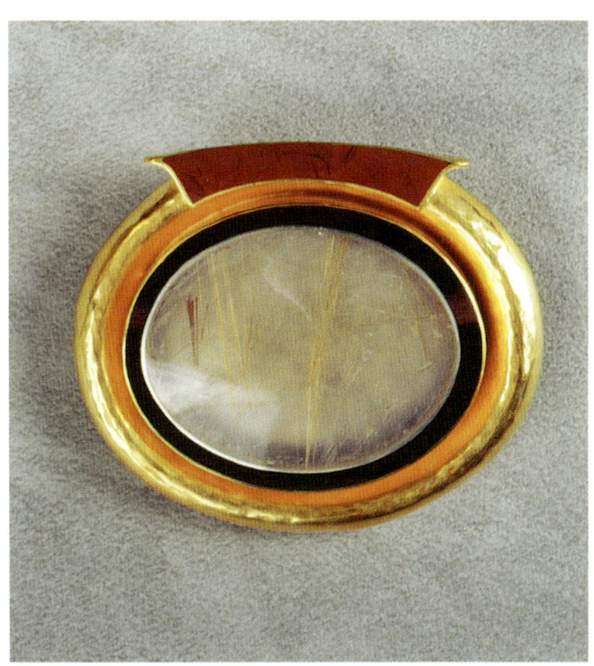

BROCHE, 1998
Vermeil, jaspe, cristal avec inclusions de rutile, ébène
Collection particulière

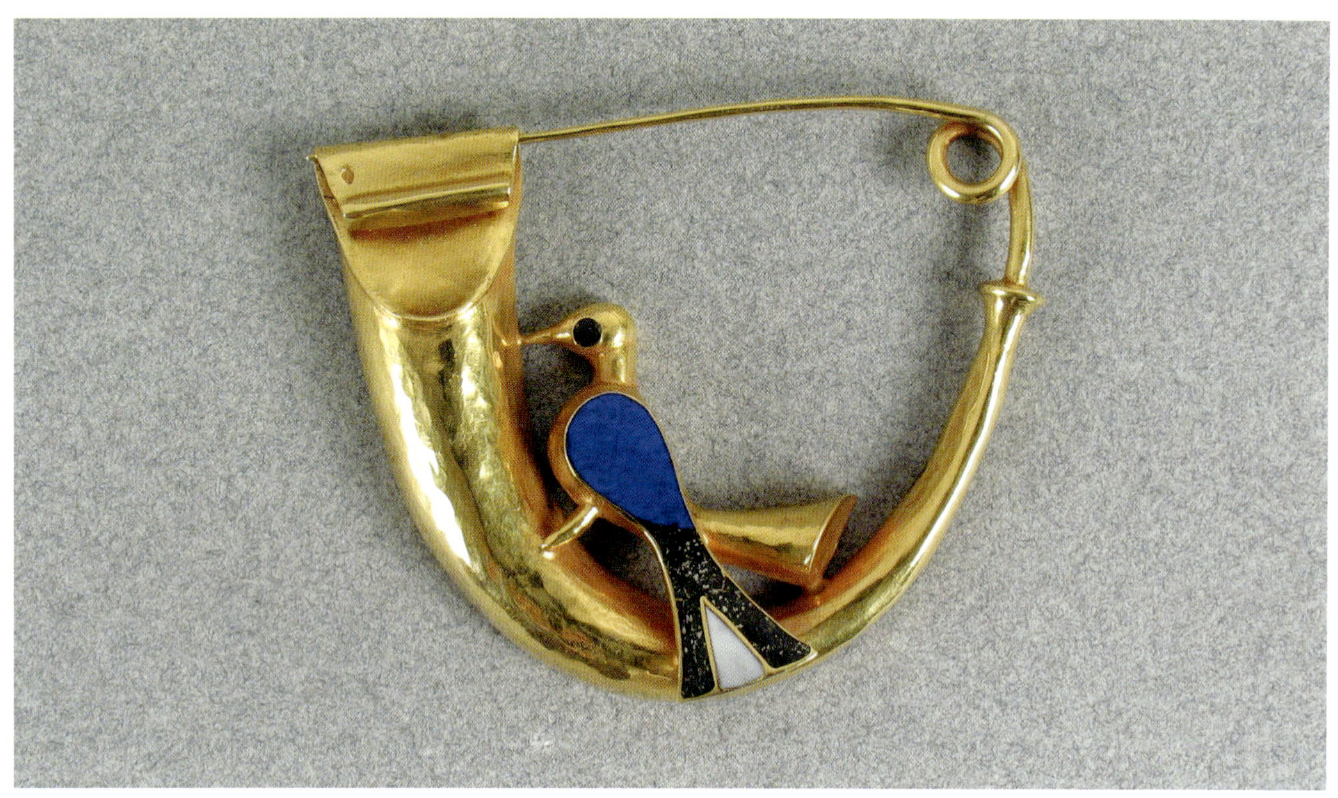

FIBULE AU PIC BLEU, 1998
Or 18 cts, lapis-lazuli, pyrite, nacre – Collection particulière

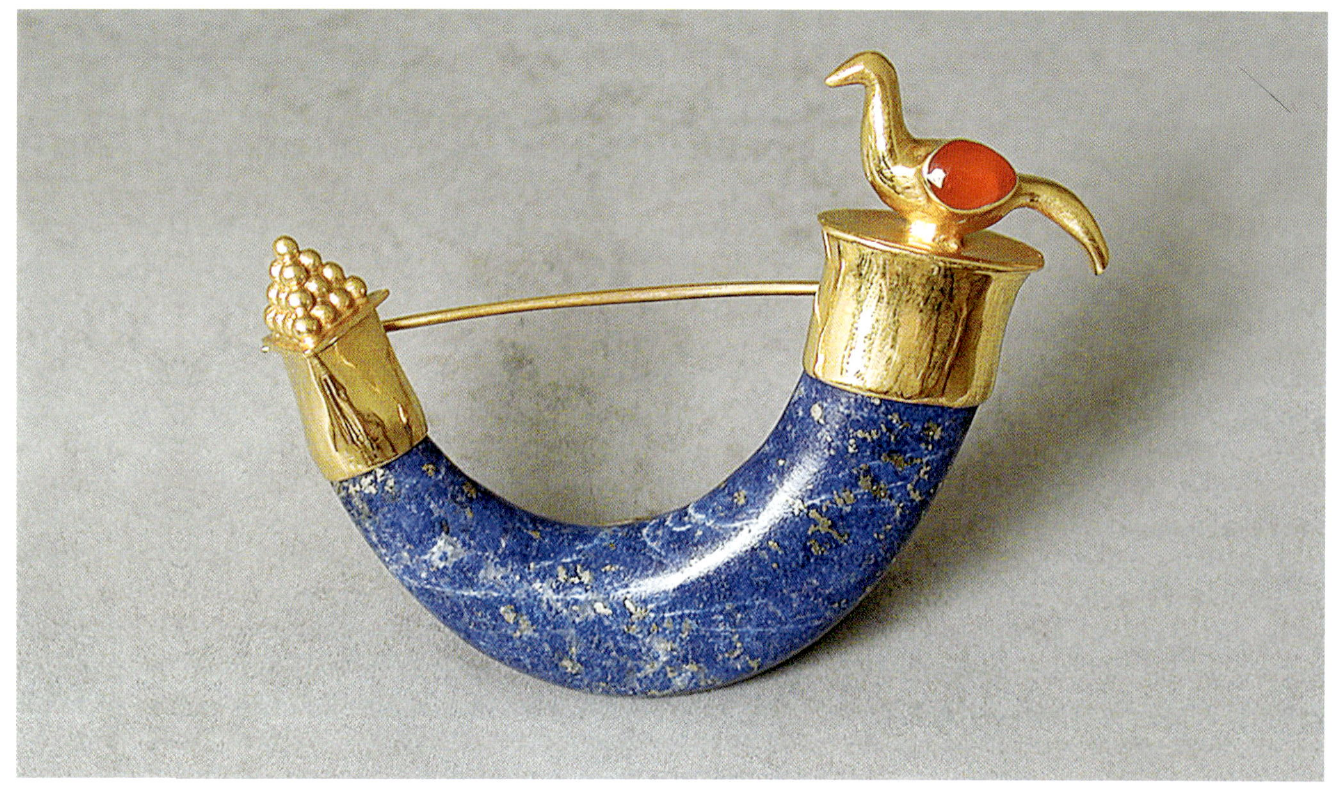

FIBULE À L'OISEAU, 2006
Or 18 cts, lapis-lazuli, cornaline – Collection particulière

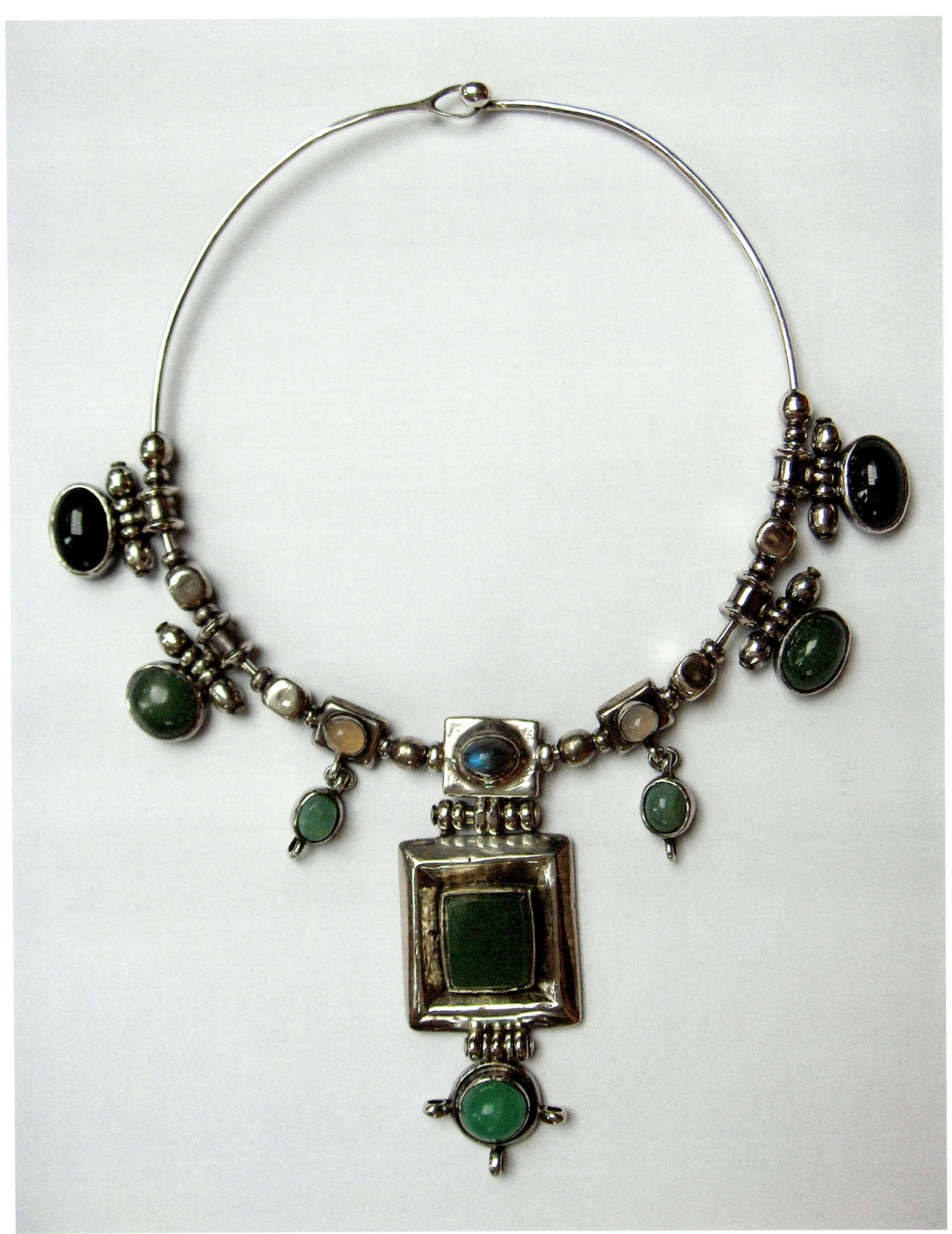

COLLIER PECTORAL, 1975
Argent, aventurine, chrysoprase, jaspe, labradorite – Collection particulière

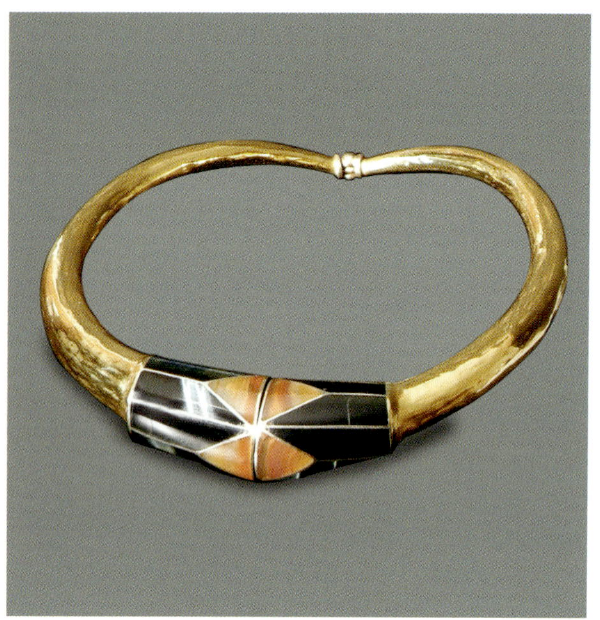

T O R Q U E, 1988
Vermeil, œil-de-faucon, cornaline, nacre
Nançay, Galerie Capazza

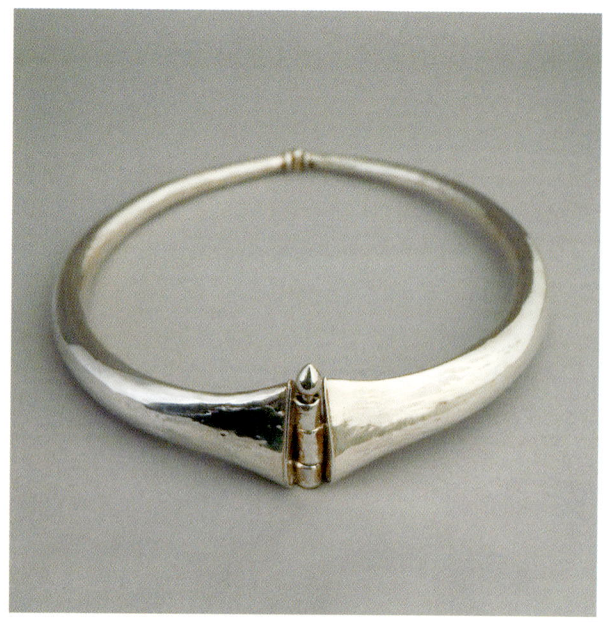

T O R Q U E, 1993
Argent
Collection particulière

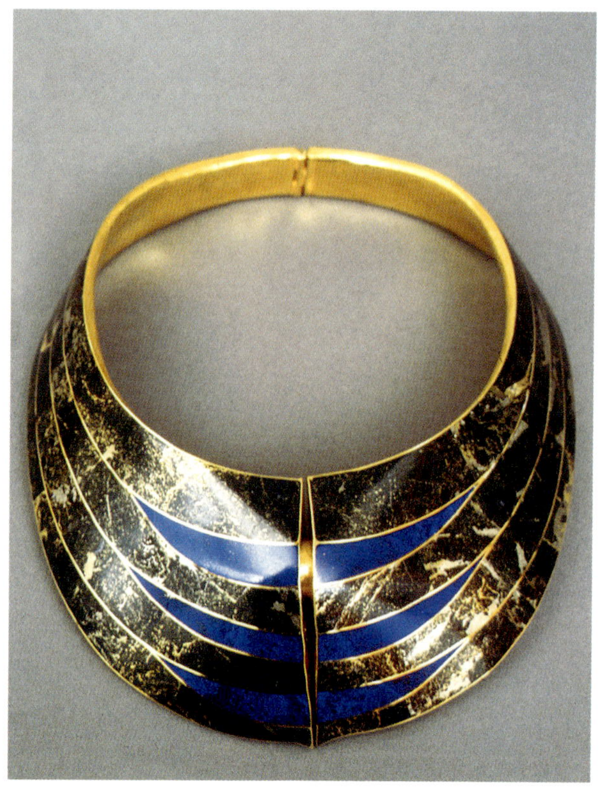

P E C T O R A L, 1996
Or 18 cts, pyrite, lapis-lazuli – Collection particulière

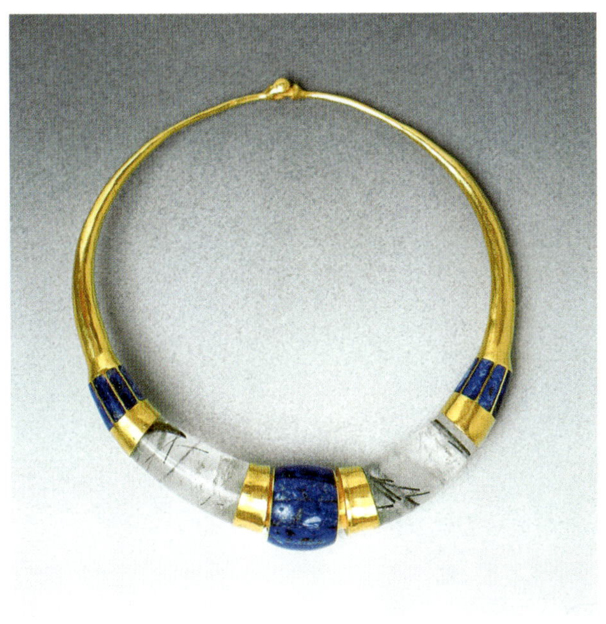

TORQUE, 1983
Or 18 cts, lapis-lazuli, cristal, tourmaline
Musée des Arts décoratifs de Paris
Dépôt Fonds national d'Art contemporain – inv. Fnac 2437

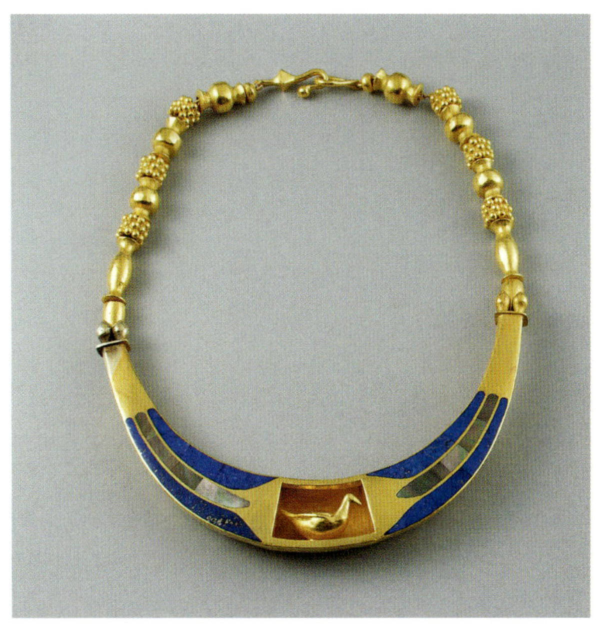

COLLIER SEMI-RIGIDE À L'OISEAU, 1986
Vermeil, lapis-lazuli, nacre
Nantes, collection particulière

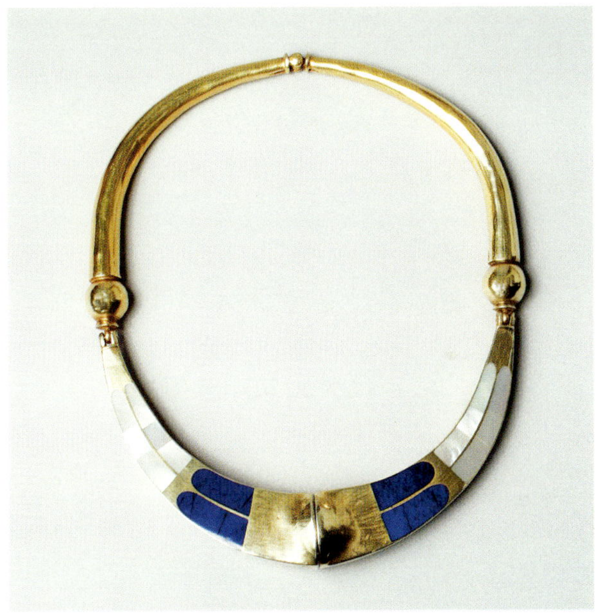

SEMI-TORQUE ARTICULÉ RÉVERSIBLE, 1999
Vermeil, lapis-lazuli, nacre
Collection particulière

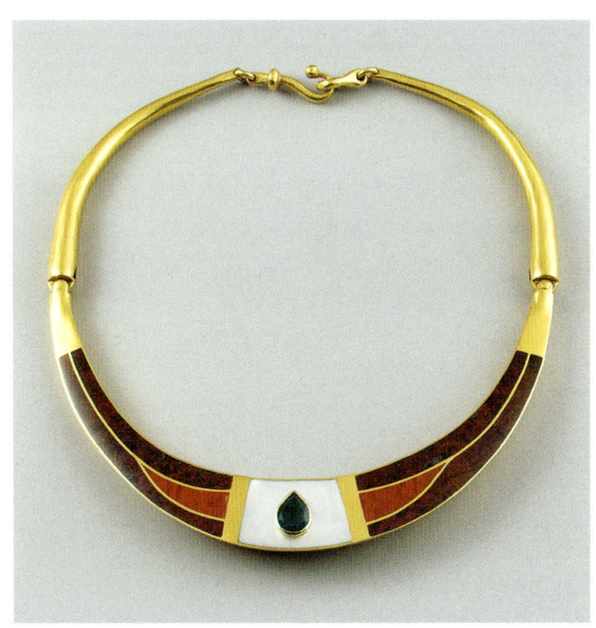

COLLIER SEMI-RIGIDE ET RÉVERSIBLE, 2005
Or 18 cts, jaspe bicolore, nacre, émeraude
Collection particulière

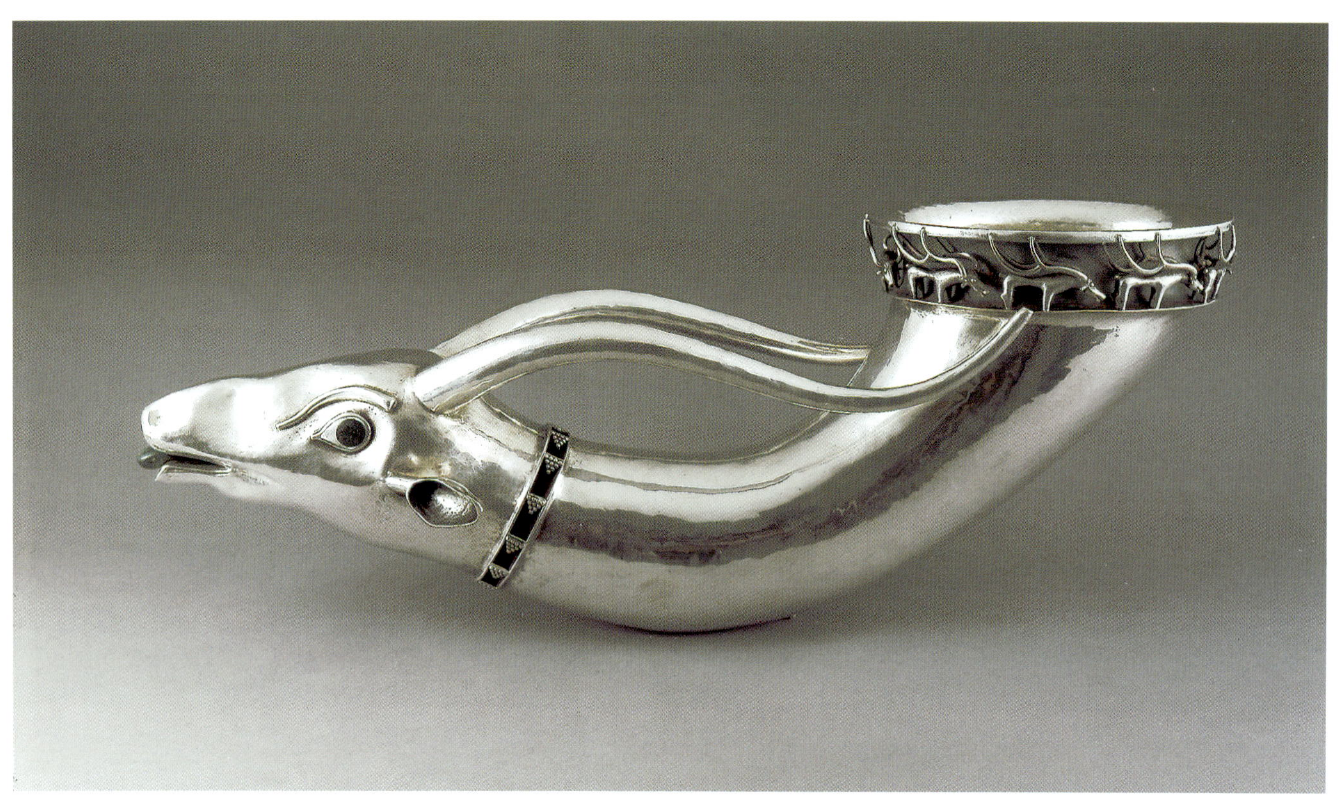

CORNE-RHYTON À LA TÊTE D'ANTILOPE, 1993
Argent, nacre, serpentine ; 20 × 62 cm
Belgique, collection particulière

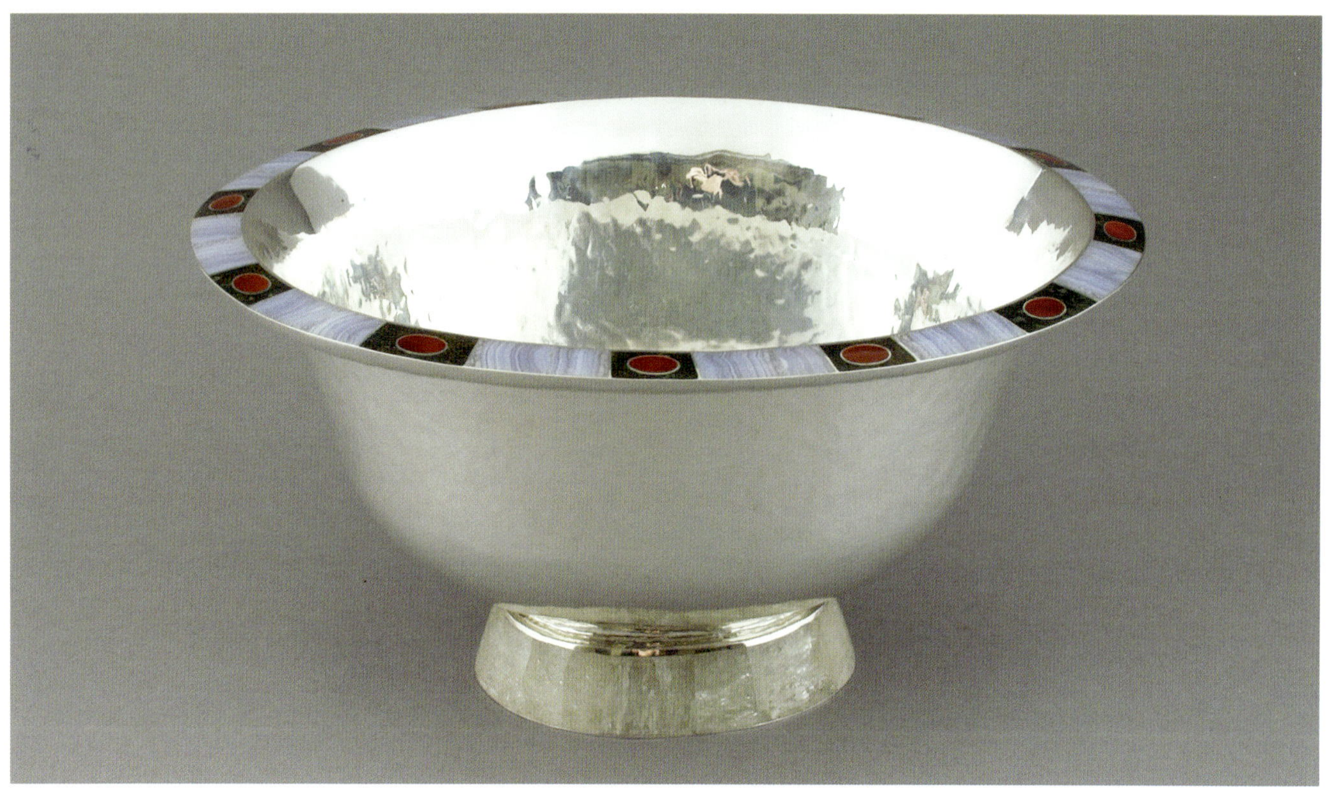

COUPE À L'AILE PAVÉE DE PORPHYRE ET CALCÉDOINE, 2004
Argent, calcédoine, porphyre, cornaline ; 17 × 30 × 28 cm
Paris, Galerie Claude Bernard

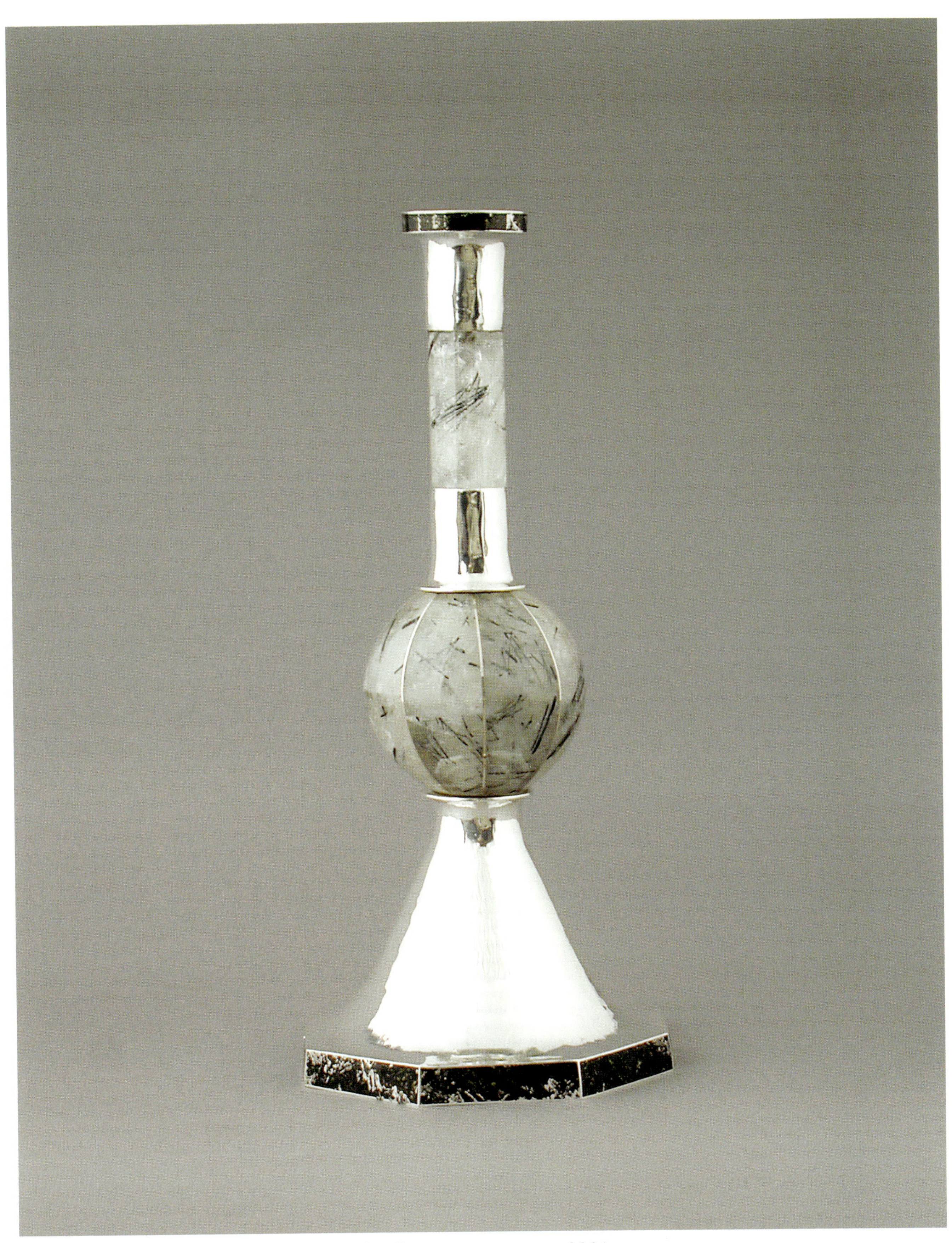

Le Nœud de cristal, 2001
Argent, cristal avec inclusions de tourmaline, pyrite ; 32 × 15 × 15 cm
Paris, Galerie Claude Bernard

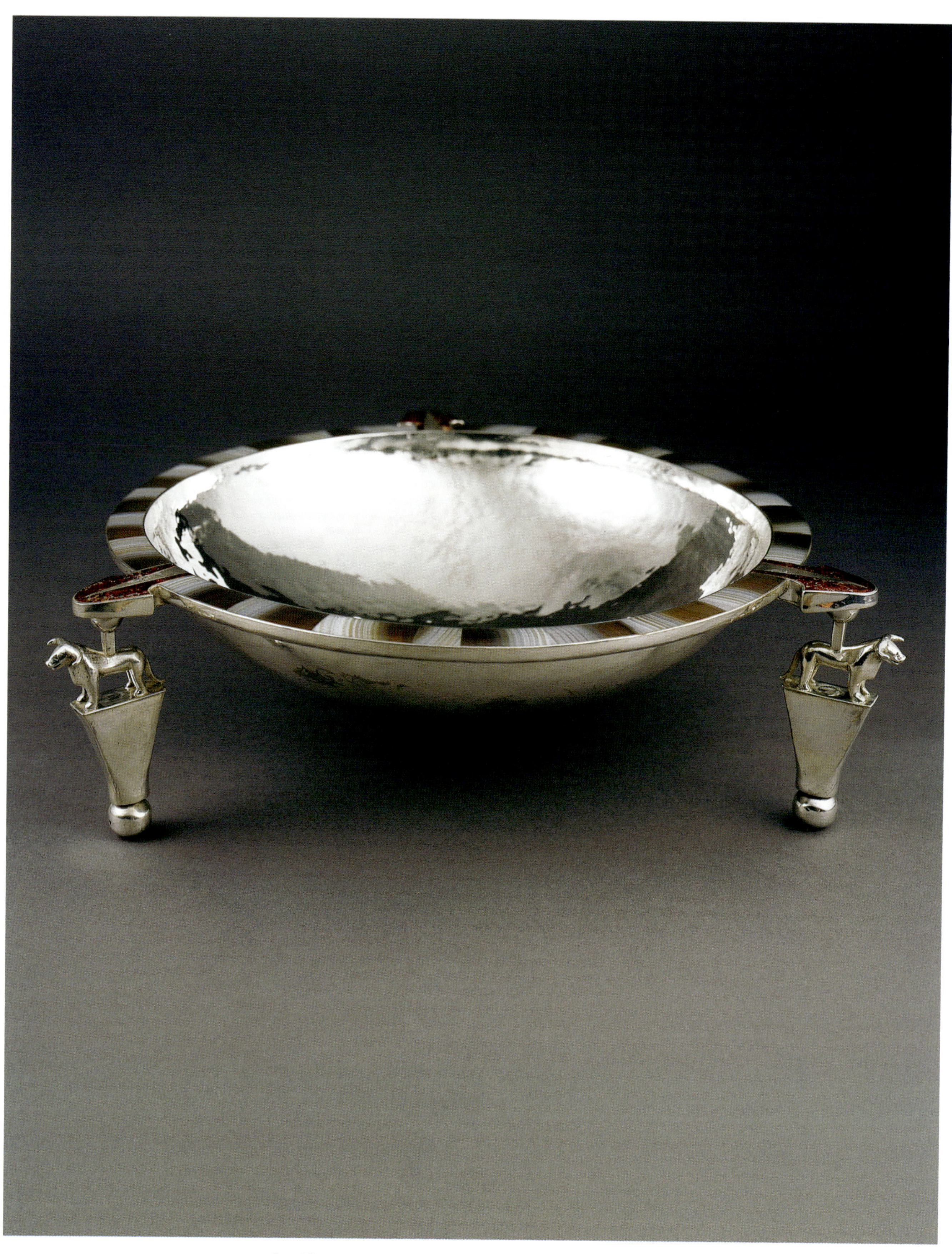

La Table des propositions, tripode, 2002
Argent, agate, jaspe ; 10,5 × 36 × 36 cm – Collection particulière

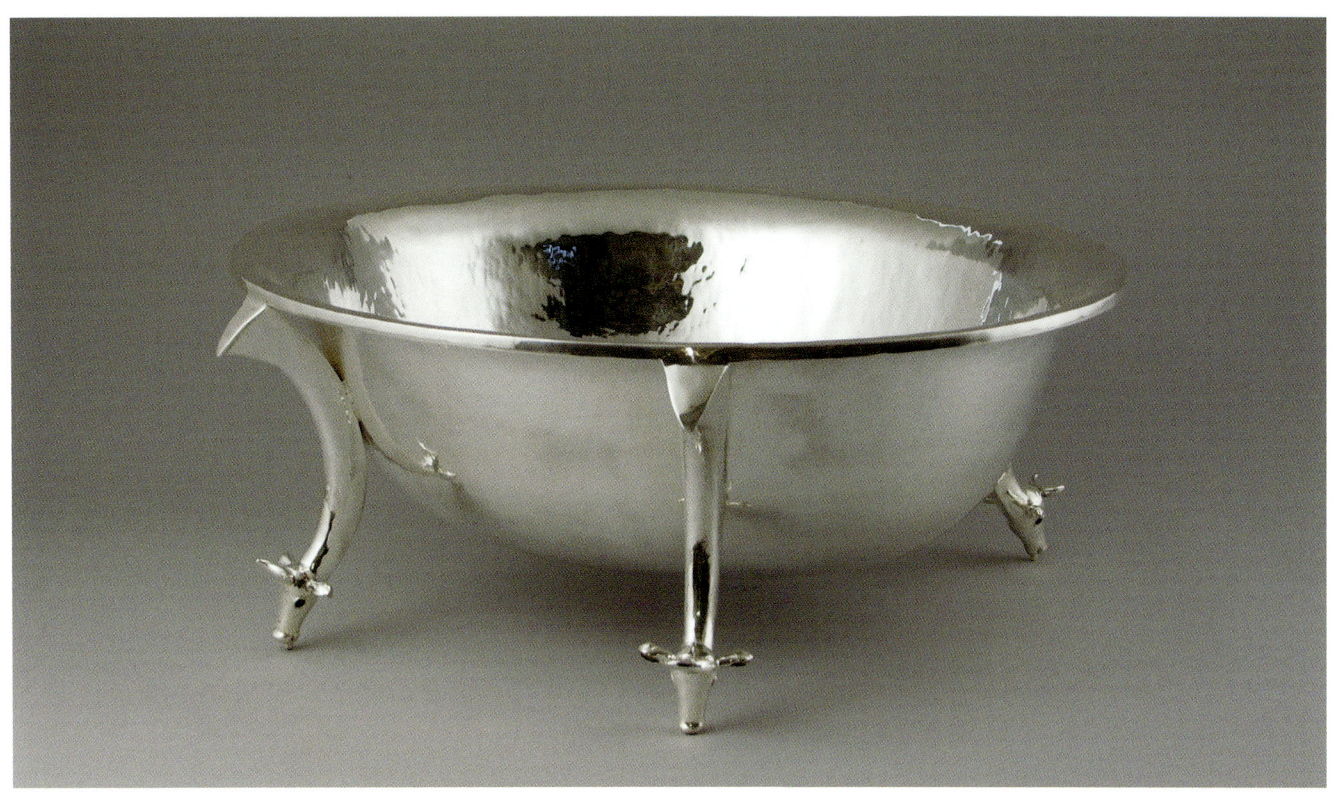

Bassin tétrapode aux chevrettes, 2007
Argent ; 17 × 44 × 39 cm – Collection particulière

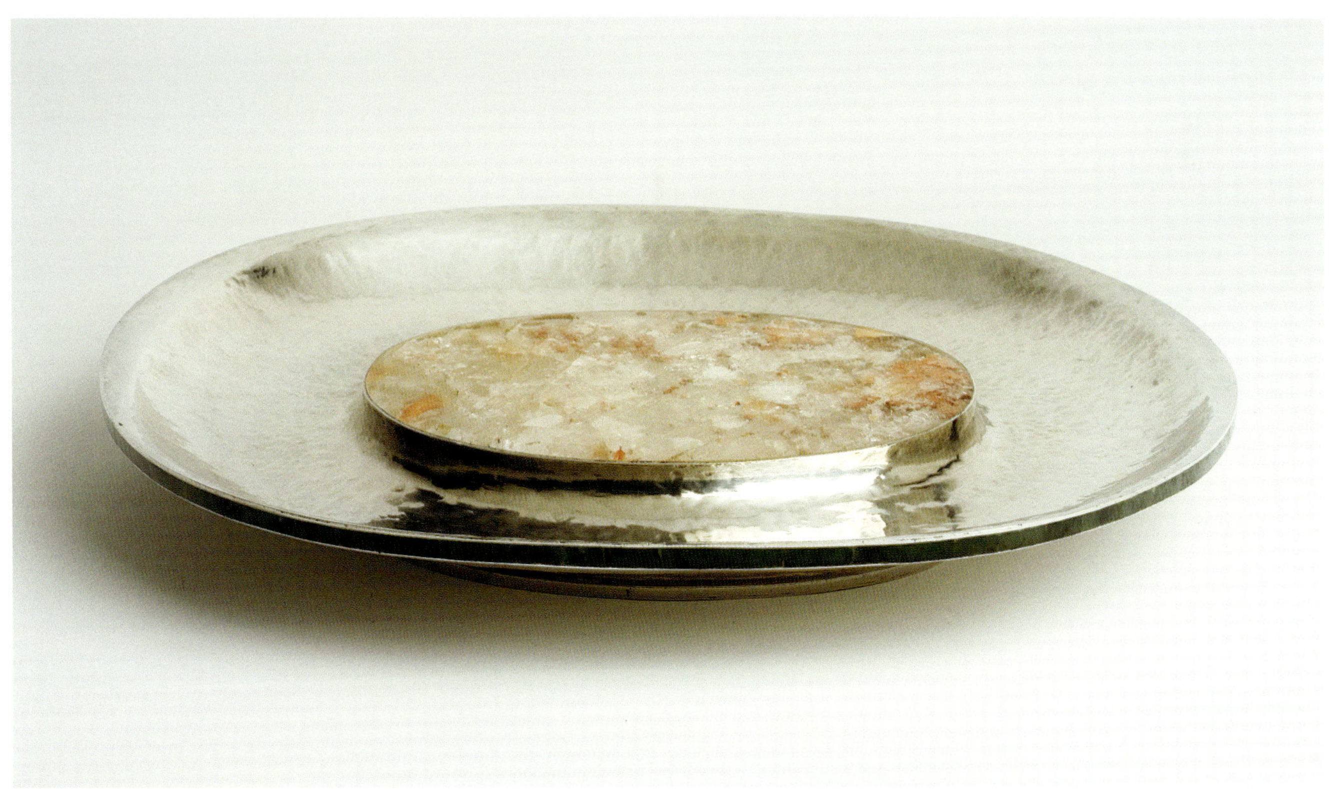

La Patène d'Arthur, 1991
Argent martelé, cristal de roche veiné d'ocre, jade ; 6 × 47 × 43 cm – Belgique, collection particulière

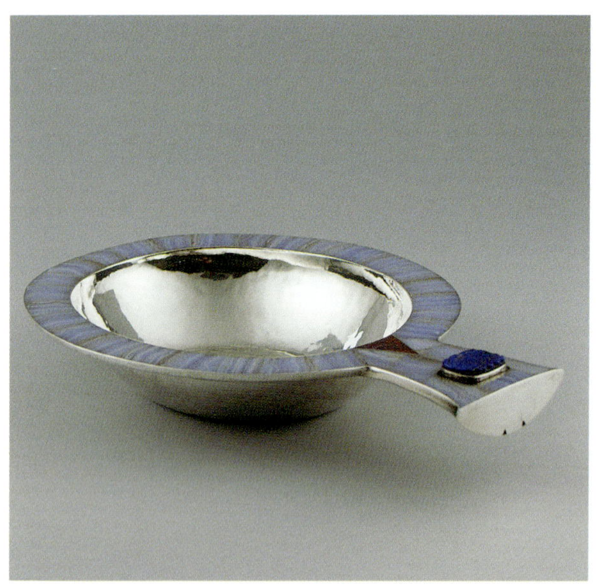

P A T È R E   A U   C E R F   D E   L A P I S - L A Z U L I ,   1 9 8 8
Argent, lapis-lazuli, ébène, calcédoine, jaspe rouge ;
5 × 32 × 21 cm – Nantes, collection particulière

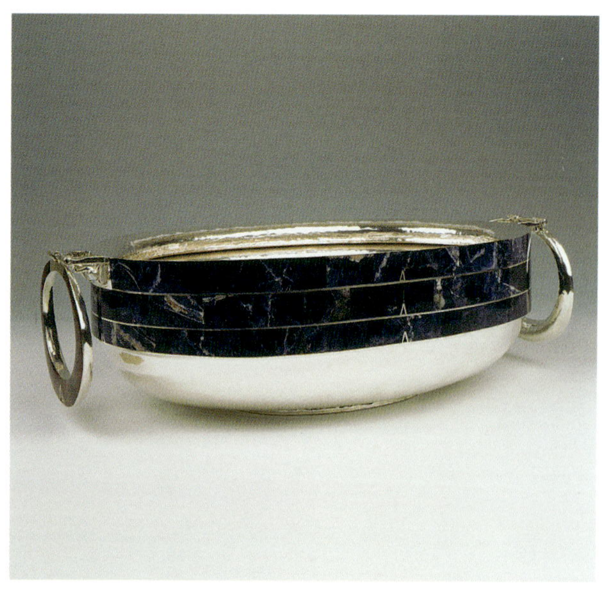

B A S S I N   A U X   O I S E A U X ,   1 9 8 9
Argent, sodalite, nacre et jaspe ; 47 × 28,5 × 13 cm
Nantes, Musée départemental Thomas Dobrée

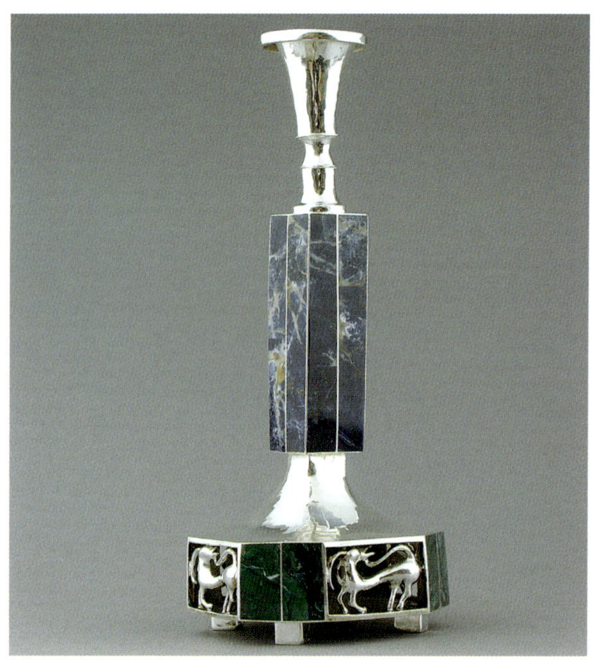

F L A M B E A U   À   L A   R O N D E   D E   C H È V R E S   S A U V A G E S
(P A I R E) ,   2 0 0 4
Argent, sodalite, jadéite ; 30 × 13 × 13 cm
Paris, Galerie Claude Bernard

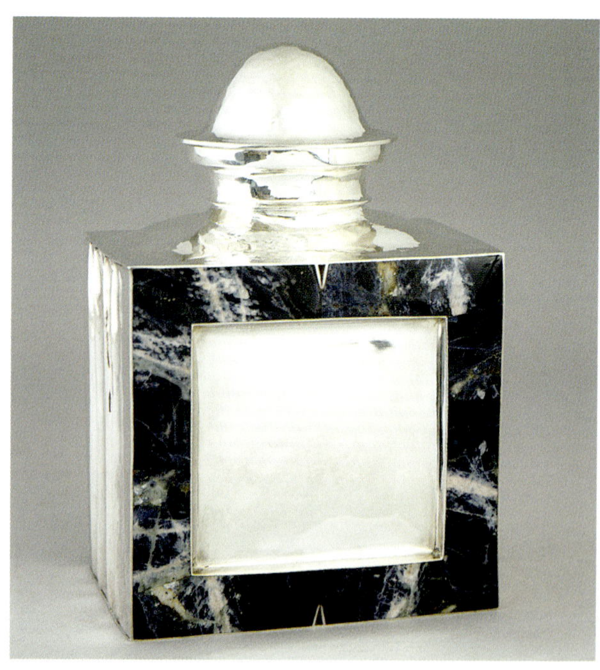

C U S T O D E   A U   C A D R E   D E   S O D A L I T E ,   1 9 9 3
Argent, sodalite ; 17,5 × 14 cm
Nantes, collection particulière

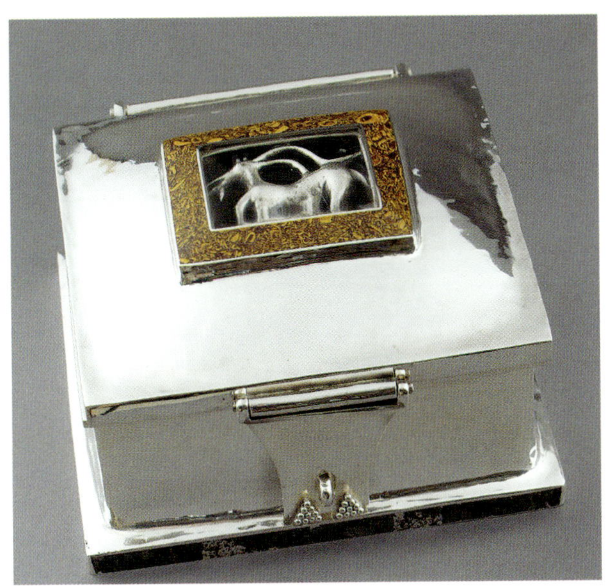

Coffret au cervidé, 2004
Argent, jaspe tigré ; 12 × 19 × 19 cm
Paris, Galerie Claude Bernard

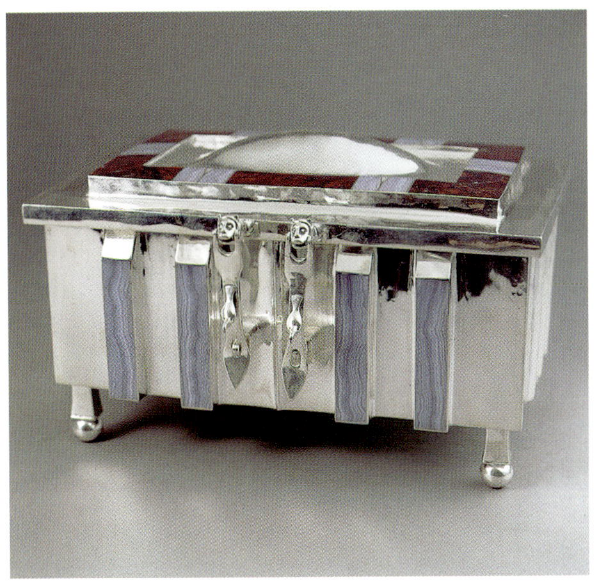

Les Eaux du ciel, 1998
Argent, calcédoine, jaspe ; 18 × 33 × 26 cm
Paris, Galerie Claude Bernard

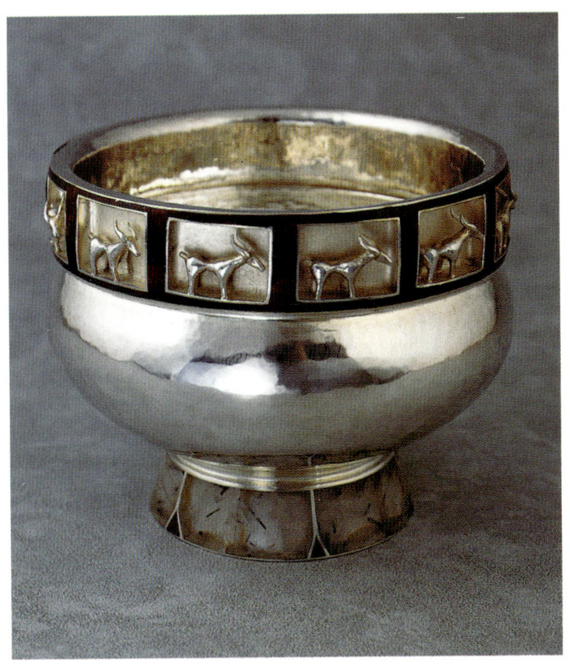

Coupe à la ronde de cervidés, 1989
Argent, jaspe ; 14 × 25 × 24 cm
Paris, collection particulière

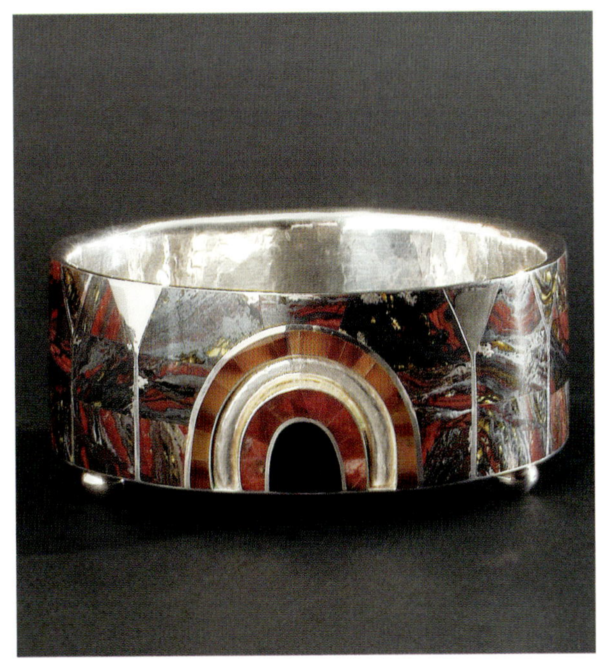

Jardinière, 1988
Argent, œil-de-fer, œil-de-tigre, agate, jaspe rouge, onyx ;
7,5 × 17,5 × 14,5 cm – Collection particulière

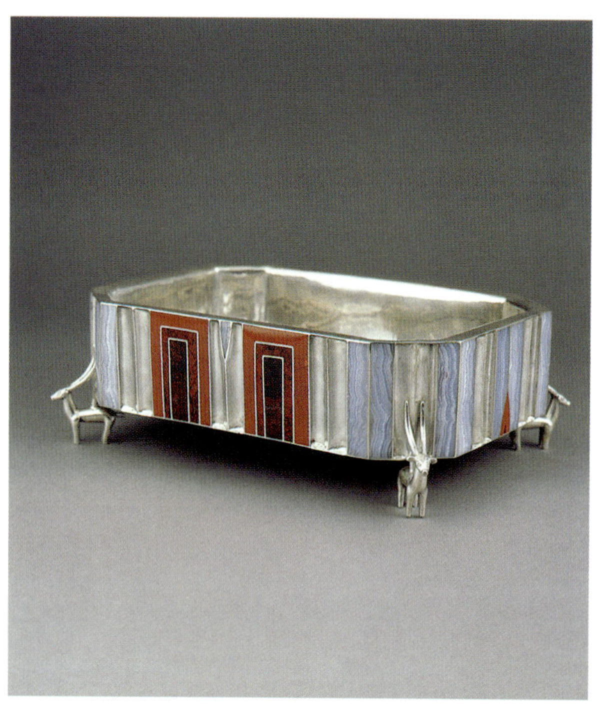

LES PORTES DU SÉRENGUÉTY, 1998
Argent, jaspe bicolore, calcédoine ; 9 × 26 × 19 cm
Paris, Galerie Claude Bernard

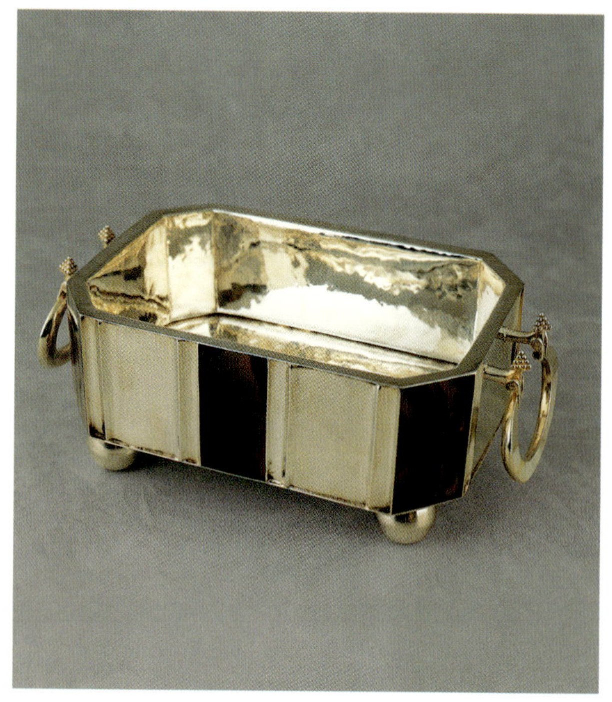

JARDINIÈRE, 1989
Argent, nacre, agate ; 11 × 16,5 × 27 cm
Riom, musée Mandet

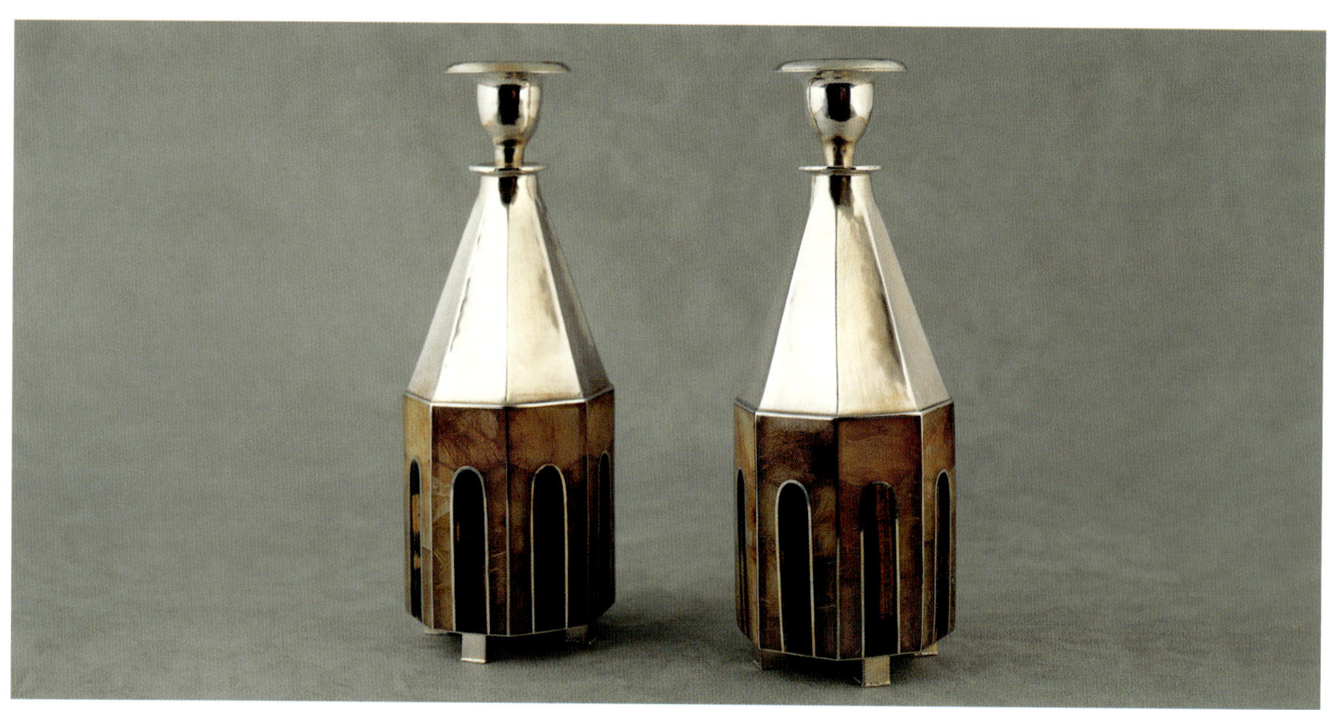

CHANDELIERS, 1989
Argent, cristal avec inclusions de rutile, œil-de-faucon ; 25 × 13 × 13 cm
Riom, musée Mandet

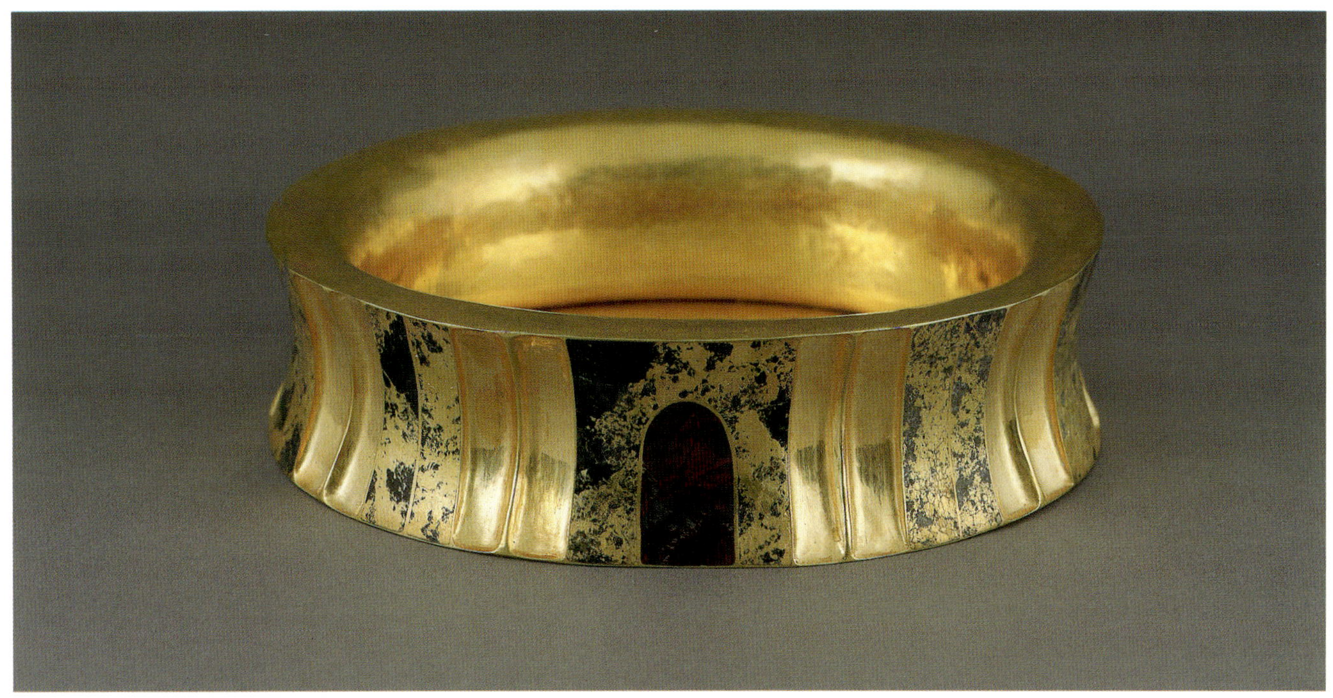

Les Murailles dorées, 1995
Vermeil, pyrite, jaspe ; 5,5 × 22 × 17 cm – Collection particulière

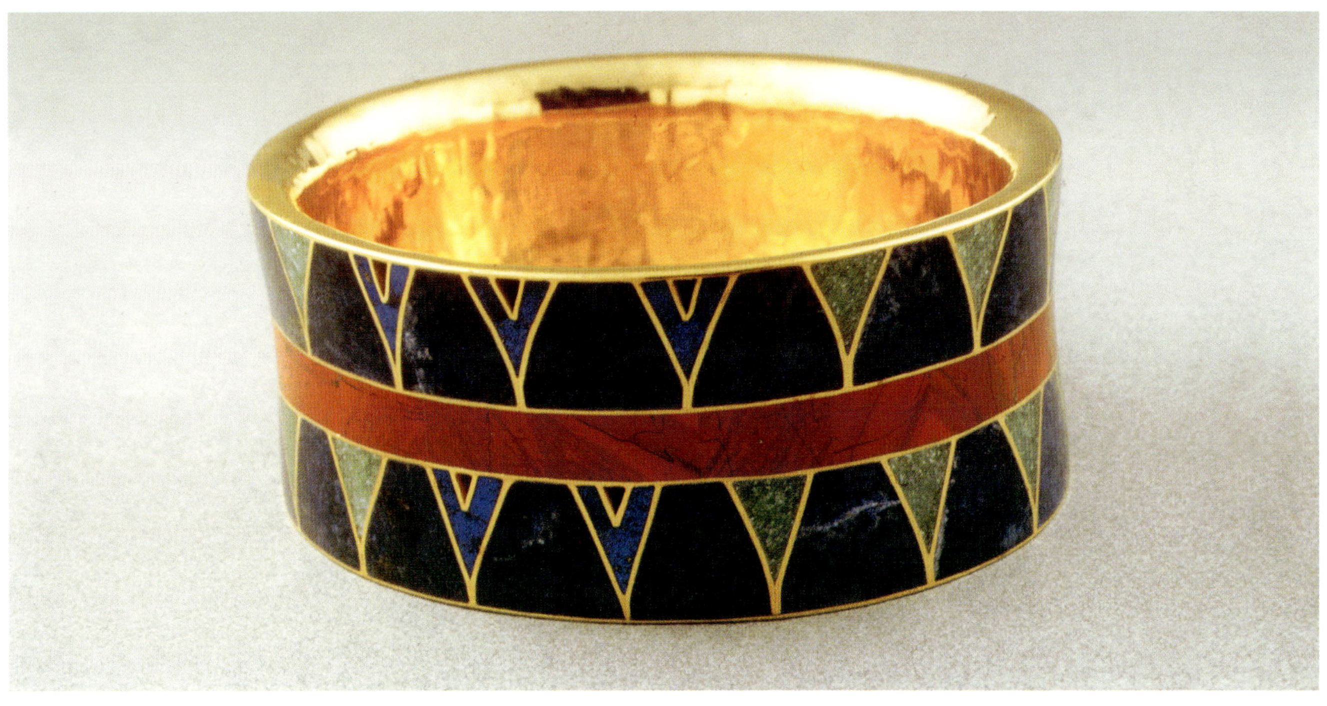

Coupe ovale aux dents de loup, 1989
Vermeil, jaspe rouge, aventurine, lapis-lazuli ; 5,2 × 13 × 10,5 cm – Collection particulière

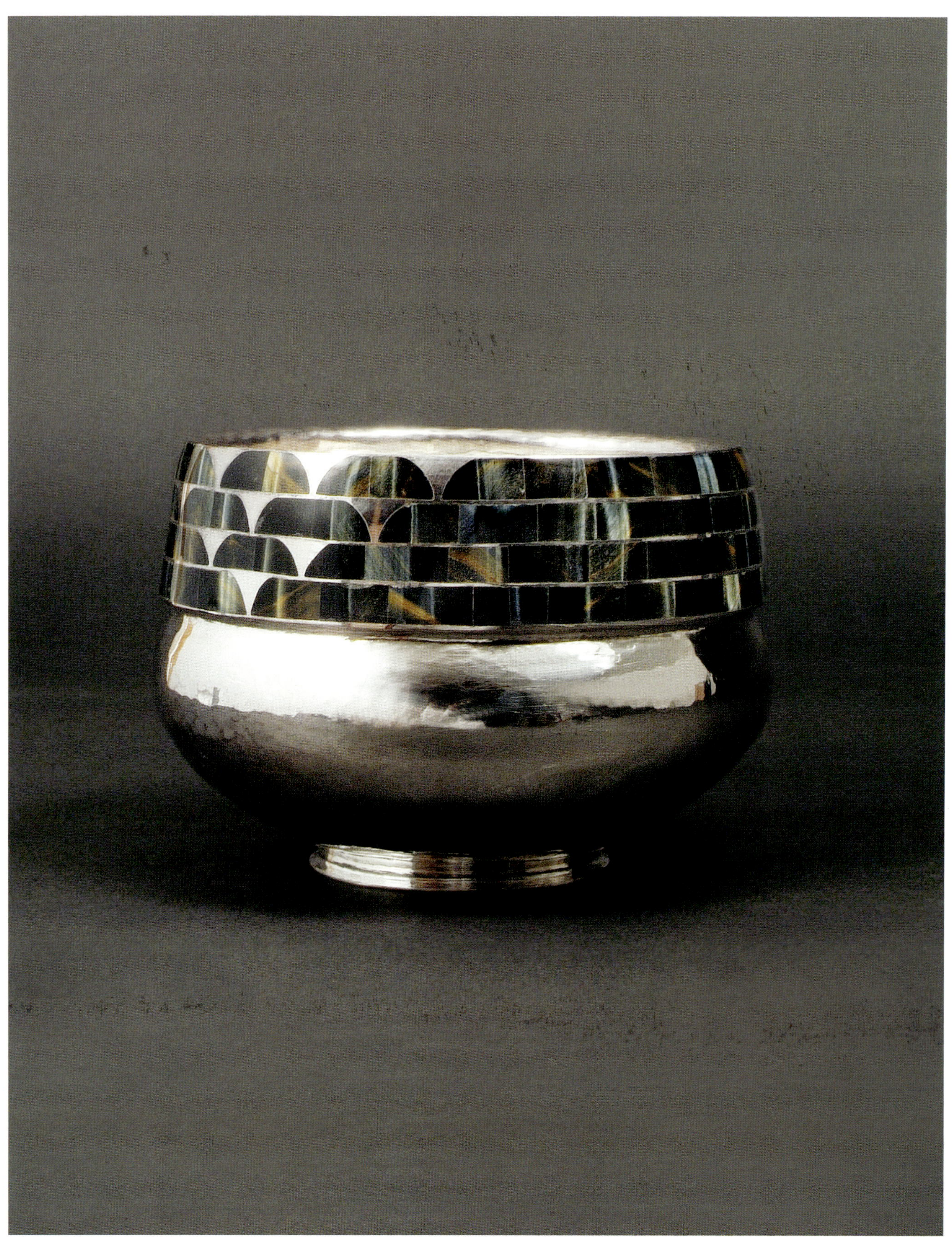

Coupe pavée d'œil-de-faucon, 1988
Argent, œil-de-faucon ; 11 × 16,5 cm – Collection particulière

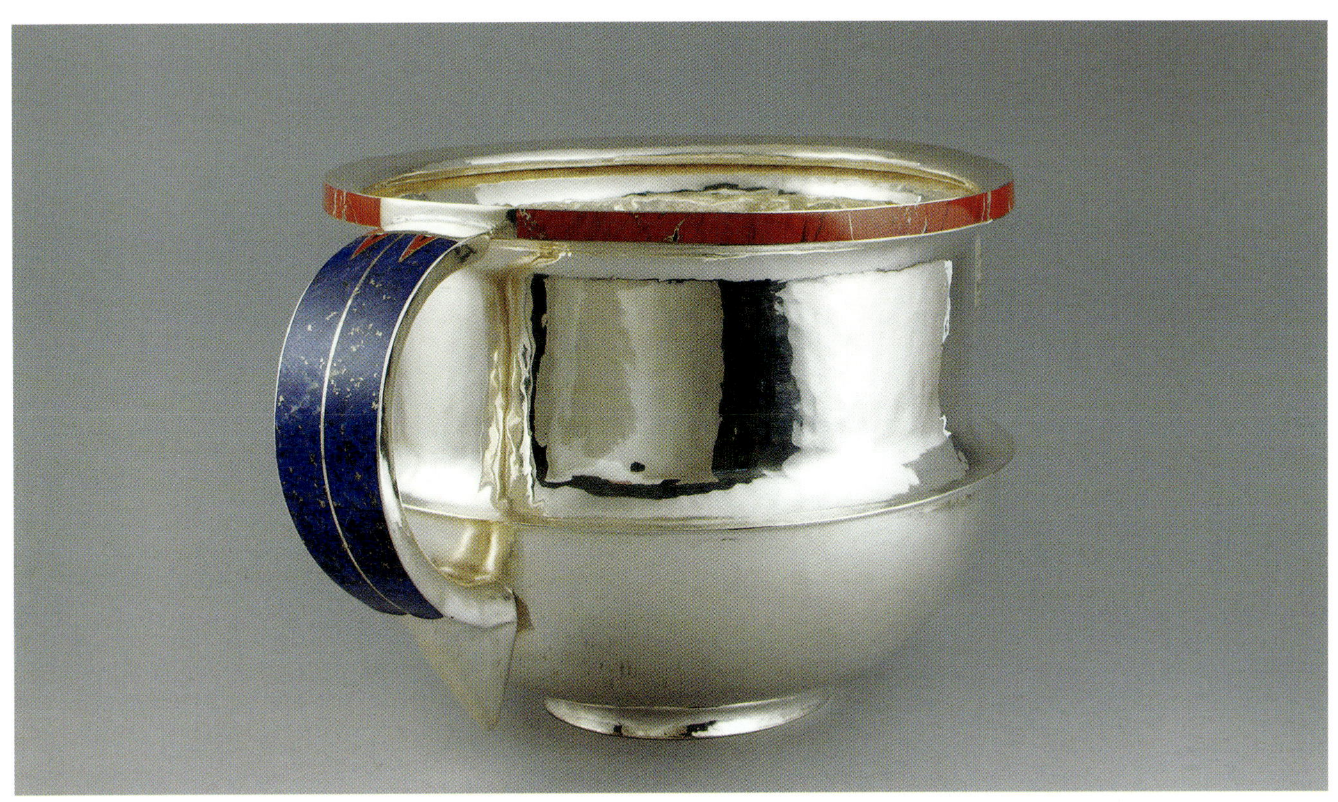

CANTHARE AUX OREILLES DE LAPIS-LAZULI, 2006
Argent, lapis-lazuli et jaspe ; 23 × 51 × 28 cm – Paris, Galerie Claude Bernard

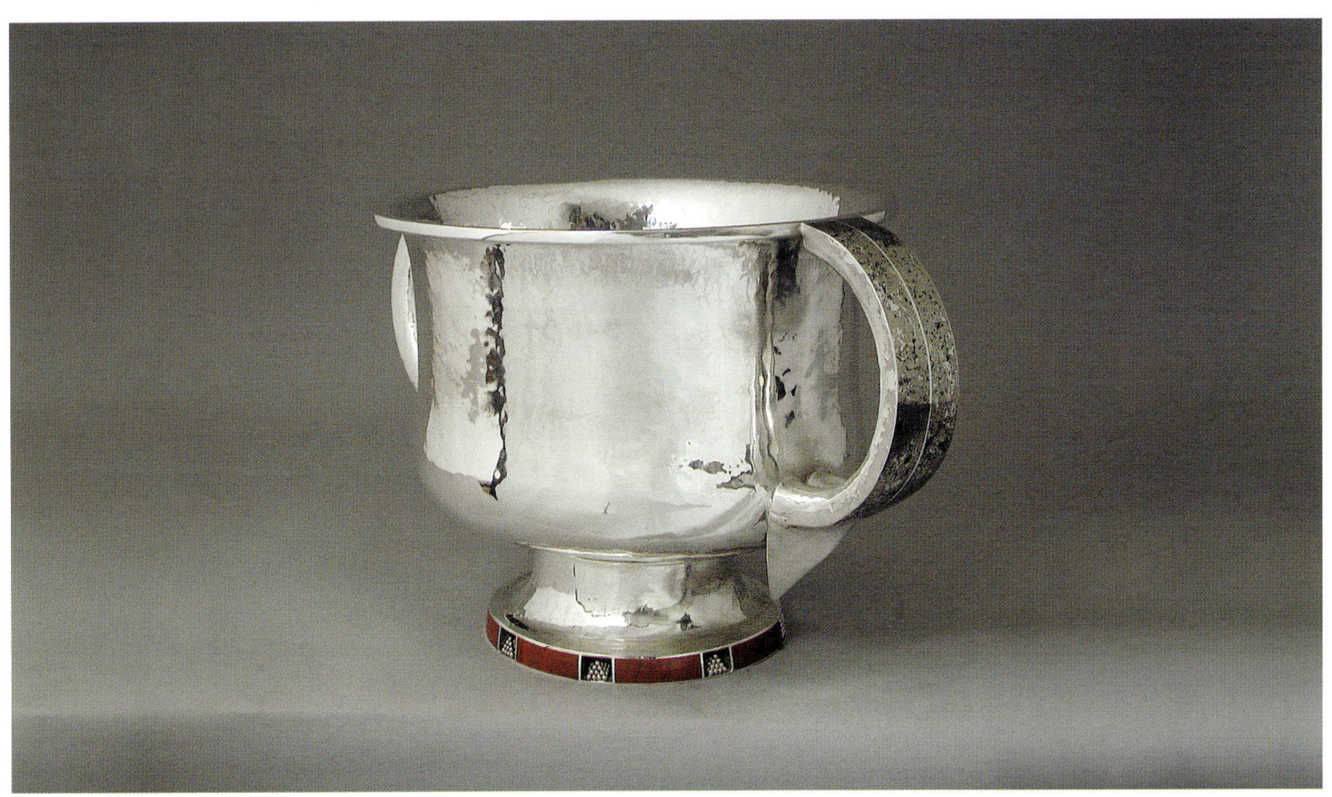

CANTHARE AUX ANSES DE PYRITE, AUX TRIÈDRES À DIX GLOBULES, 2005
Argent, pyrite, jaspe ; 21 × 50 × 27 cm – Collection particulière

Objets usuels
d'un monde irréel

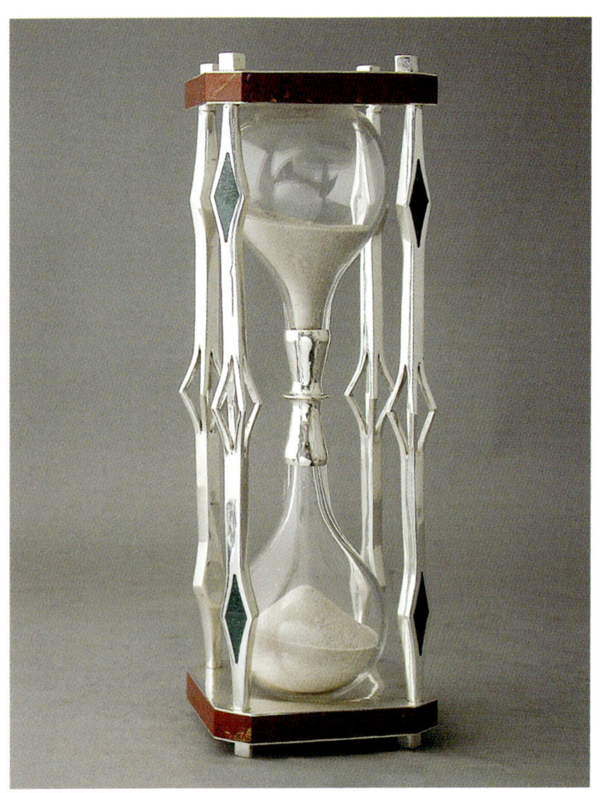

CHRONOS, 2006
Argent, aventurine, jaspe ; 32 × 11 × 11 cm
Nançay, Galerie Capazza

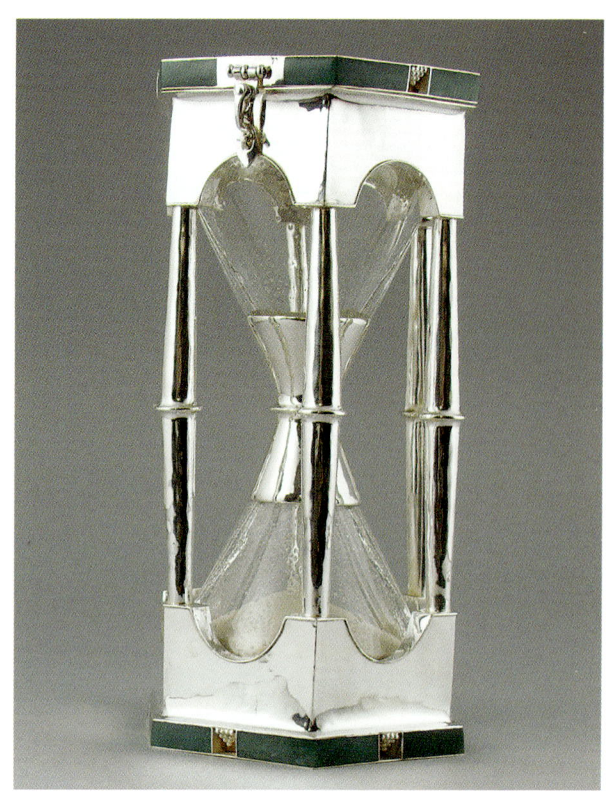

LE SABLIER DU TEMPS QUI PASSE, 2007
Argent, verre soufflé, aventurine ; 33 × 18 × 18 cm
Paris, Galerie Claude Bernard

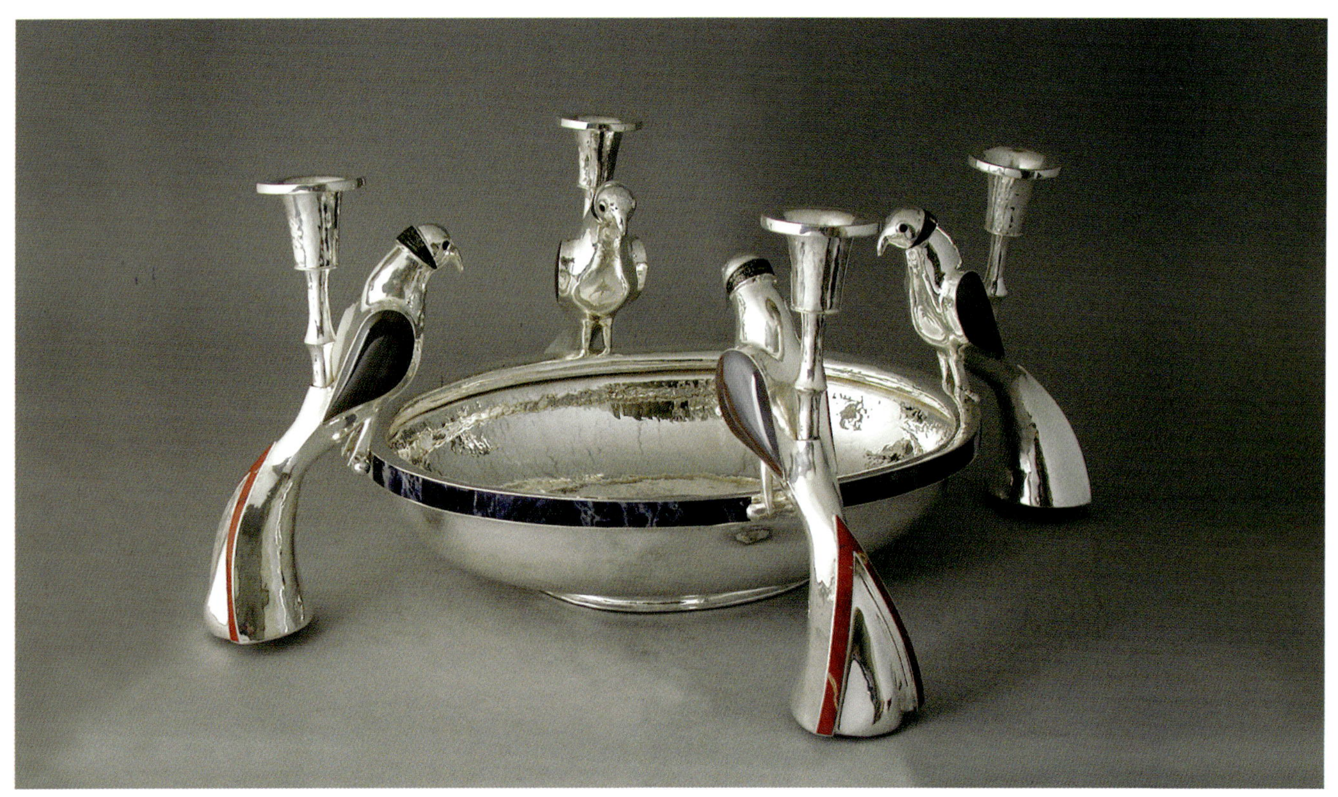

L'HEURE TRANQUILLE, 2006
Argent, jaspe, sodalite, pyrite, agate ; 22 × 52 × 44 cm – Collection particulière

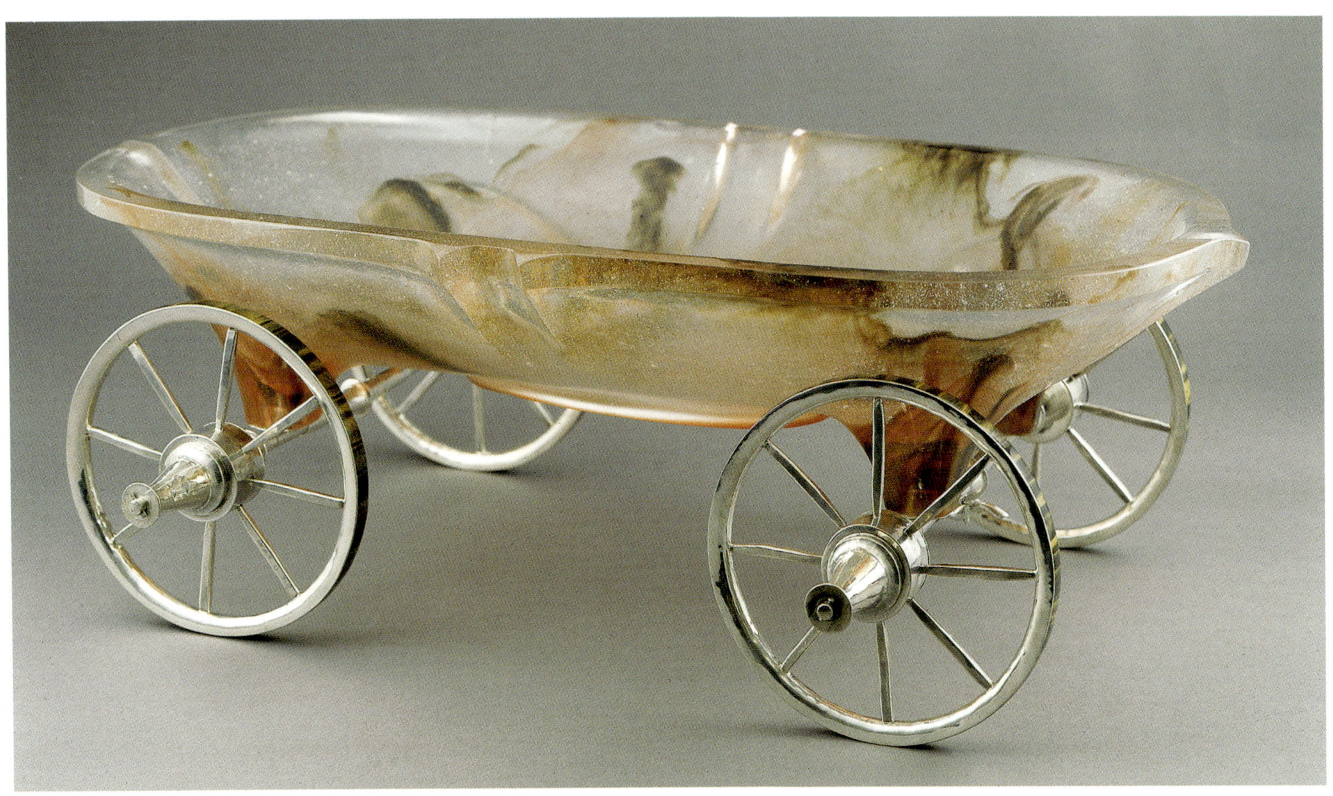

Le Grand véhicule, 1995
Argent, œil-de-fer, pâte de verre à la cire perdue ; 20 × 58,5 × 40,5 cm – Collection particulière

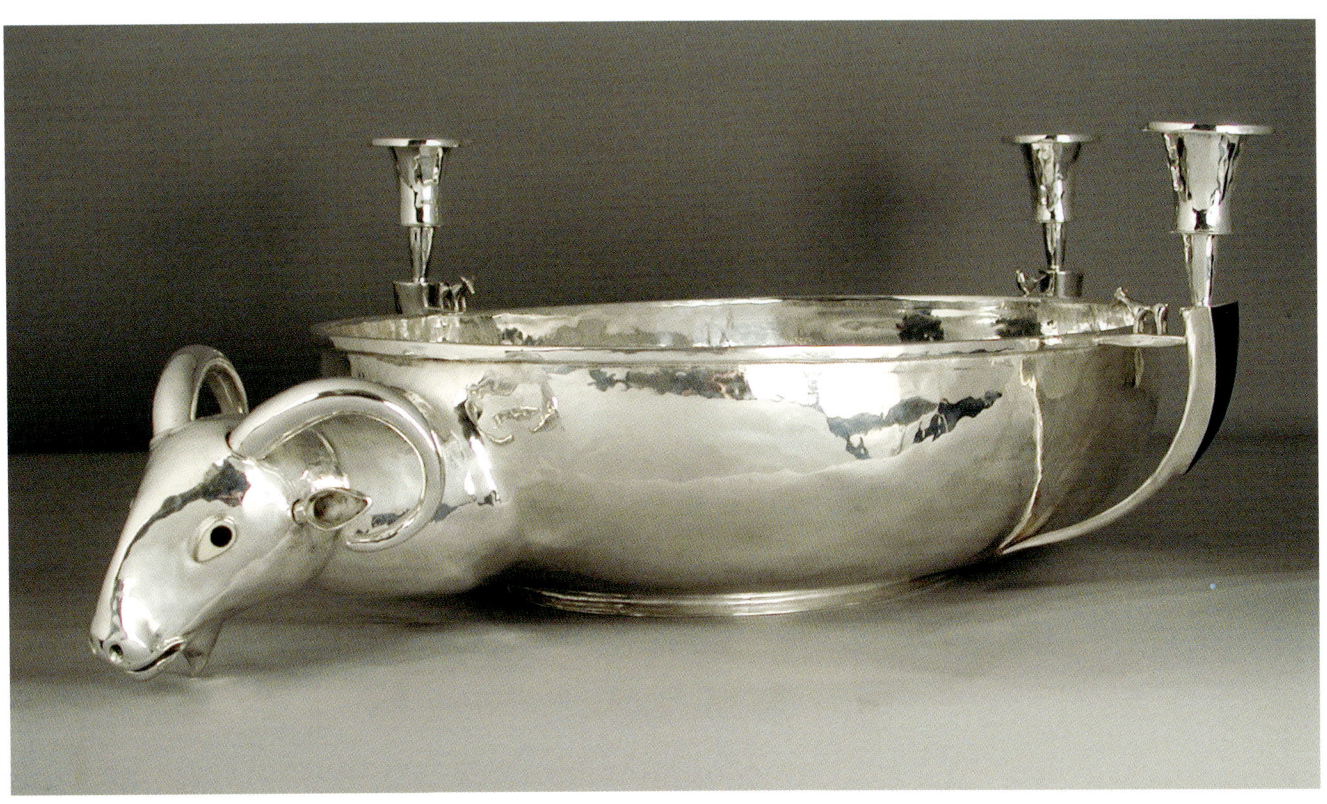

Le Bélier lampadophore, 2004
Argent, sodalite ; 19 × 65 × 48,5 cm – Collection particulière

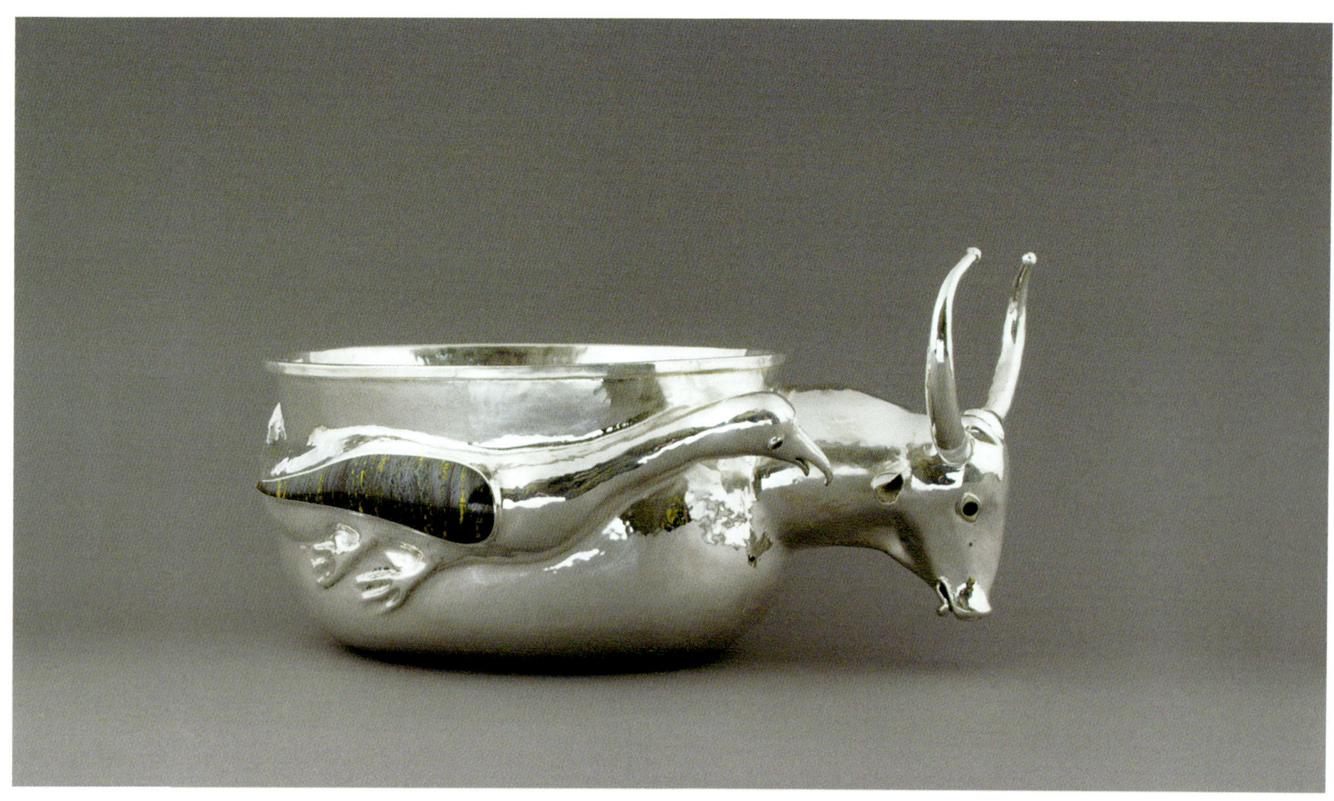

MIGRATIONS, 2004
Argent, cristal de roche, œil-de-fer ; 20 × 40 × 27 cm – Paris, Galerie Claude Bernard

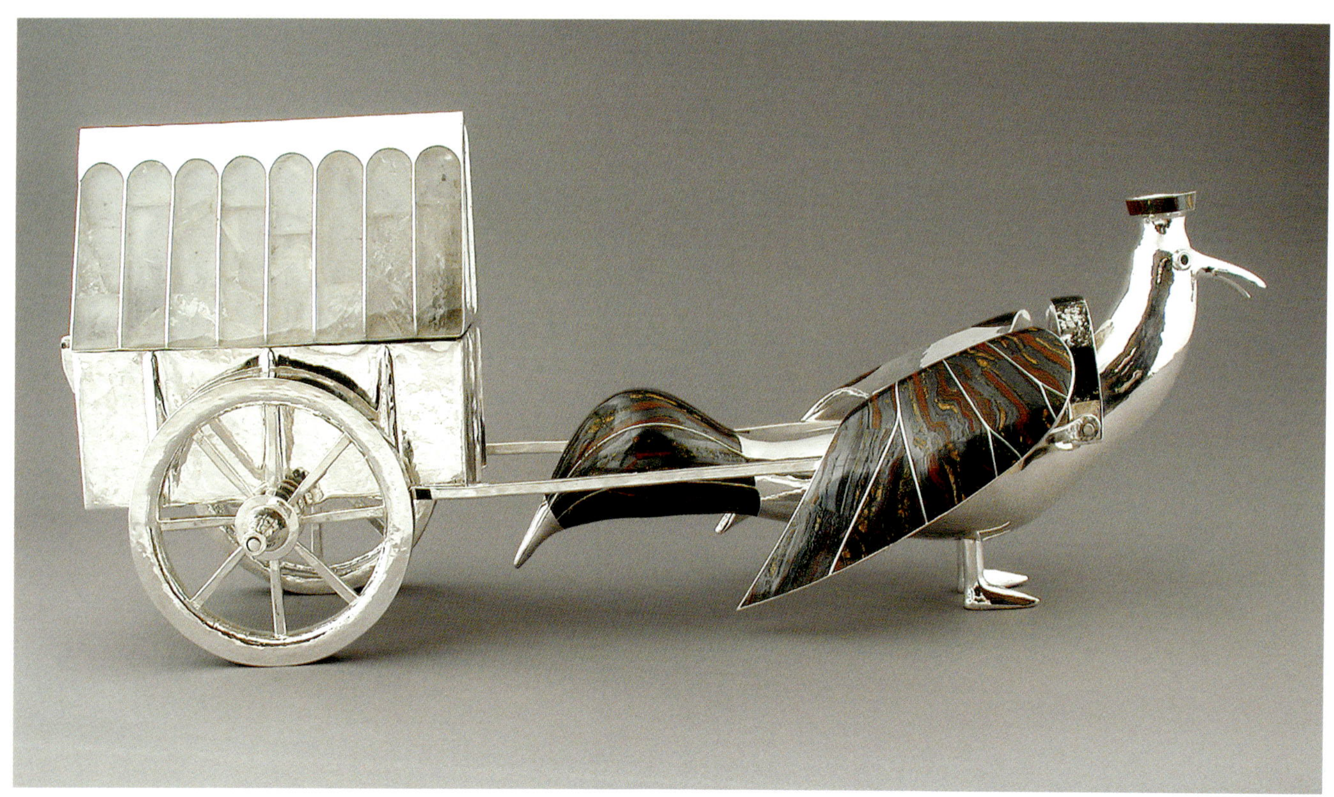

LE NOMADE, 2001
Argent, œil-de-fer, cristal de roche, pyrite, nacre, ébène ; 27 × 62 × 22 cm – Paris, Galerie Claude Bernard

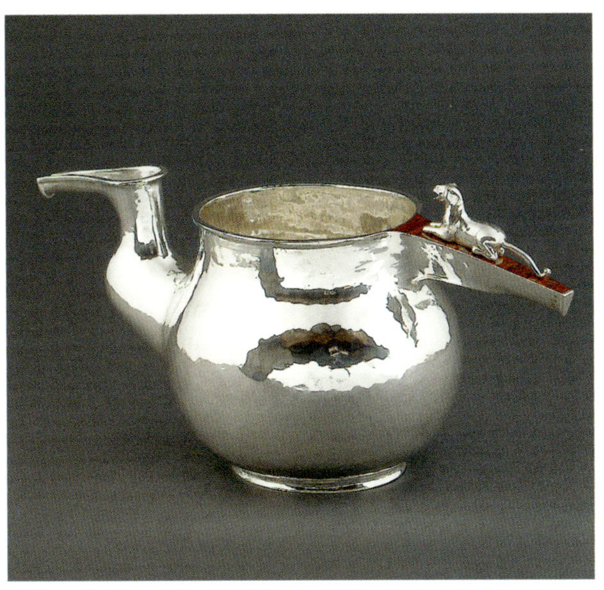

VERSEUSE AQUAMANILE AU LION, 1998
Argent, pyrite, jaspe ; 14,5 × 30,5 × 13 cm
Collection particulière

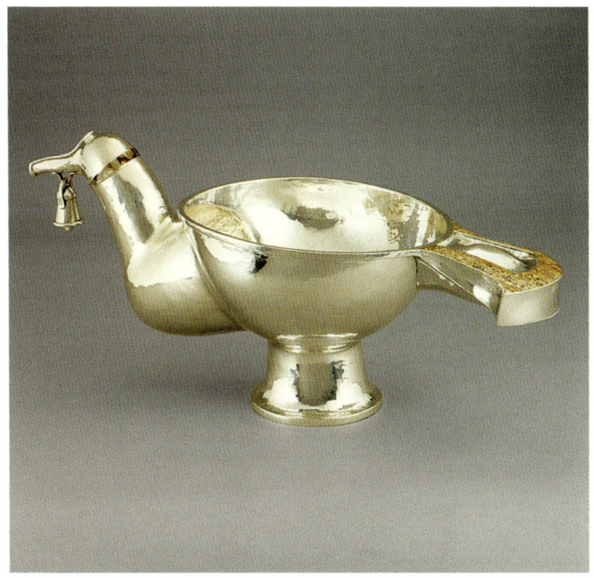

AQUAMANILE À CLOCHETTE, 1993
Argent, jaspe australien, nacre noire ; 22 × 48 cm
Collection particulière

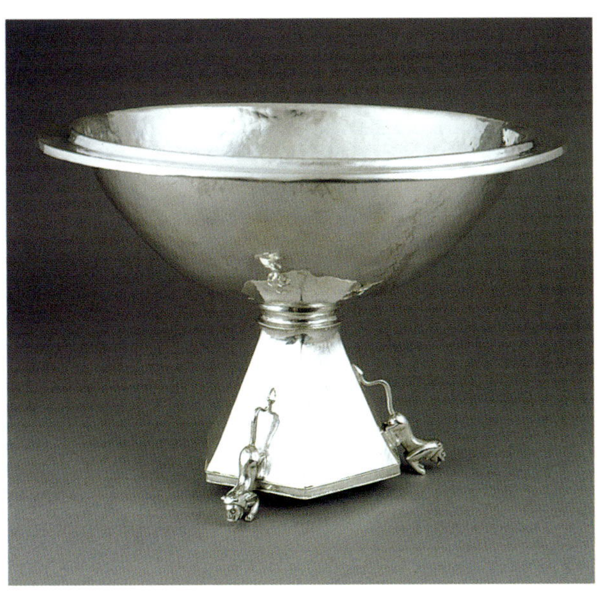

LA FONTAINE AUX TROIS LIONNES, 1998
Argent ; 28 × 36 × 32 cm
Paris, Galerie Claude Bernard

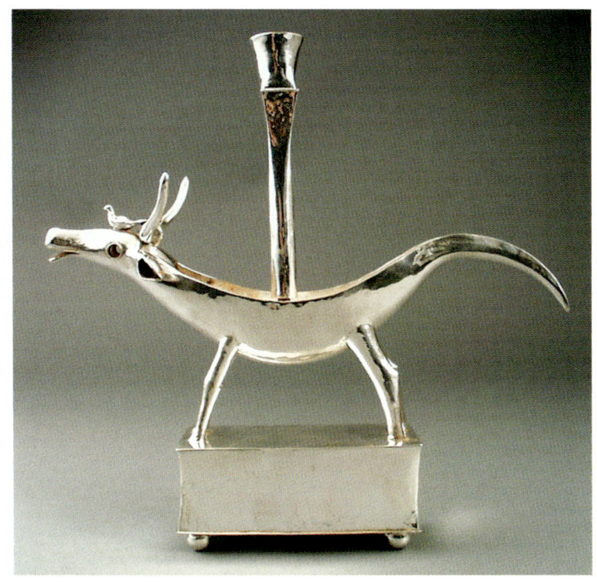

LES BŒUFS DU SOLEIL (PAIRE), 1998
Argent ; 29,5 × 31 × 11 cm
Collection particulière

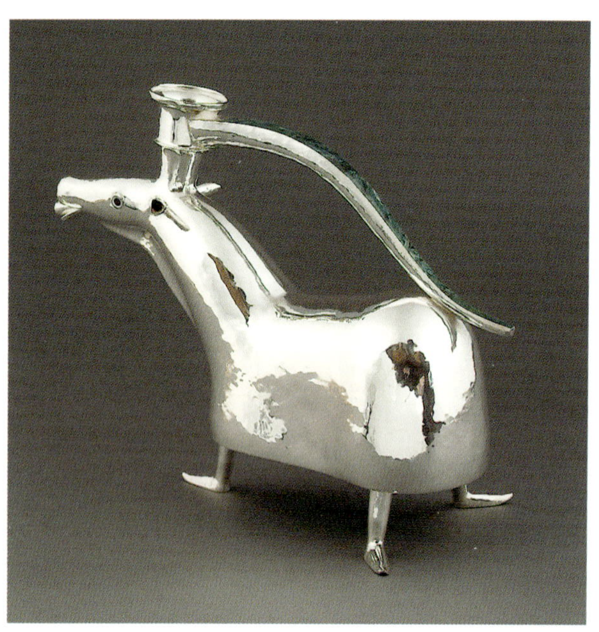

AQUAMANILE-LAMPADOPHORE À TROIS PATTES, 2002
Argent, jaspe ; 25,5 × 32 × 16 cm
Collection particulière

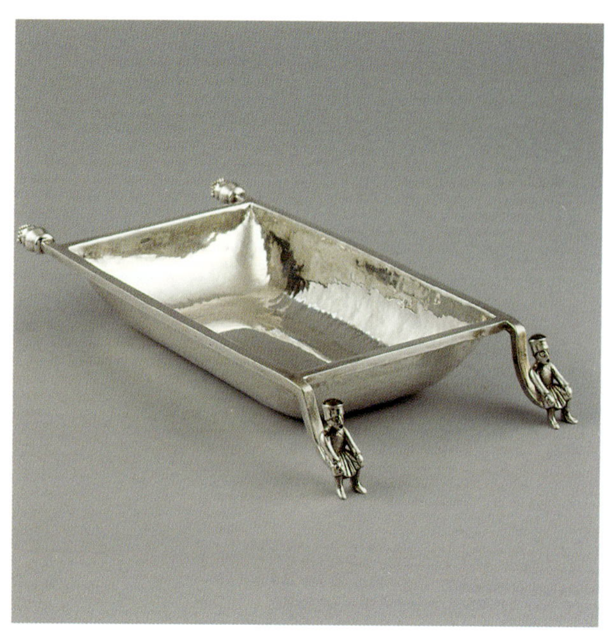

PLATEAU AUX PHILOSOPHES, 2003
Argent, labradorite ; 4 × 27 × 11 cm
Collection particulière

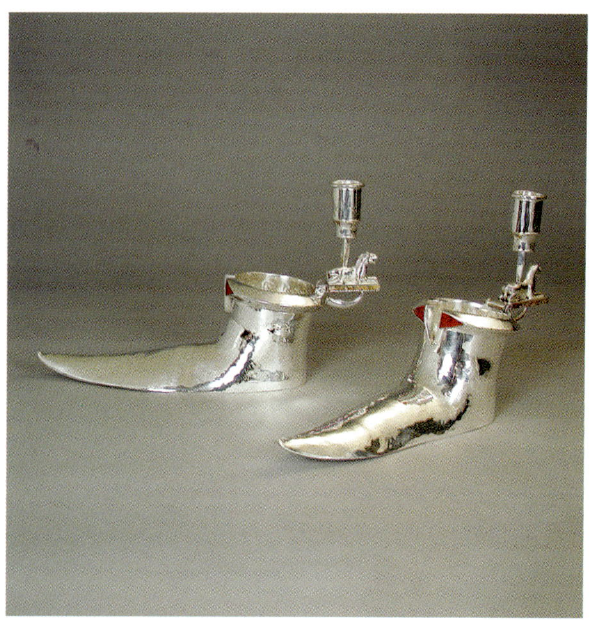

POULAINES AUX LIONS LAMPADOPHORES, 2002
Argent, jaspe, cristal de roche ; 17 × 29 × 9 cm
Collection particulière

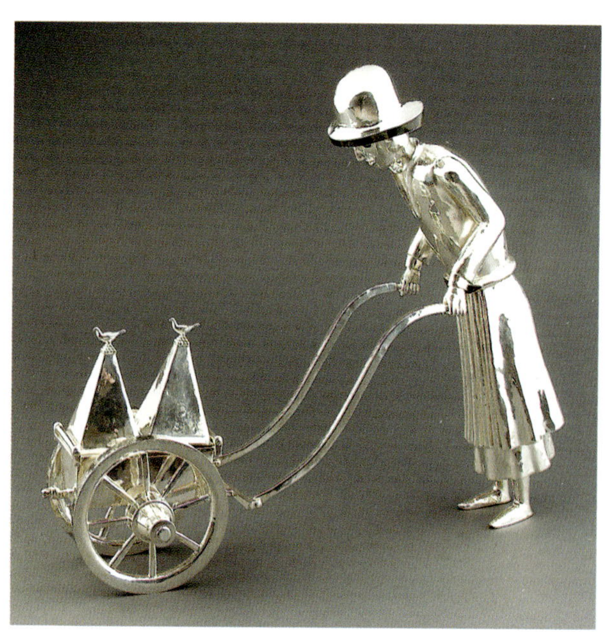

L'OISELEUR, MARCHAND DE TRILLES
ET DE LUMIÈRE, 2004
Argent, lapis-lazuli, agate, pyrite, œil-de-faucon,
serpentine ; 40 × 46 × 19 cm
Paris, Galerie Claude Bernard

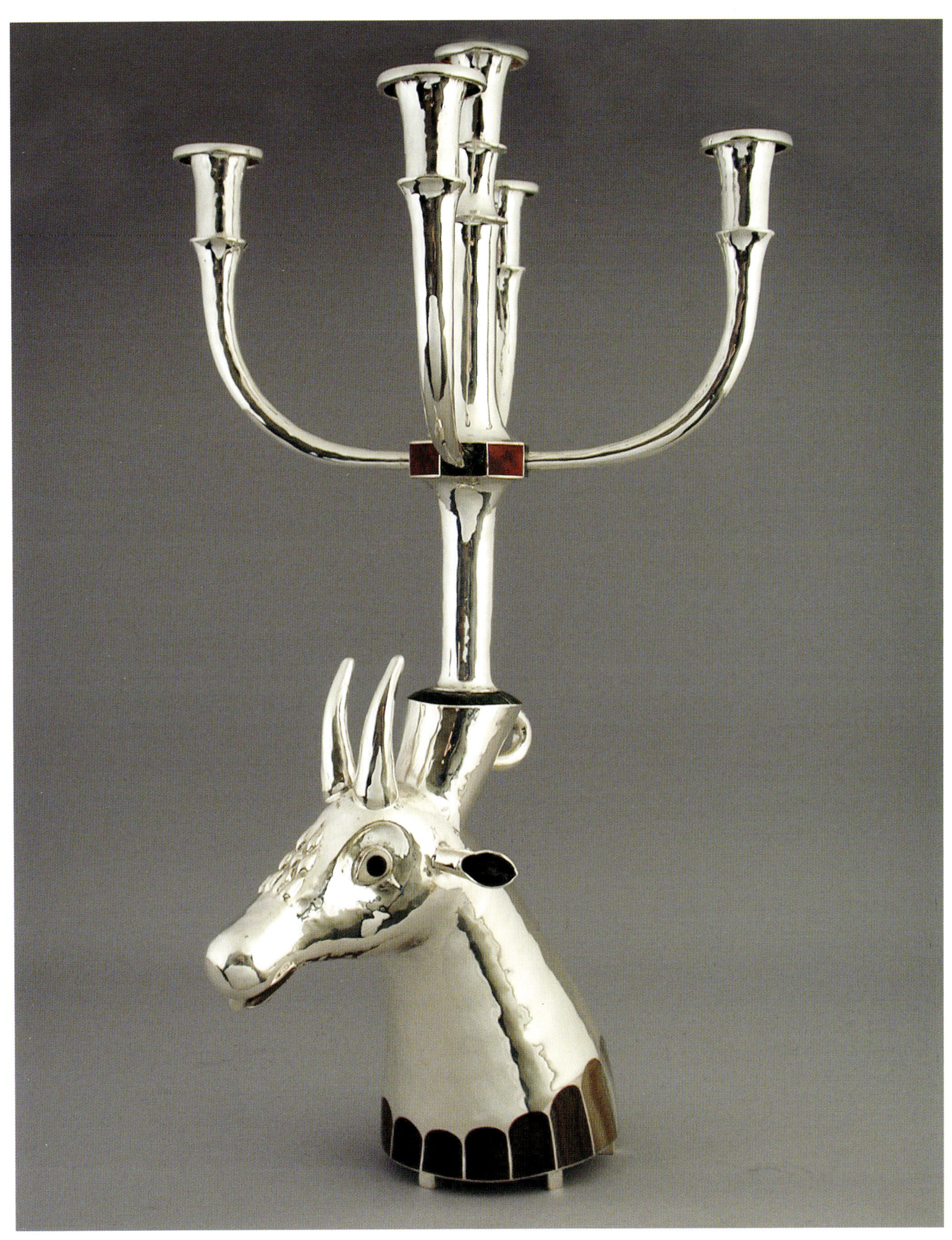

CANDÉLABRE DE GRANDE CHASSE, 2007
Argent, agate, serpentine, jaspe ; 62 × 25 × 25 cm – Paris, Galerie Claude Bernard

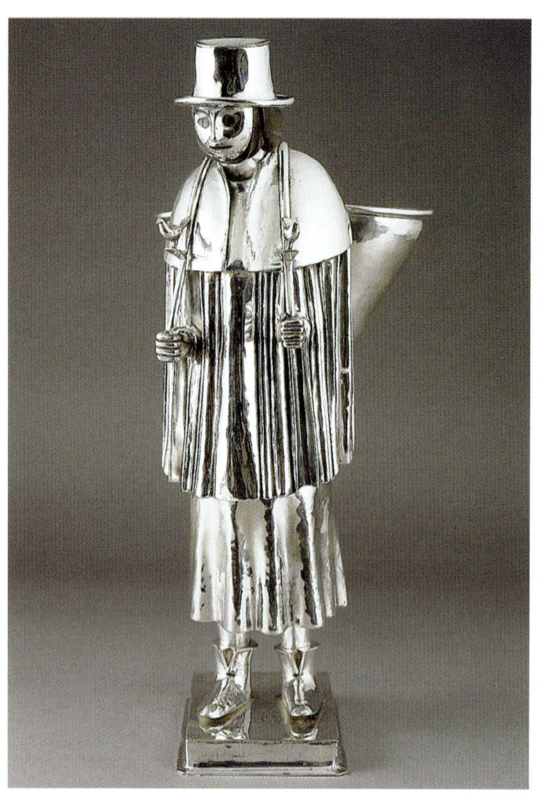

Le Visiteur à la grande hotte, 1999
Argent, jaspe, nacre, ébène ; 22 × 9 cm
Collection particulière

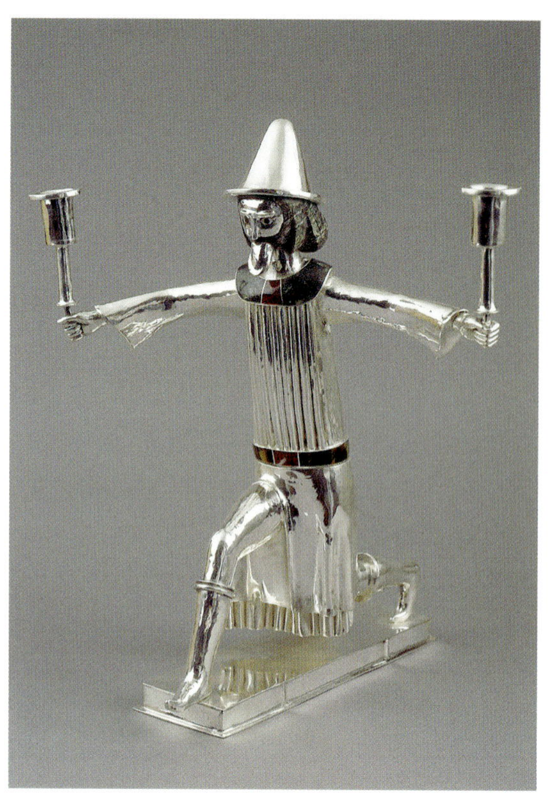

Le Chevalier de feu, 1999
Argent, serpentine, jaspe, œil-de-faucon,
nacre, gaïak ; 35,5 × 26 × 32 cm
Paris, Galerie Claude Bernard

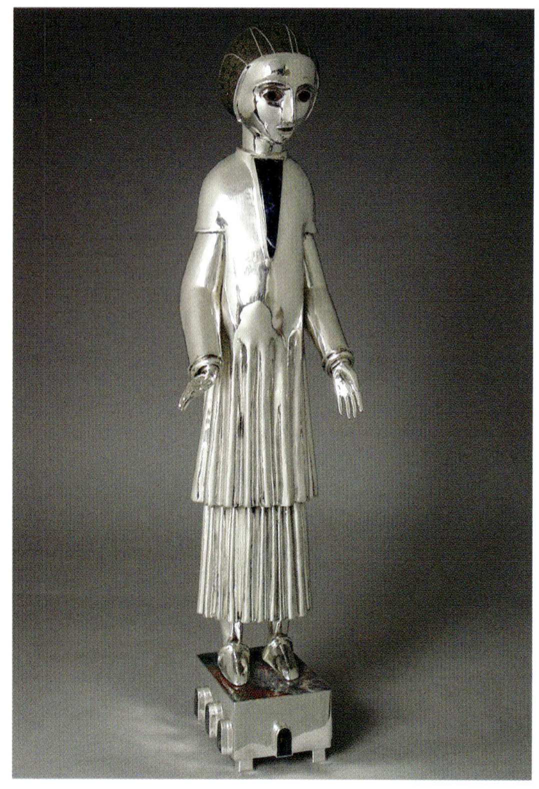

L'Attente, 2006
Argent, pyrite, sodalite, agate ; 51 × 13 × 12 cm
Paris, Galerie Claude Bernard

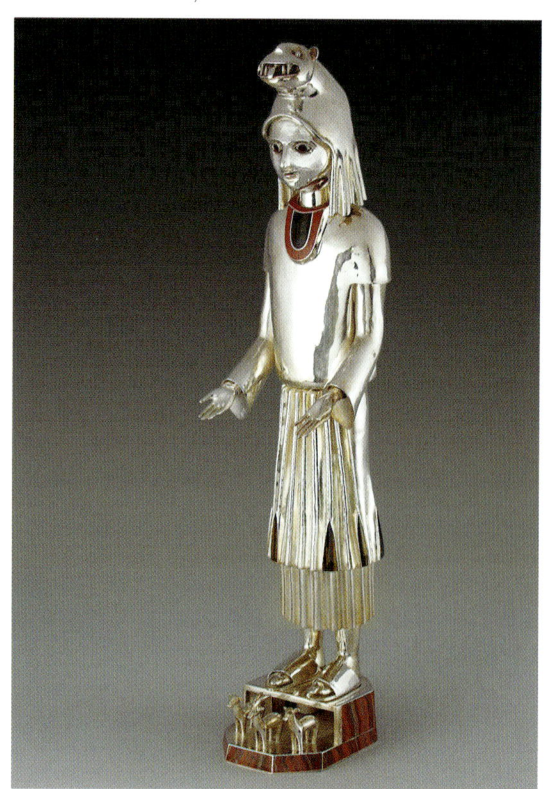

L'Innocence, 2006
Argent, jaspe, œil-de-faucon, agate ;
54 × 14 × 14 cm – Collection particulière

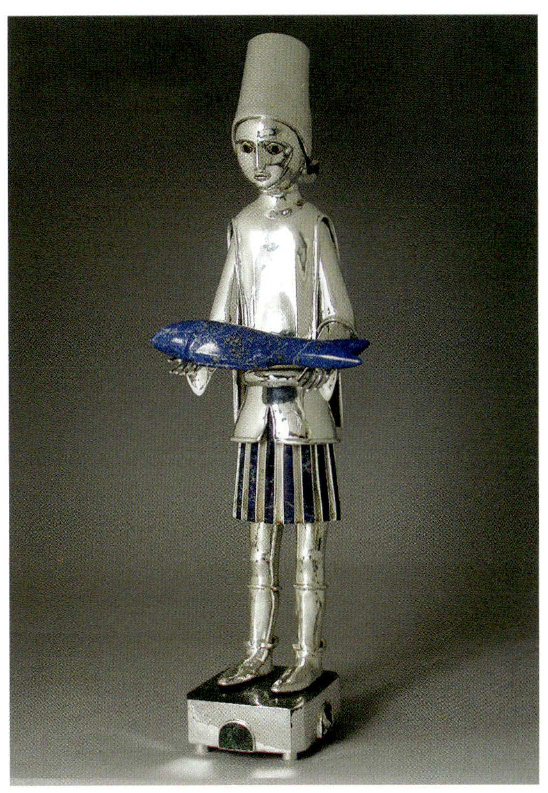

La Pêche miraculeuse, 2006
Argent, sodalite, lapis-lazuli, serpentine, agate,
pyrite ; 53 × 16 × 15 cm
Paris, Galerie Claude Bernard

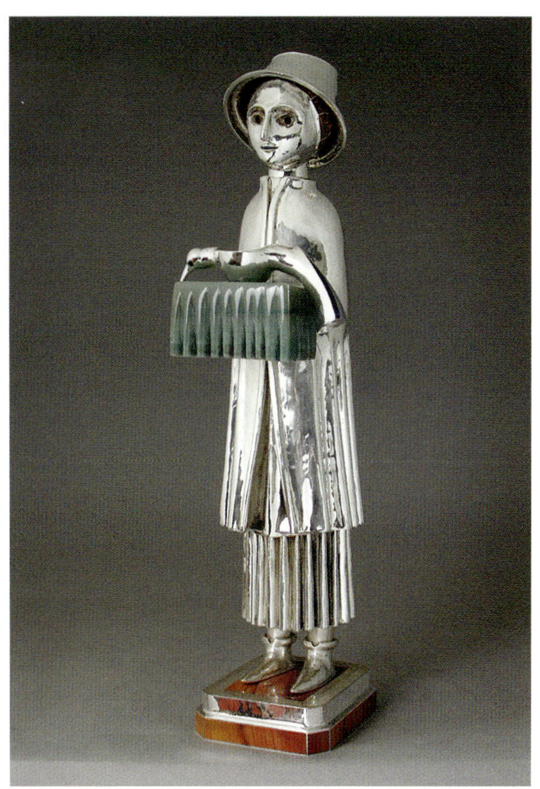

L'Escamoteur, 2006
Argent, aventurine, cristal, jaspe, sodalite,
calcédoine ; 48 × 15 × 11 cm
Paris, Galerie Claude Bernard

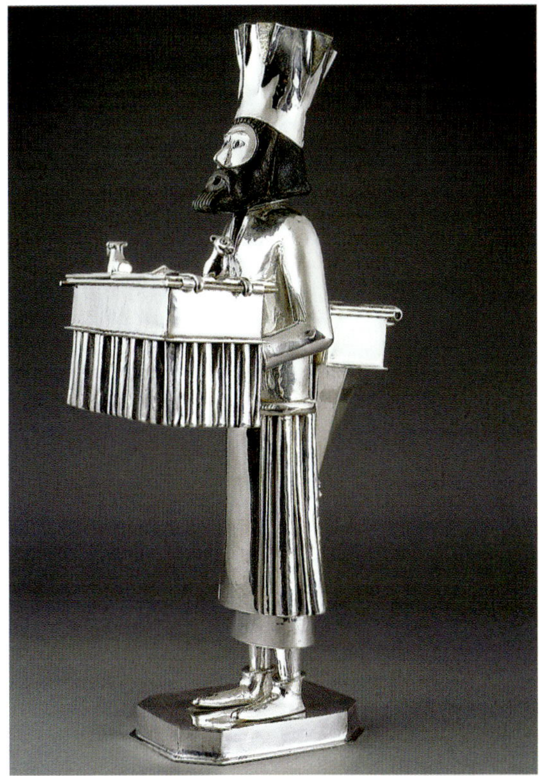

Le Mage de lumière, 1999
Argent, pyrite, serpentine, nacre, ébène ;
40 × 18,5 × 16,5 – Collection particulière

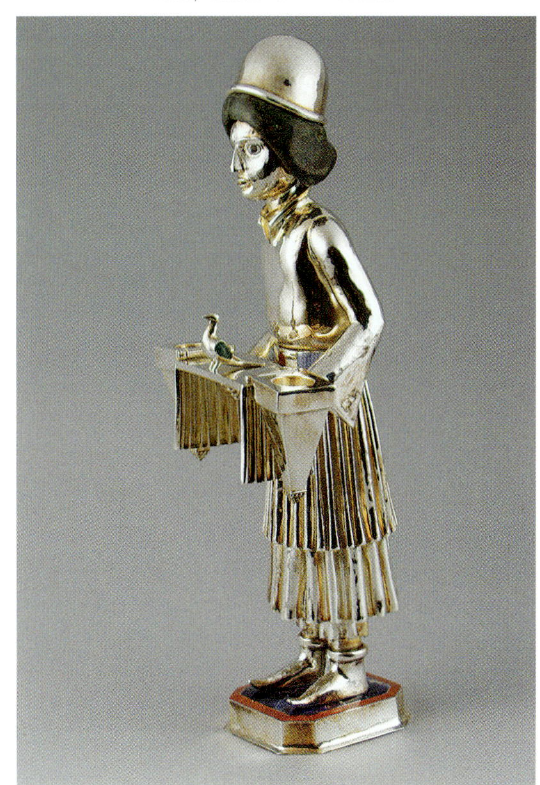

Lumière, 2005
Argent, sodalite, jaspe, aventurine, calcédoine,
cornaline, serpentine ; 41 × 12,5 × 11 cm
Collection particulière

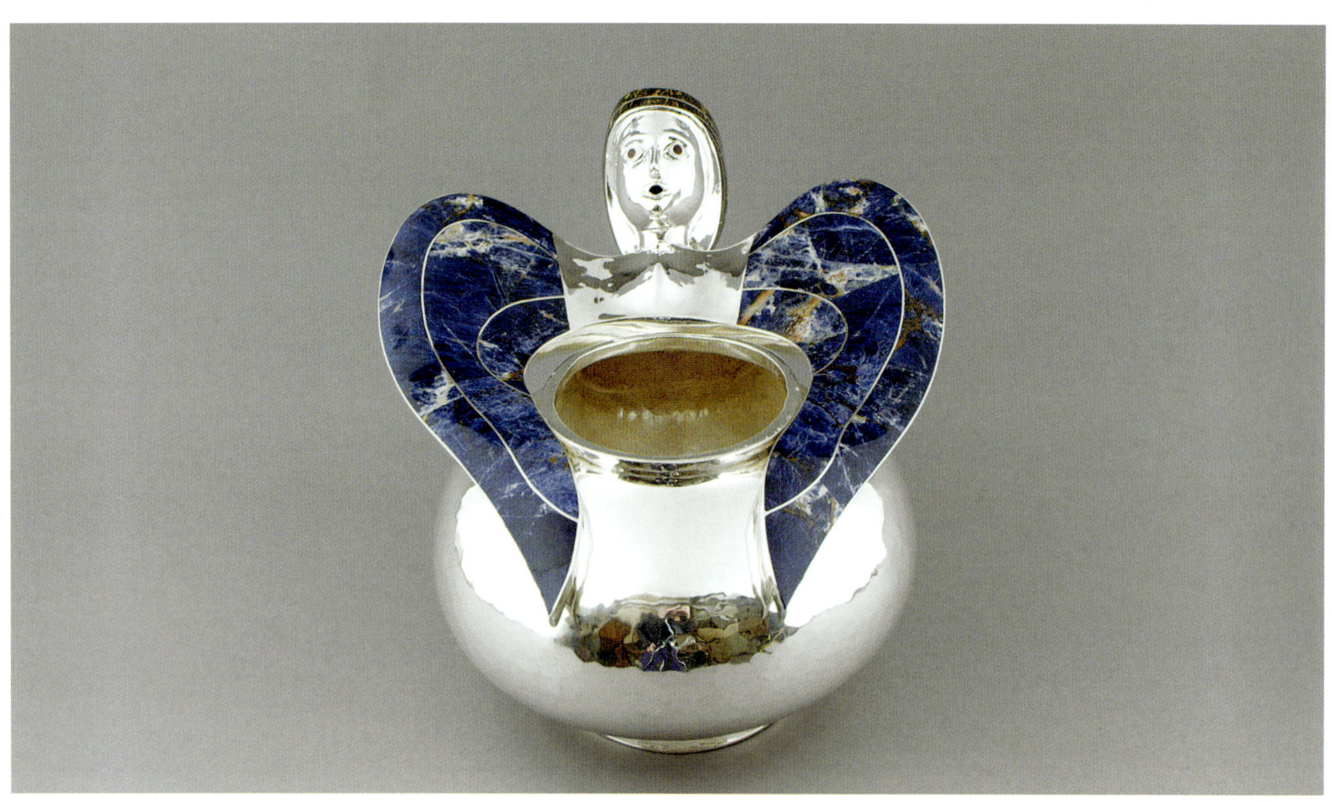

Le Giron, 2004
Argent, sodalite, œil-de-fer ; 20 × 34 × 25 cm – Collection particulière

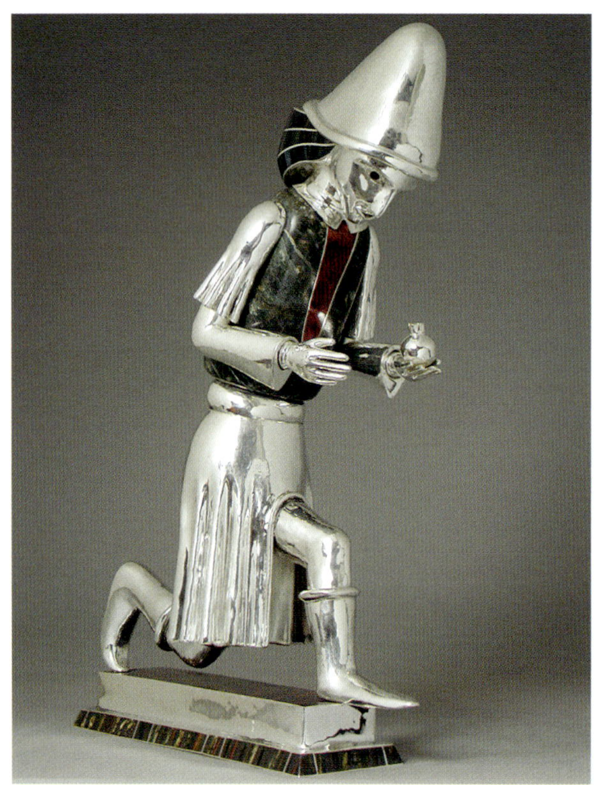

Le Sang de la grenade, 2006
Argent, serpentine, œil-de-fer, œil-de-faucon, jaspe ;
38 × 25 × 13 cm – Paris, Galerie Claude Bernard

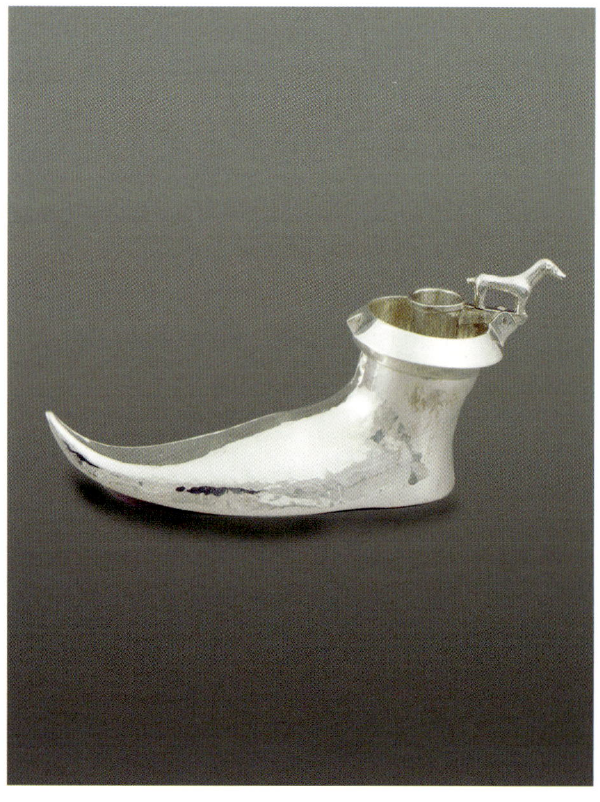

La Poulaine d'Aladin, 1997
Argent ; 12 × 8 × 8 cm – Collection particulière

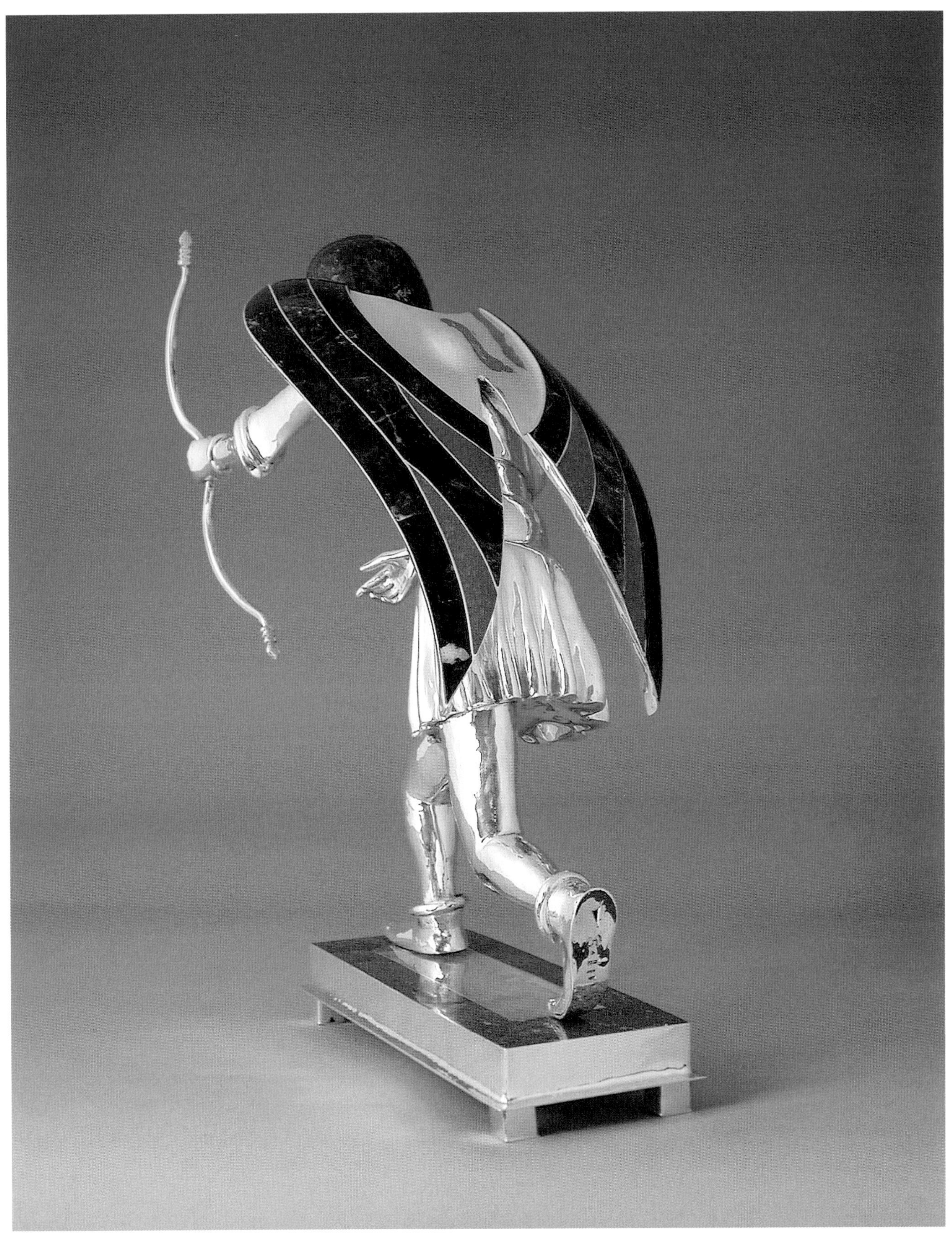

Eros, 2005

Argent, sodalite, aventurine, pyrite, cristal de roche, serpentine ; 35 × 36 × 17 cm – Collection particulière

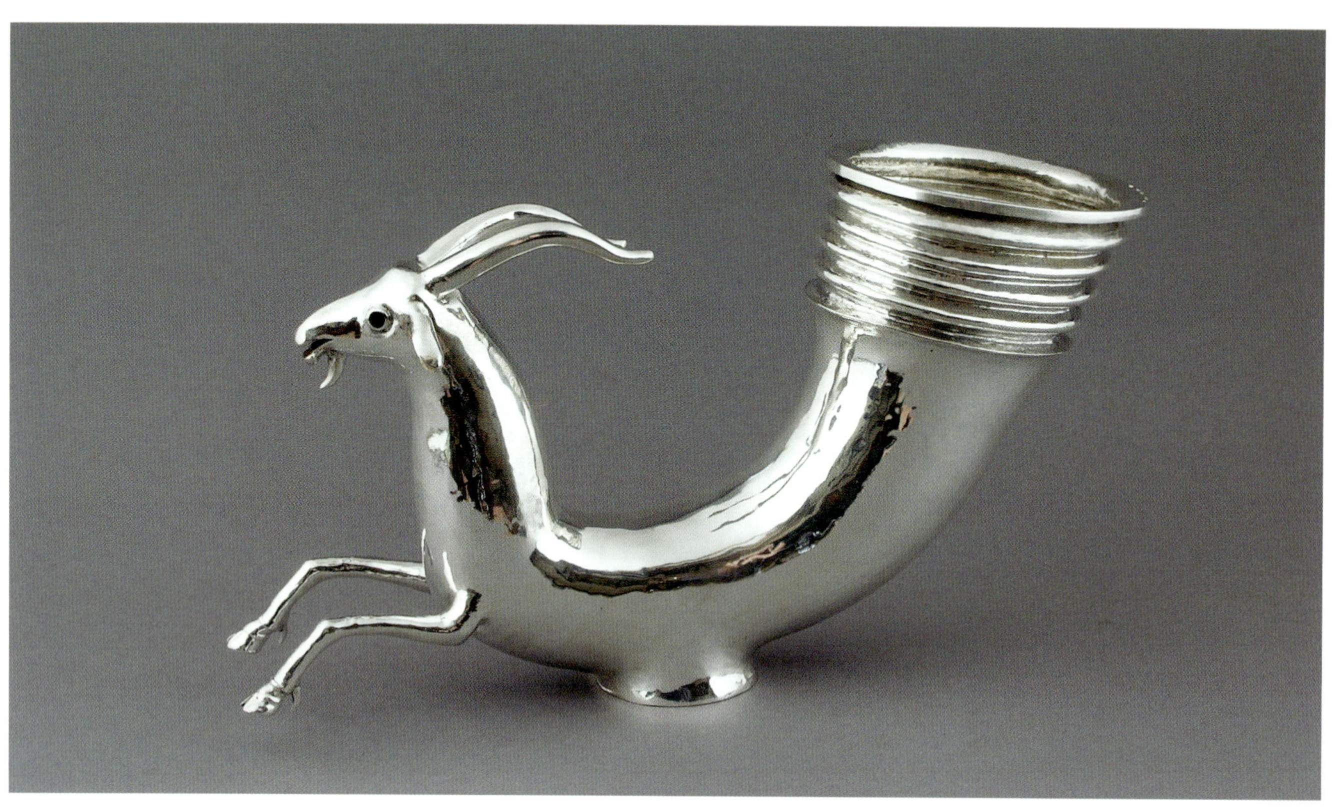

Kéras à la chèvre du Caucase, 2004
Argent ; 17 × 29 × 10 cm – Paris, Galerie Claude Bernard

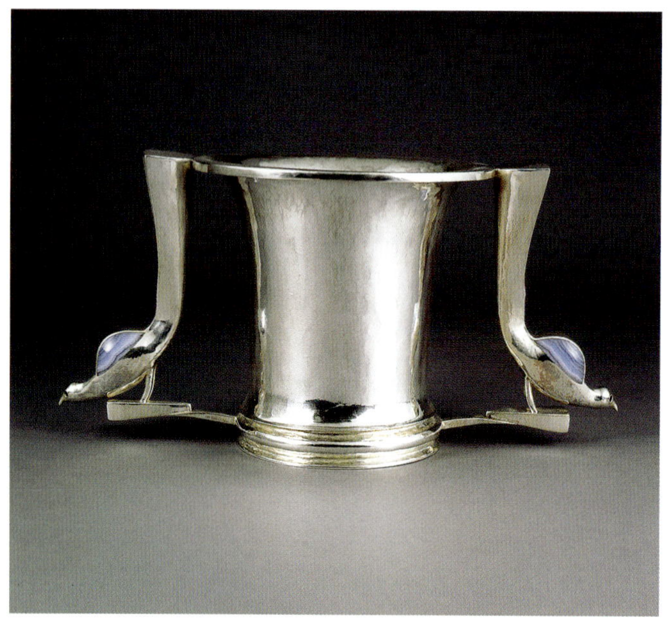

Canthare aux oiseaux de paradis, 1998
Argent, calcédoine, cristal avec inclusions de tourmaline ;
15 × 34 × 17,5 cm
Lyon, musée des Tissus et des Arts décoratifs

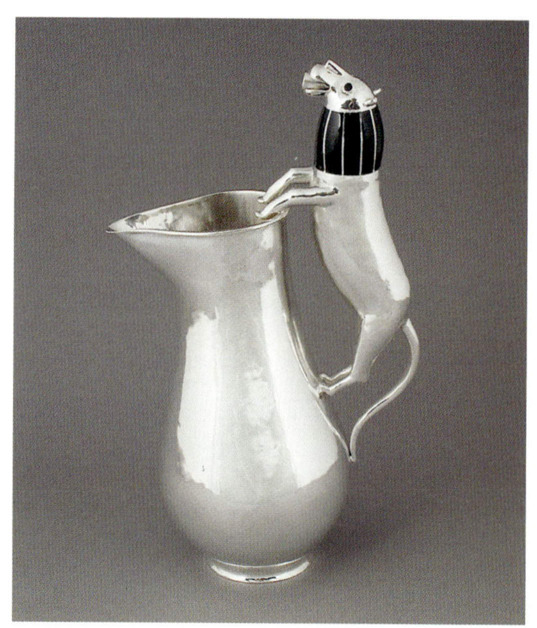

Le Lion des montagnes, 2001
Argent, œil-de-faucon, palissandre ;
34 × 20 × 20 cm
Saint-Cloud, collection particulière

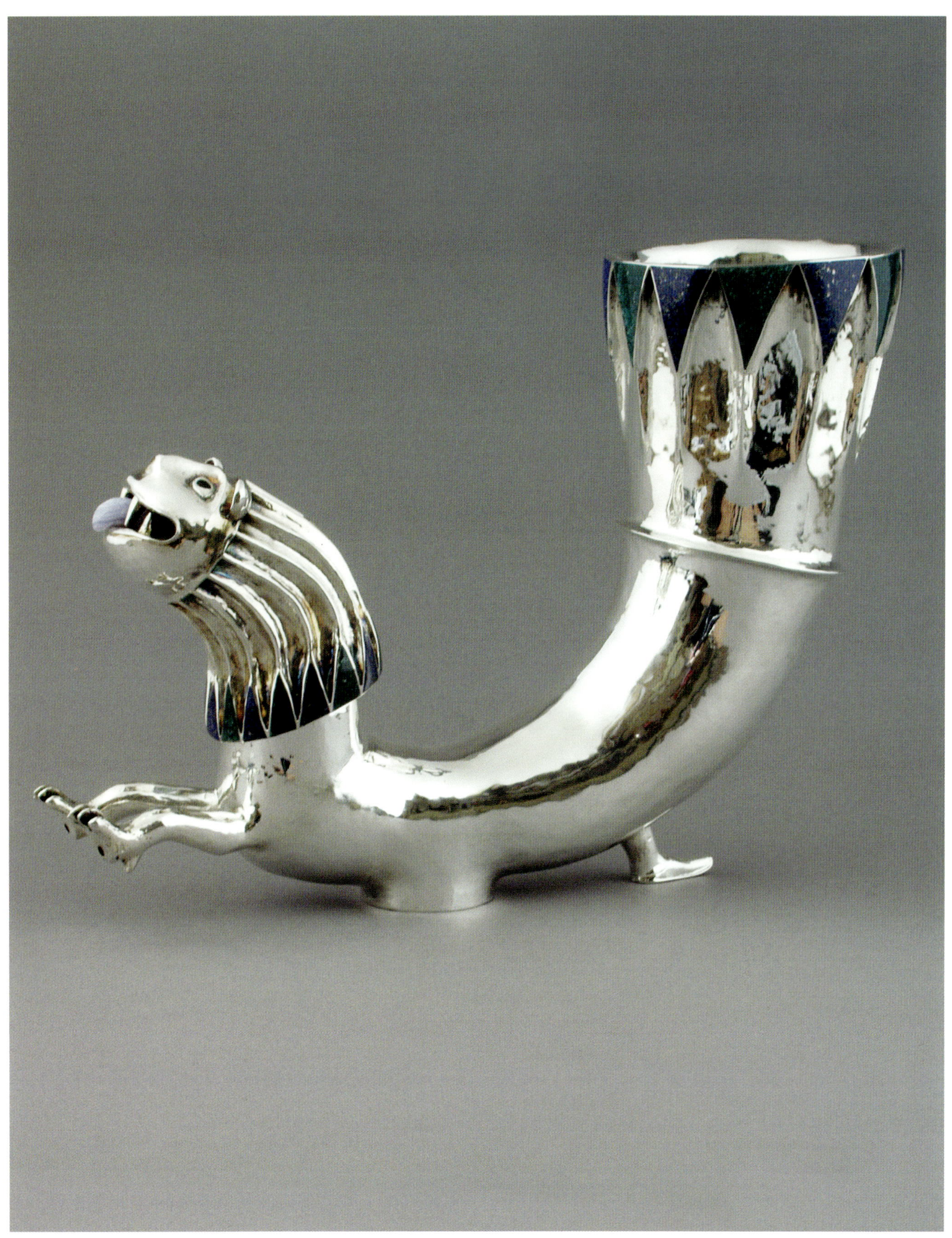

Kéras au lion persan, 2004
Argent, aventurine, sodalite ; 26 × 34 × 12 cm – Paris, Galerie Claude Bernard

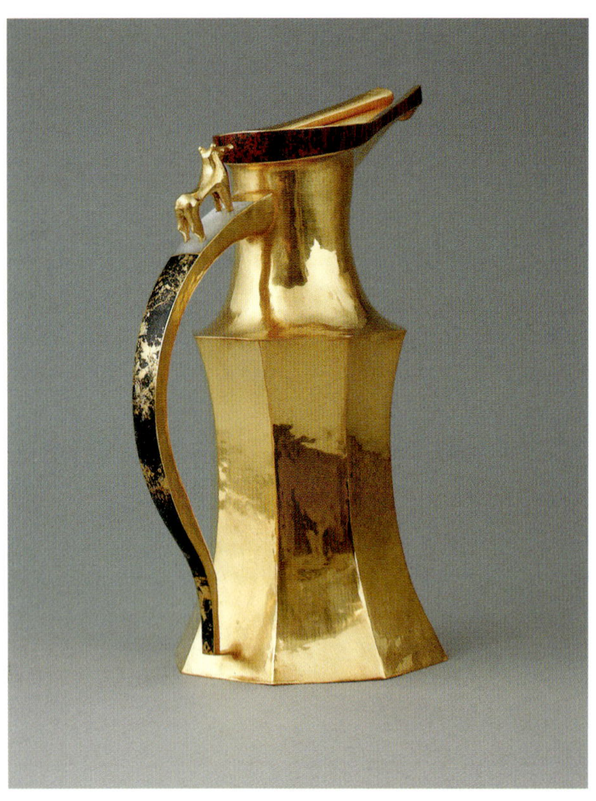

C ARAFE AU CERVIDÉ, 2002
Or 18 cts, jaspe, pyrite, nacre ;
23 × 11,5 × 11,5 cm – Collection particulière

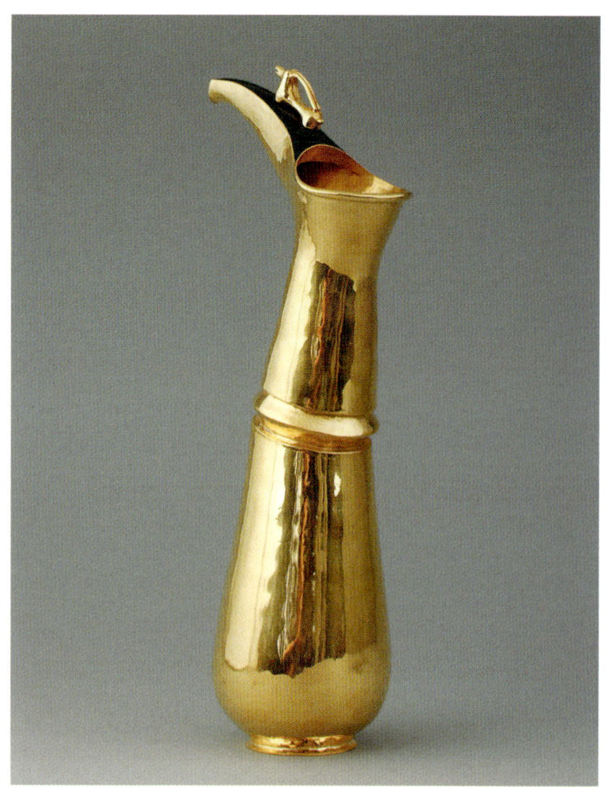

V ERSEUSE AU CERVIDÉ, 2002
Or 18 cts, serpentine ;
31 × 8 × 8 cm – Collection particulière

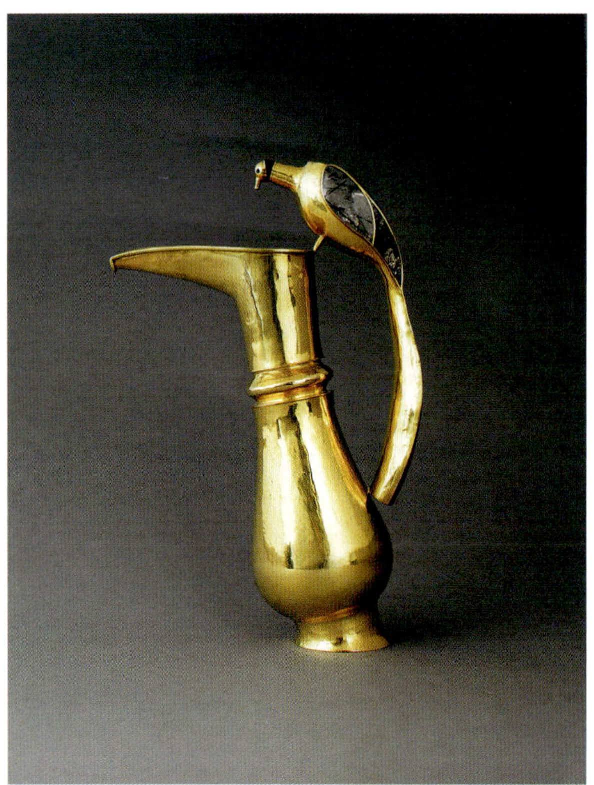

L'O ISEAU DE FEU, 2001
Or 18 cts, cristal avec inclusions de tourmaline, pyrite, jaspe, serpentine ;
30 × 18 × 18 cm – Collection particulière

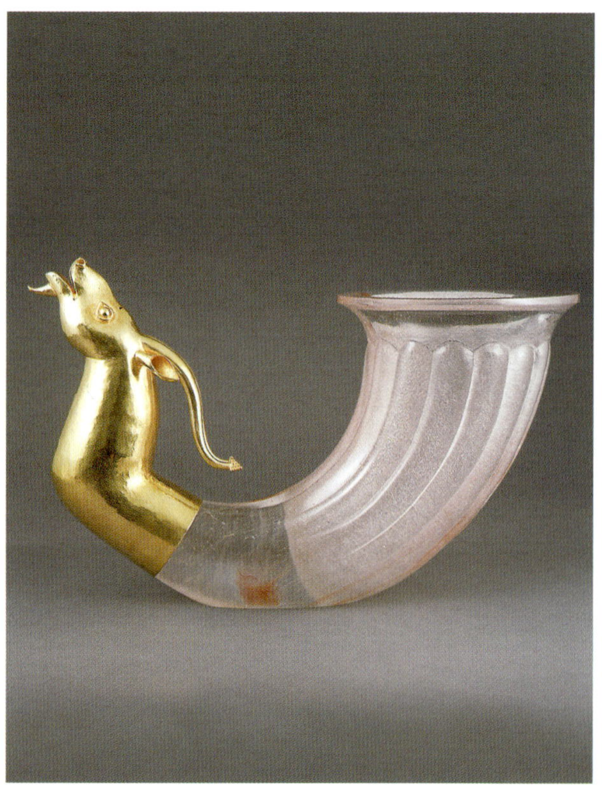

L A CORNE D'A MALTHÉE, 1995
Vermeil, pâte de verre à la cire perdue ;
30 × 44 × 20 cm – Nançay, Galerie Capazza

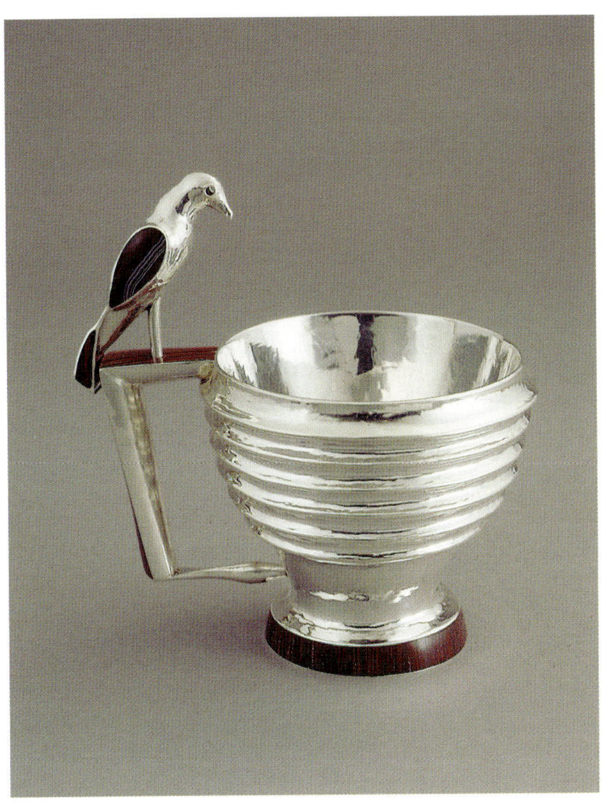

H ANAP À L'OISEAU, 1991
Argent, jaspe rouge, agate ; 17 × Ø 16 cm
Collection particulière

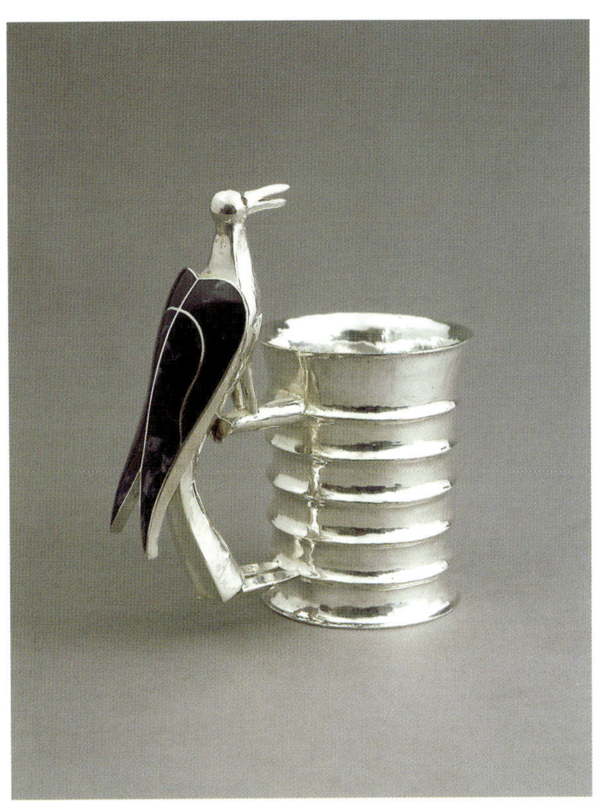

T ASSE CANNELÉE À L'OISEAU PERCHÉ, 1994
Argent, sodalite ; 18 × 17 × 9,8 cm
Cholet, collection de Mme Dollon

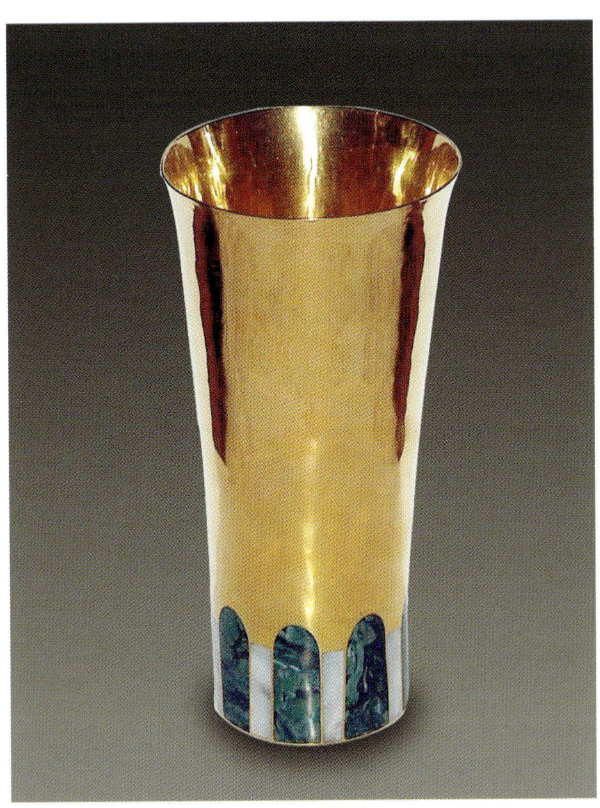

G OBELET PRINCIER, 2002
Or 18 cts, hémémorphite, nacre ; 15 × 8 × 5,5 cm
Collection particulière

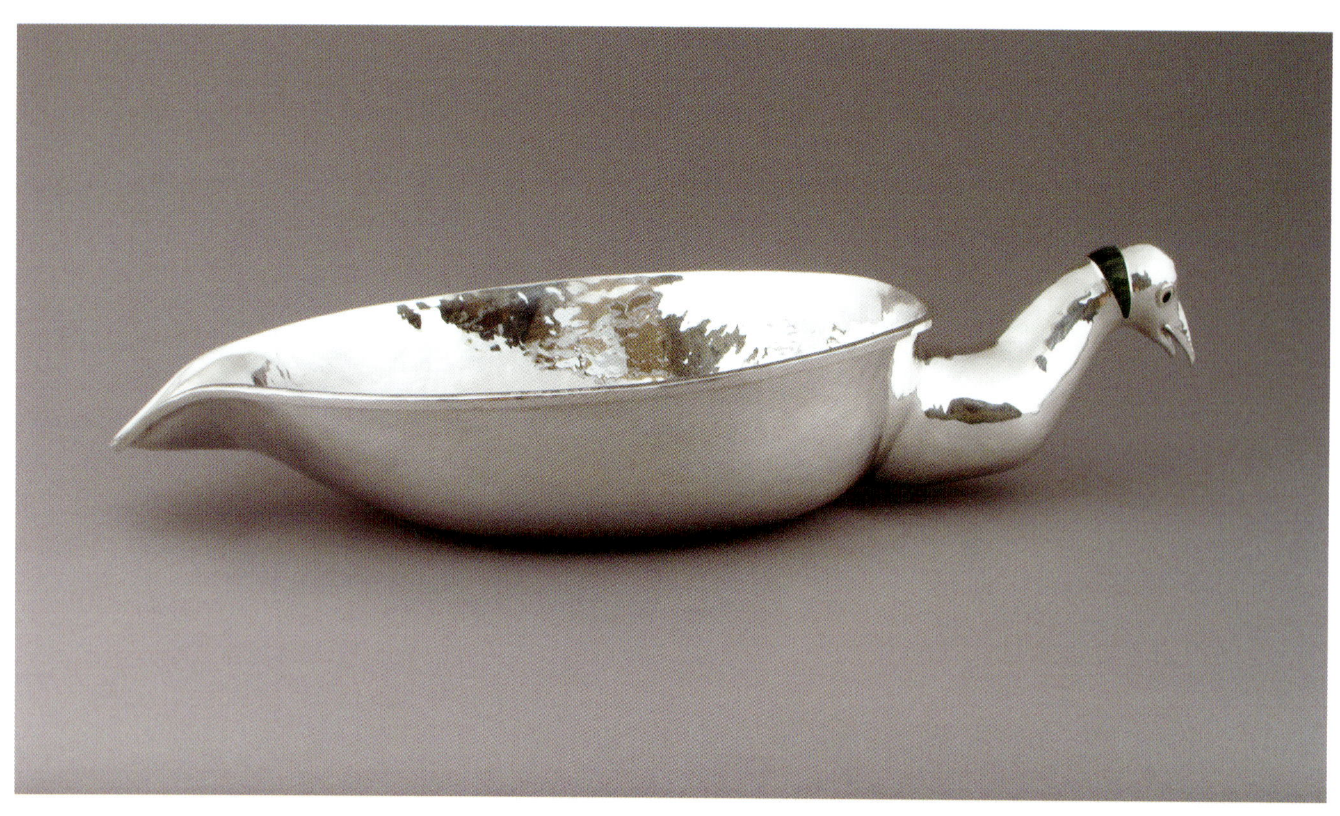

Coupe colombe, 2004
Argent, œil-de-faucon ; 12 × 55 × 27 cm
Paris, Galerie Claude Bernard

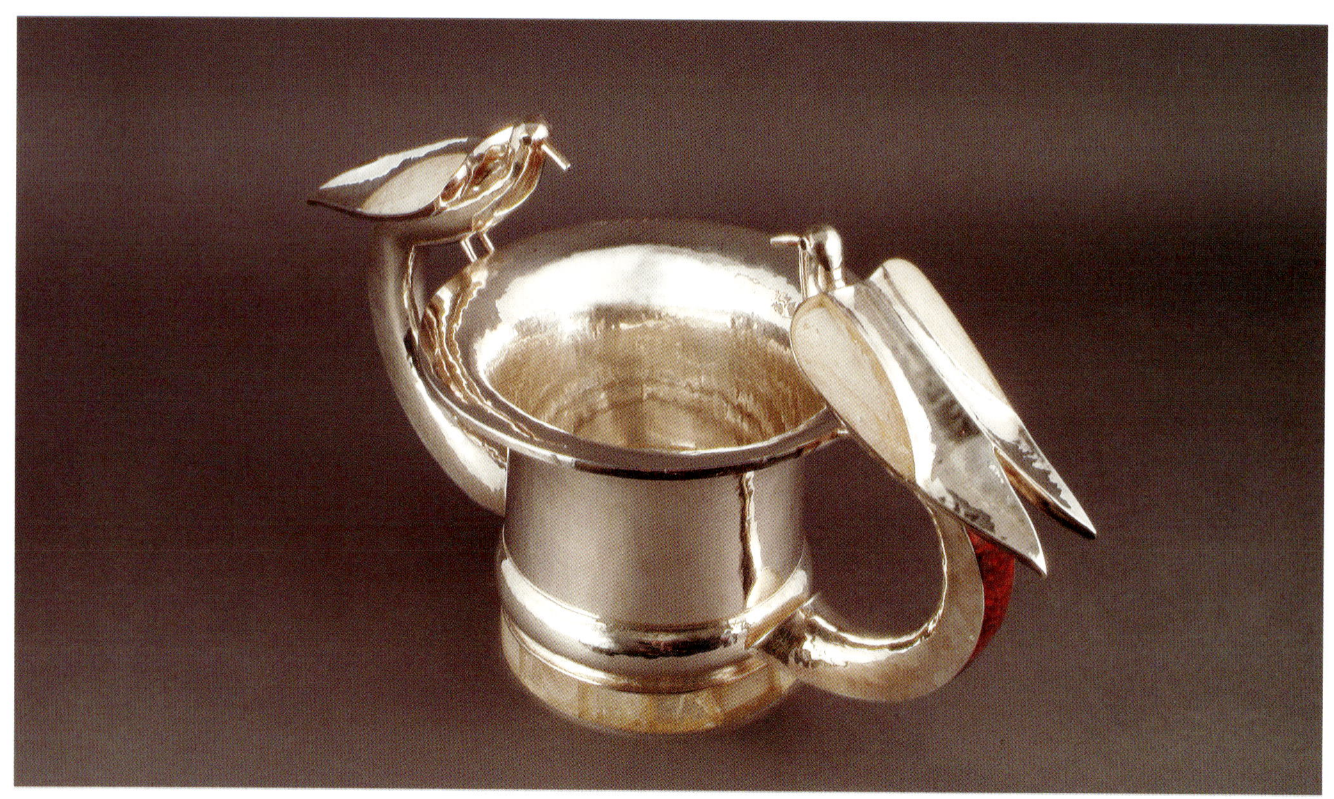

Canthare aux oiseaux, 2003
Argent, jaspe, cristal de roche ; 26 × 38 × 22 cm
Collection particulière

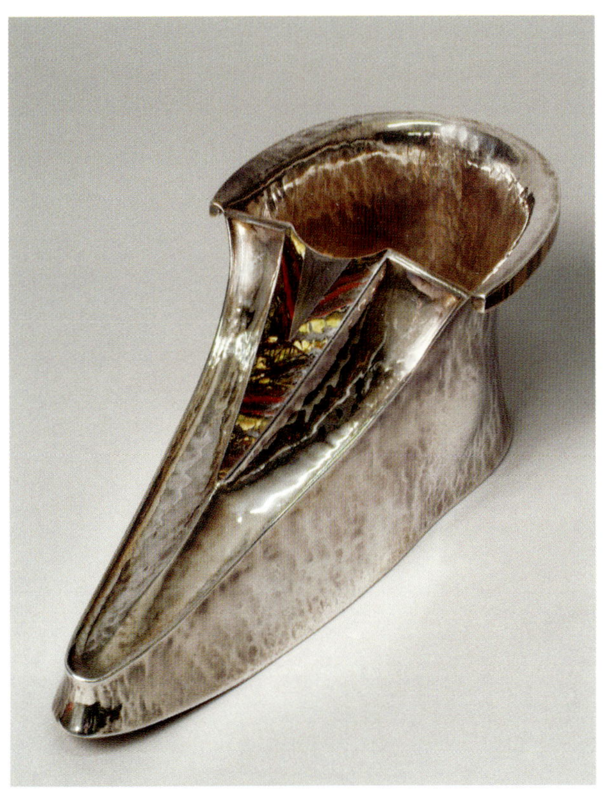

Rhyton en forme de bottine, 1993
Argent, œil-de-tigre ; 10 × 25 cm
Collection particulière

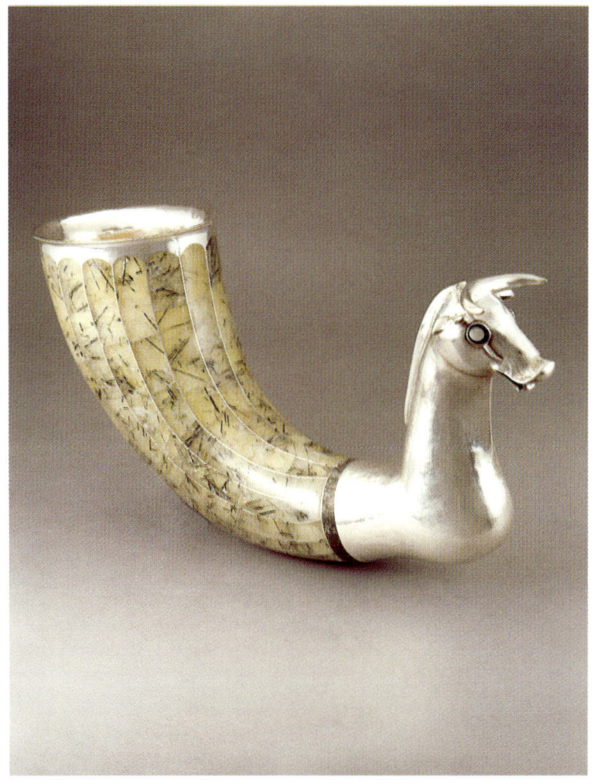

Rhyton à la tête de taurillon souriant, 2002
Argent, pyrite, cristal avec inclusions de tourmaline,
serpentine ; 28 × 55 cm – Collection particulière

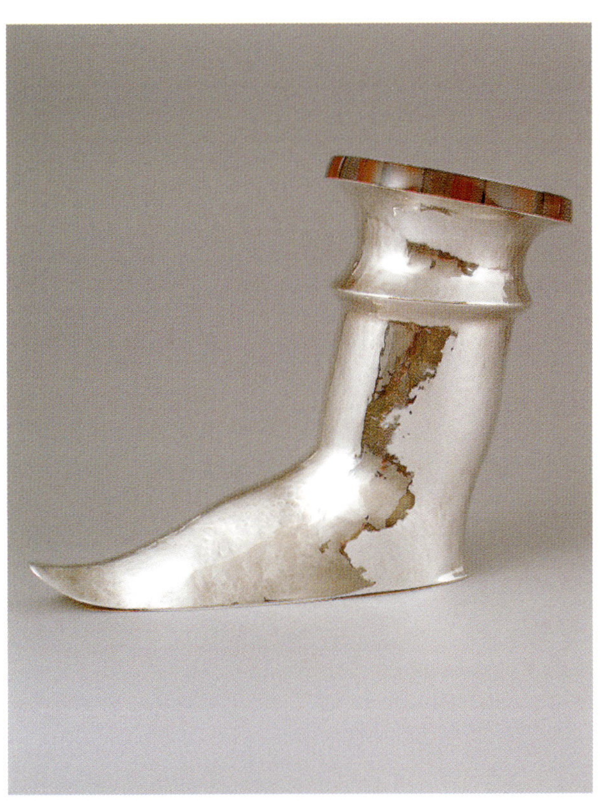

Rhyton en forme de poulaine, 1993
Argent, agate bicolore ; 22 × 24 cm
Collection particulière

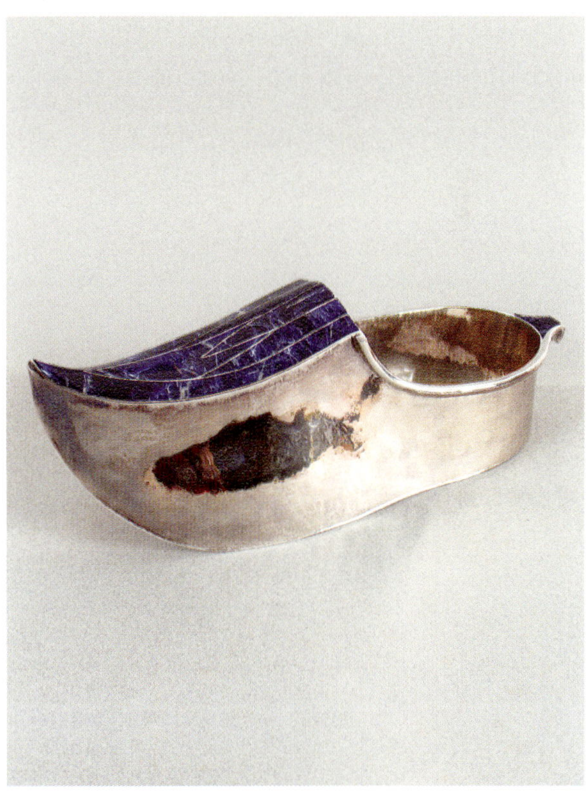

Rhyton en forme de sabot, 1993
Argent, sodalite ; 12 × 33 cm
Collection particulière

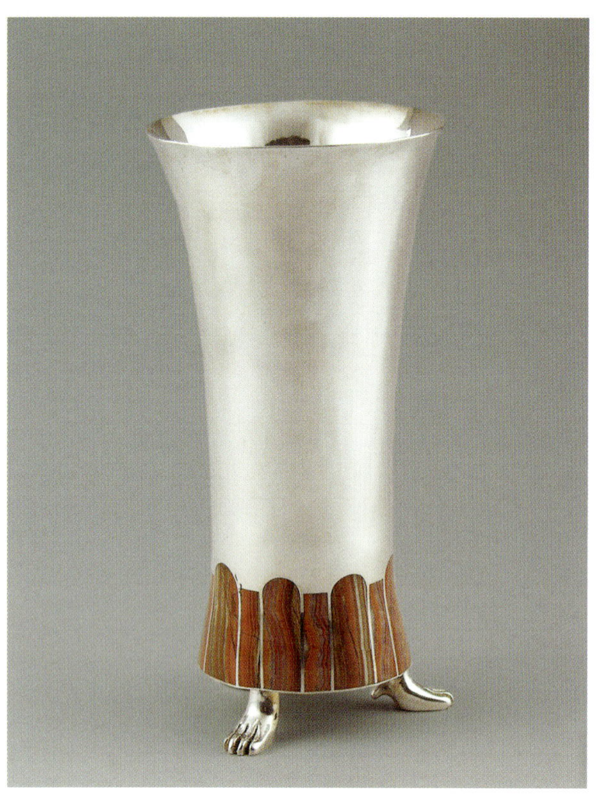

VASE TRIPODE, 2006
Argent, agate ; 23 × 12 × 12 cm
Paris, collection particulière

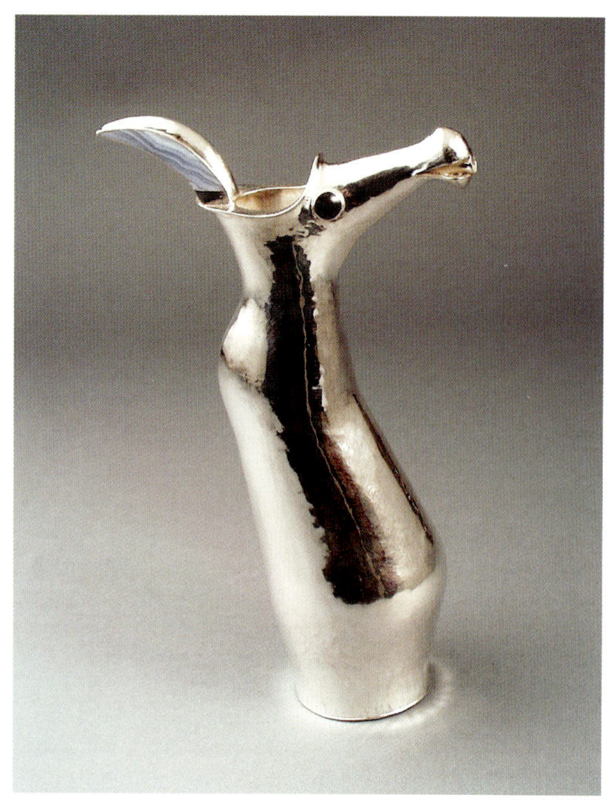

LE ZÉBU, VERSEUSE, 1998
Argent, serpentine, calcédoine ; 29 × 17 × 10 cm
Paris, Galerie Claude Bernard

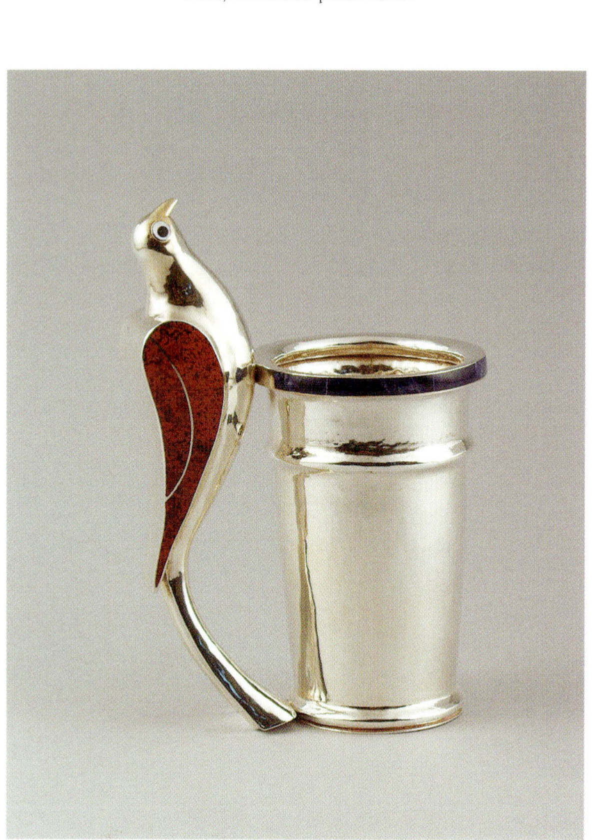

LE BEL OISEAU AUX AILES JASPÉES, 1999
Argent, jaspe, sodalite, nacre, ébène ; 31 × 8 × 8 cm
Collection particulière

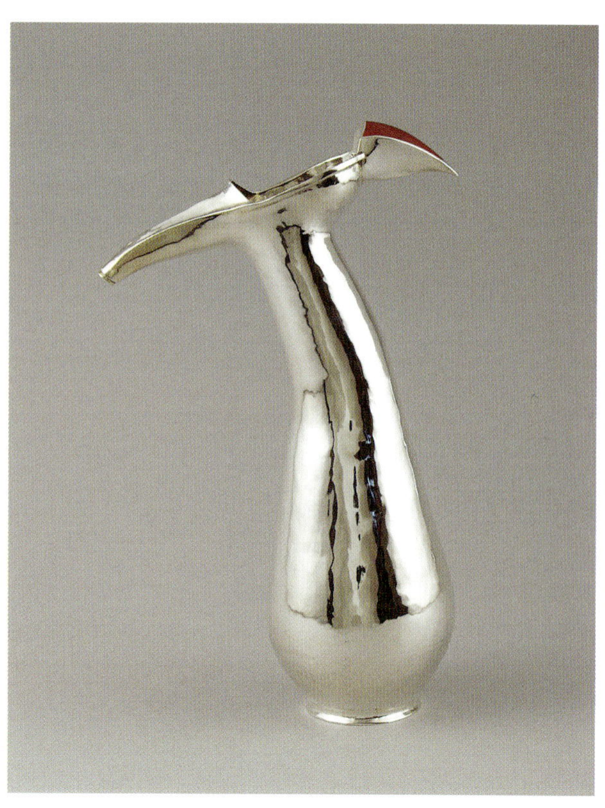

LE PIC ÉPEICHE, VERSEUSE, 1999
Argent, jaspe ; 27 × 17 × 10 cm
Collection particulière

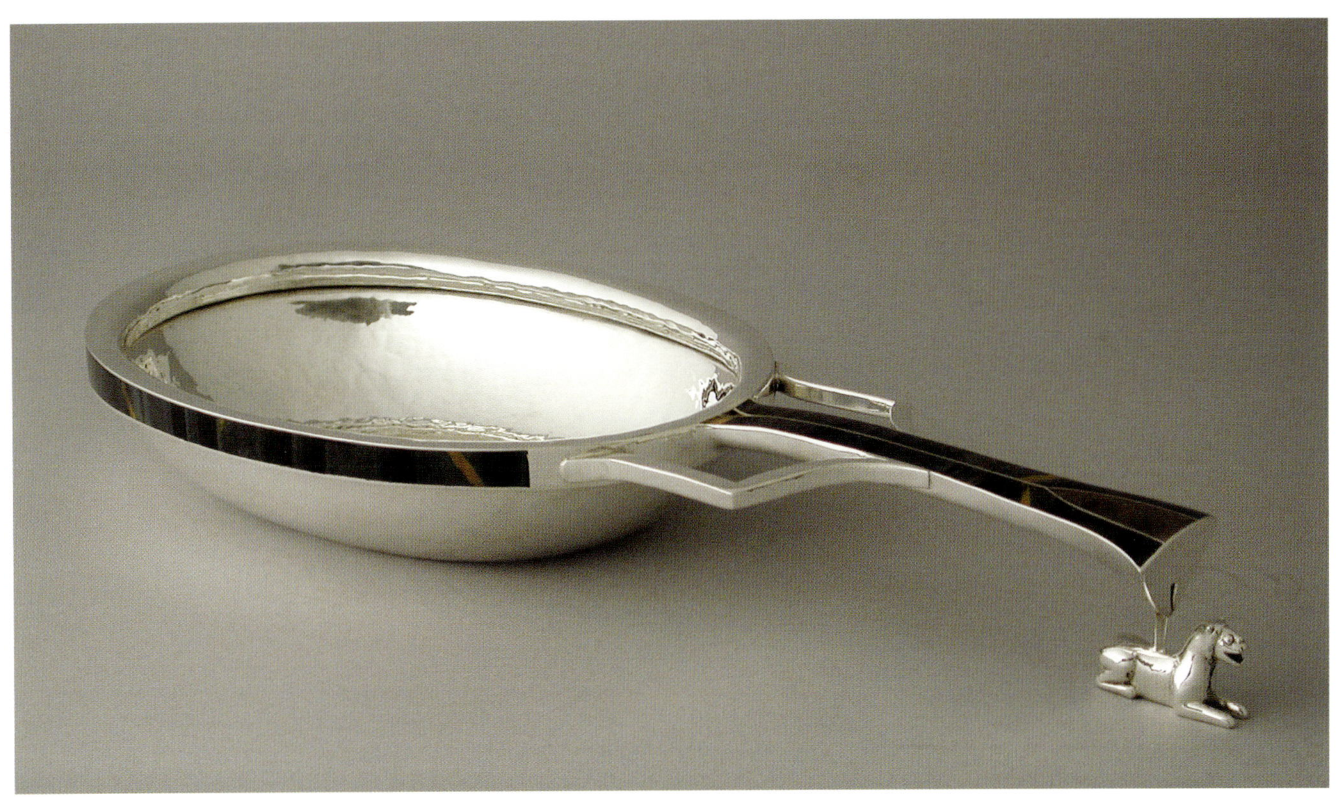

LA PATÈRE AU LION, 2006
Argent, œil-de-faucon, avec des inclusions de cristal de rutile ; 5,5 × 41 × 17 cm – Collection particulière

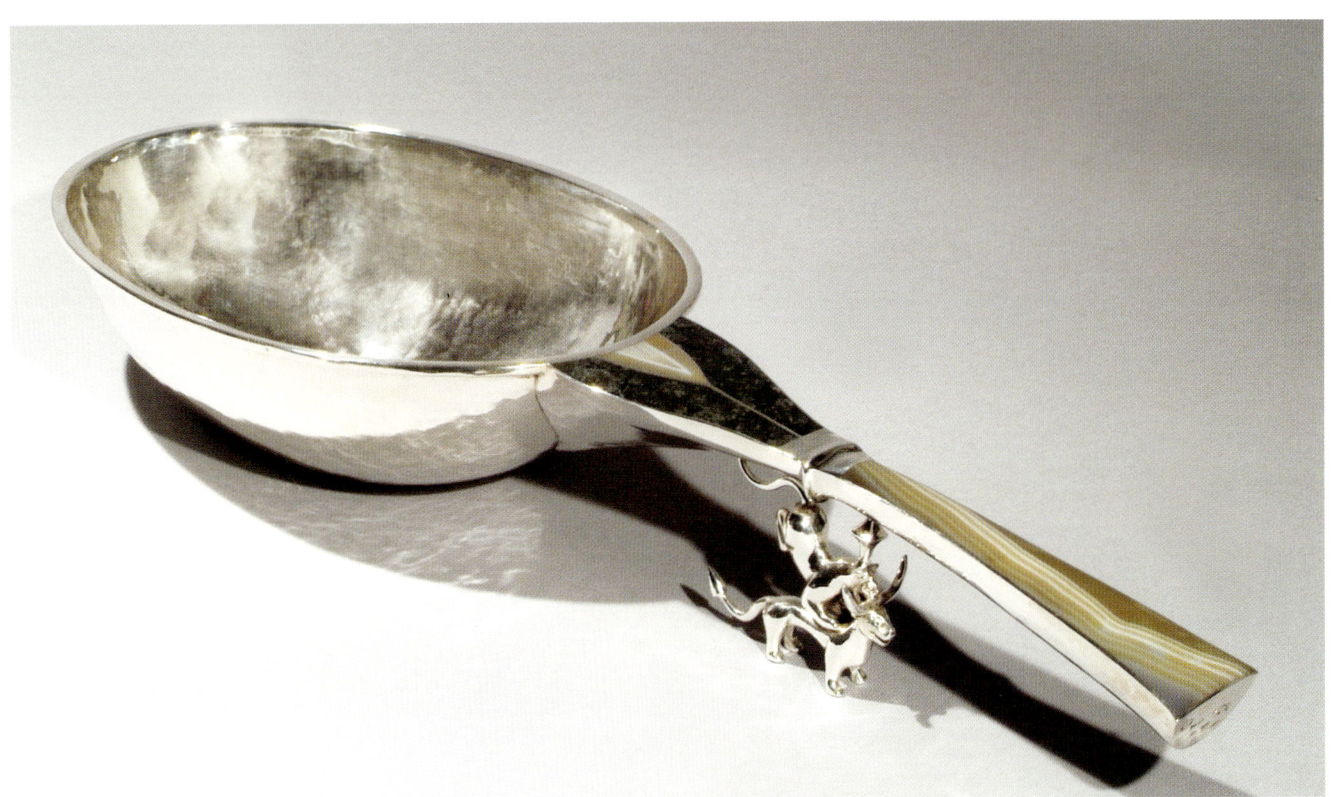

LA GRANDE PUISELLE À LA CHASSE DU LION, 2002
Argent, agate, pyrite ; 8 × 51 × 19 cm – Collection particulière

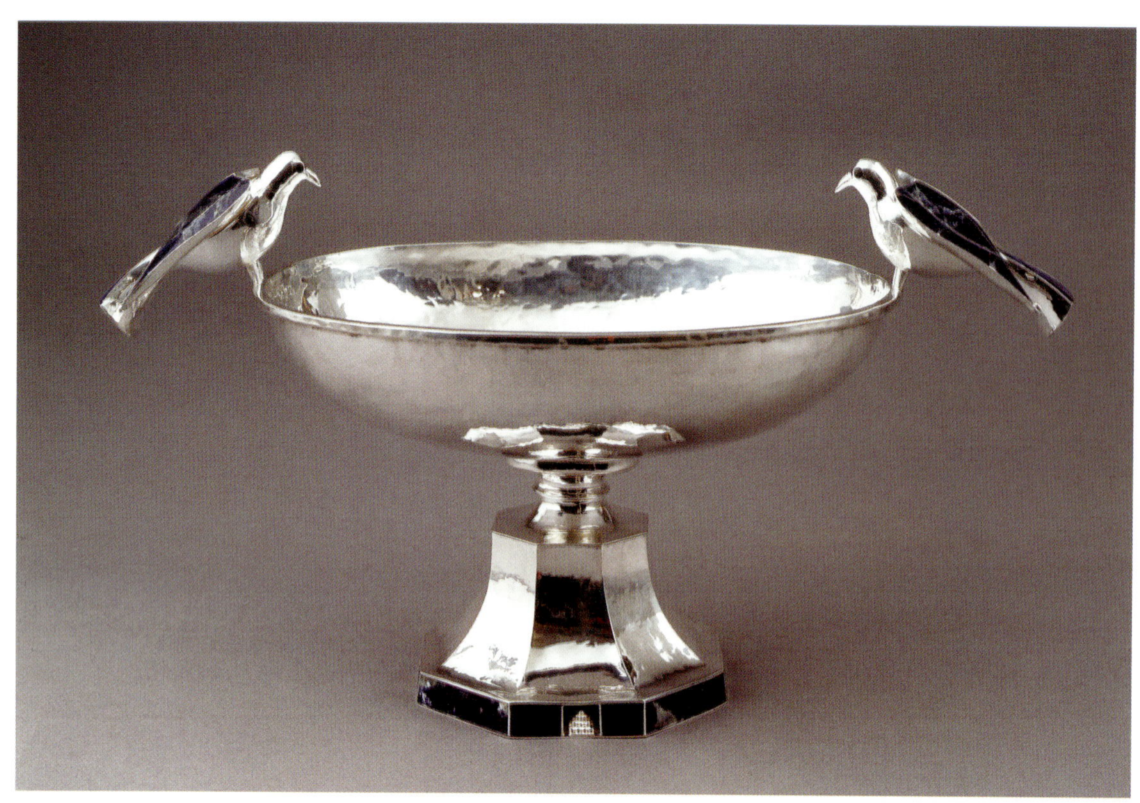

Coupe aux oiseaux bleus, 2001
Argent, sodalite ; 22,5 × 42 × 19,5 cm – Collection particulière

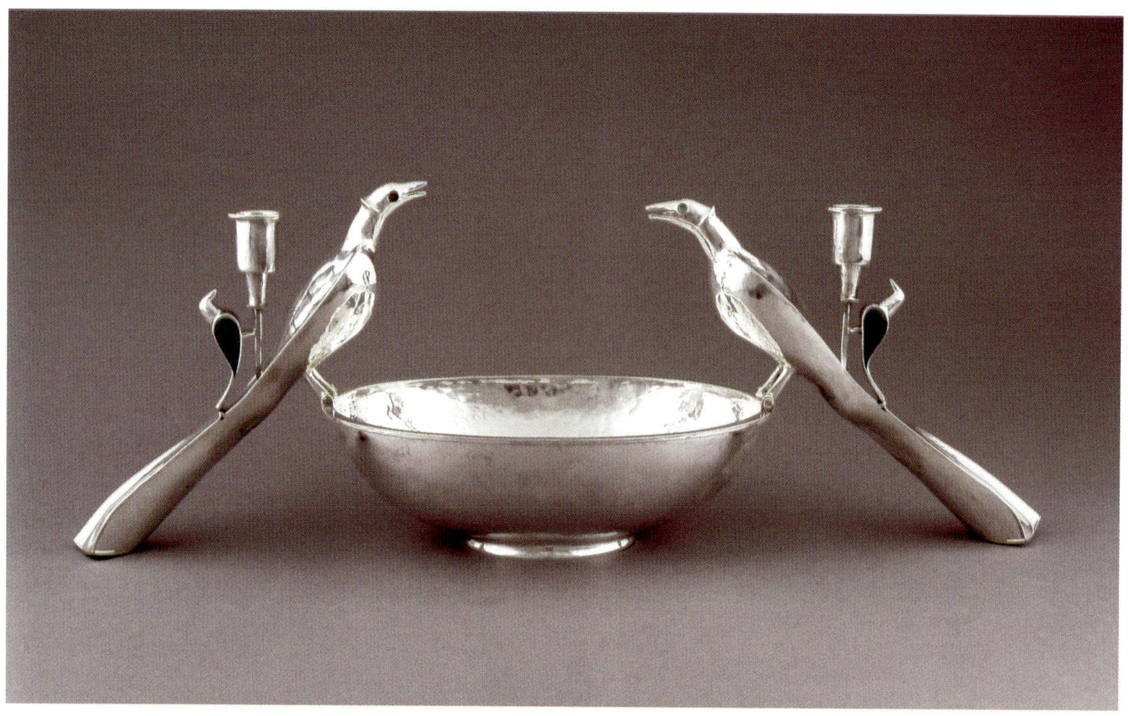

Coupe aux oiseaux lampadophores, 1997
Argent, nacre, aventurine ; 23 × 54 × 19 cm – Collection particulière

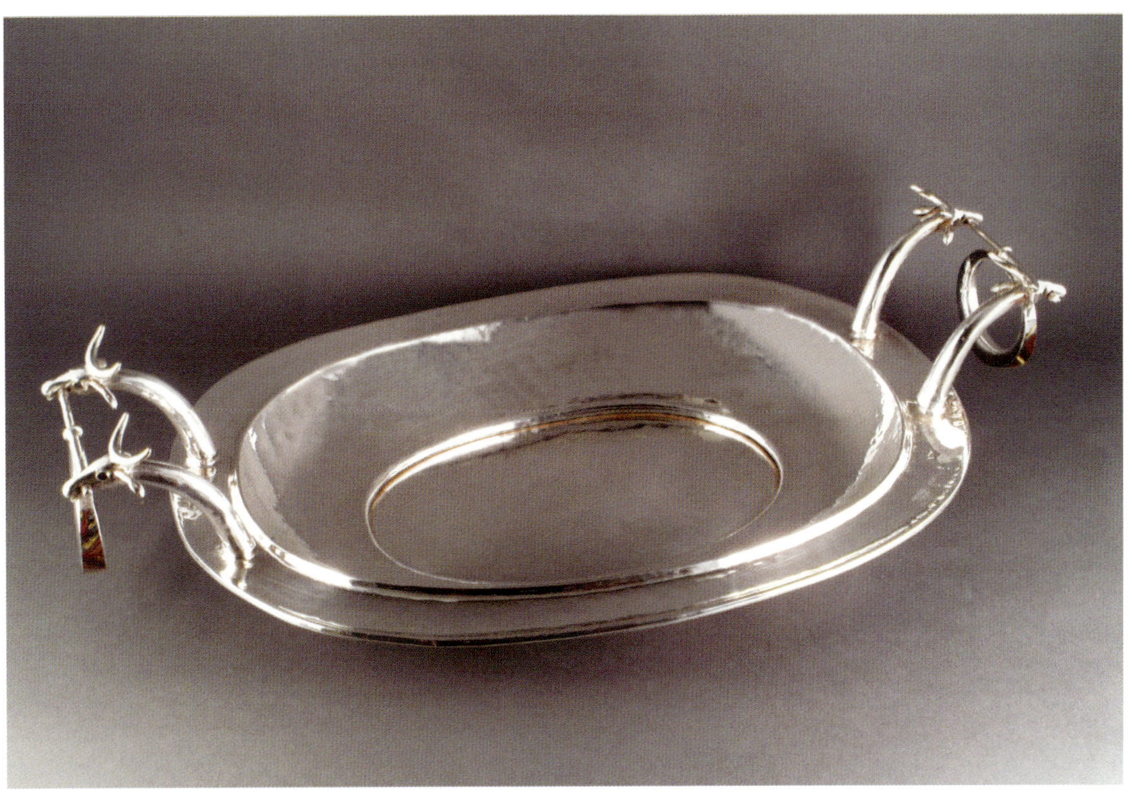

Le Lac des gazelles, 1998
Argent, œil-de-fer, ébène ; 19 × 81 × 49 cm – Collection particulière

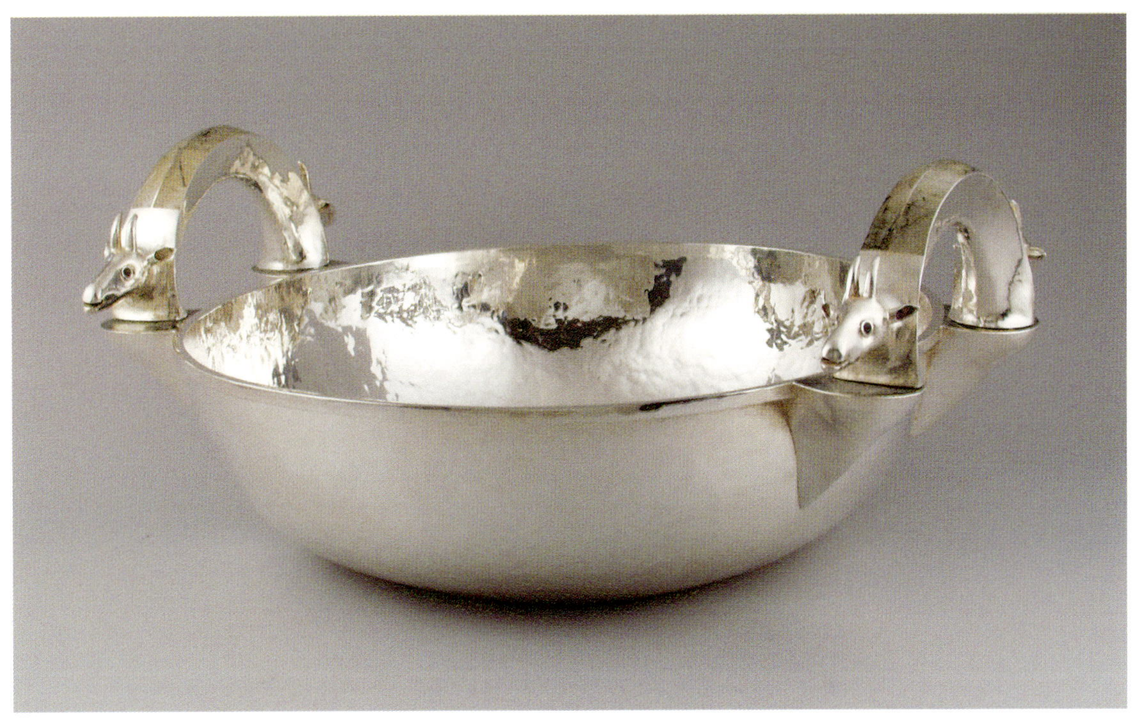

Les Cornillons, 2006
Argent, serpentine, cristal avec inclusions de tourmaline ; 21 × 46 × 41 cm – Paris, Galerie Claude Bernard

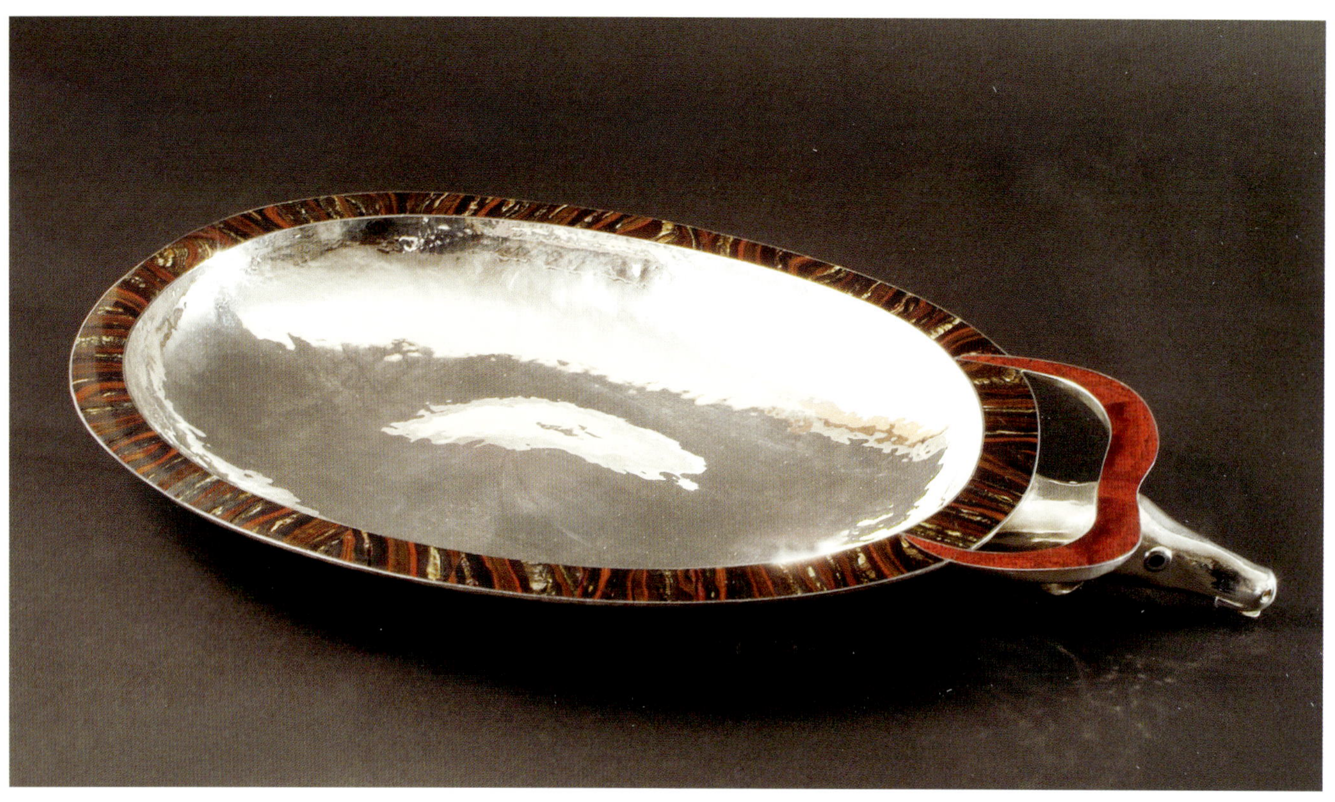

Le Taureau aux cornes de feu, 2002
Argent, œil-de-fer, jaspe ; 5,5 × 52,5 × 31,5 cm – Nançay, Galerie Capazza

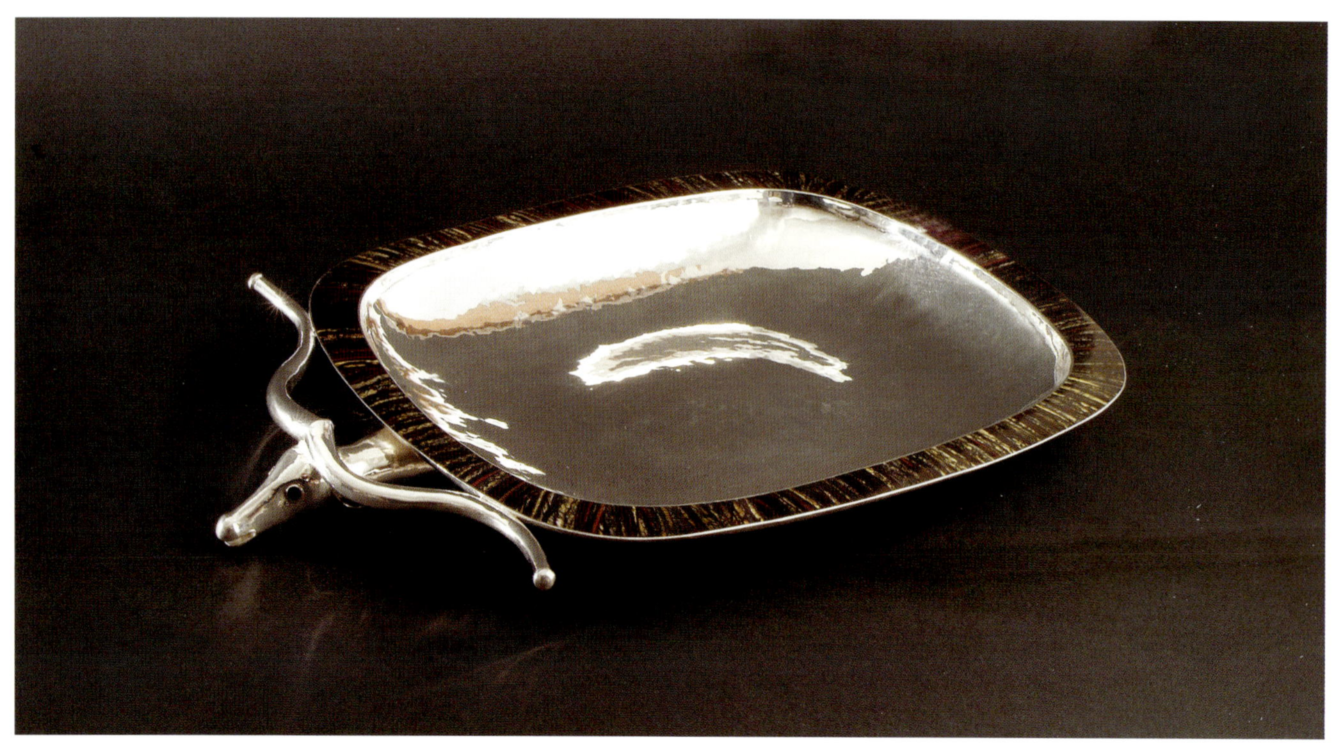

Plat ombiliqué à protomé de taureau, 2005
Argent, œil-de-fer ; 19 × 47 × 28,5 cm – Nançay, Galerie Capazza

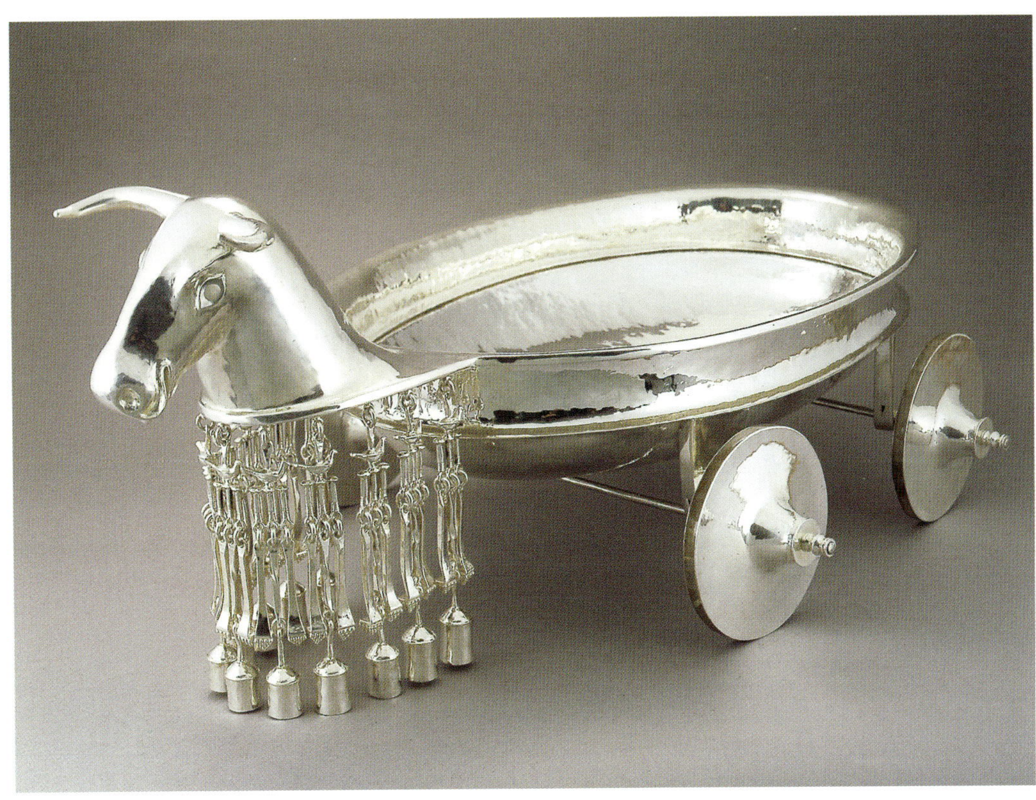

CHARIOT DE TABLE AU TAUREAU PARÉ, 1991
Argent, cristal de roche à inclusions dorées de rutile ; 29 × 75 × 47 cm – Collection particulière

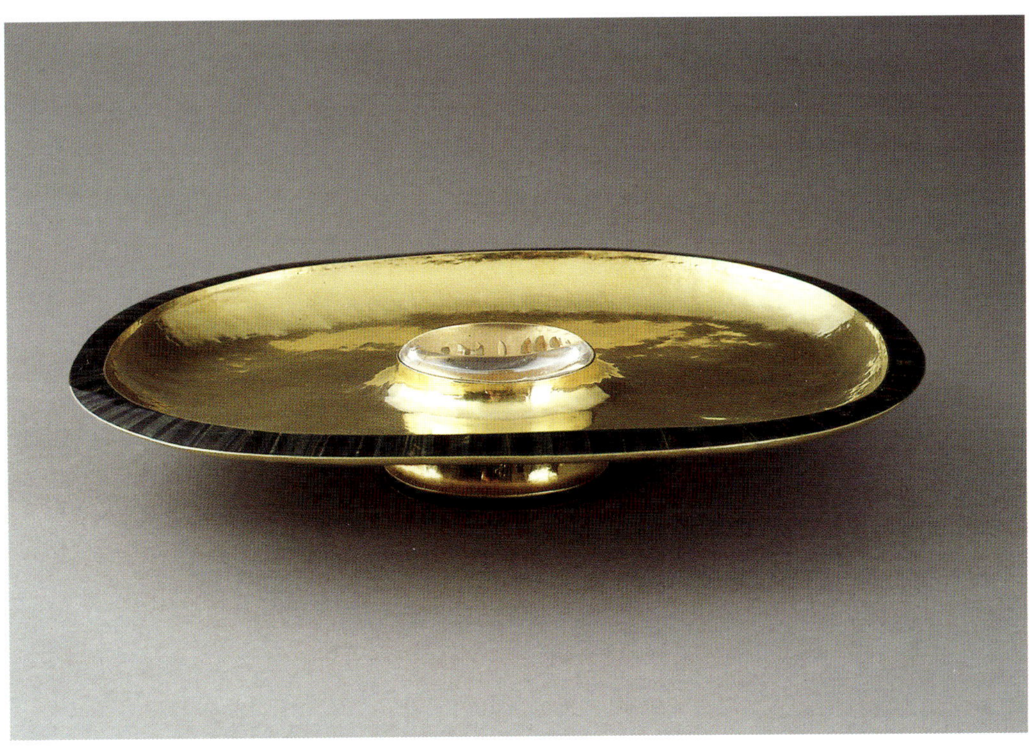

LE BRAME, 2001
Or 18 cts, œil-de-faucon, cristal de roche ; 6 × 33 × 25 cm – Luxembourg, collection Vogel-Molitor

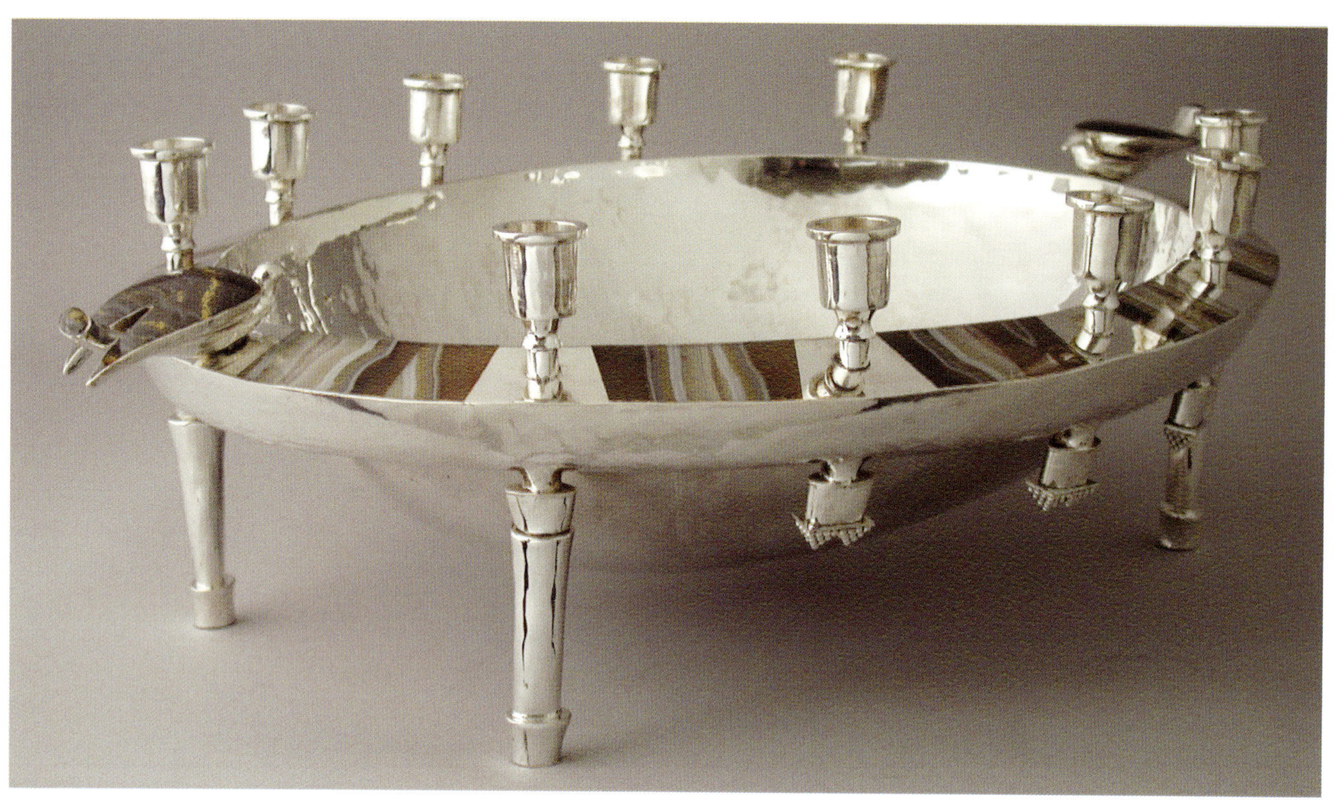

Couronne lampadophore aux oiseaux, milieu de table, 2006
Argent, agate, œil-de-fer ; 17 × 54 × 38 cm – Collection particulière

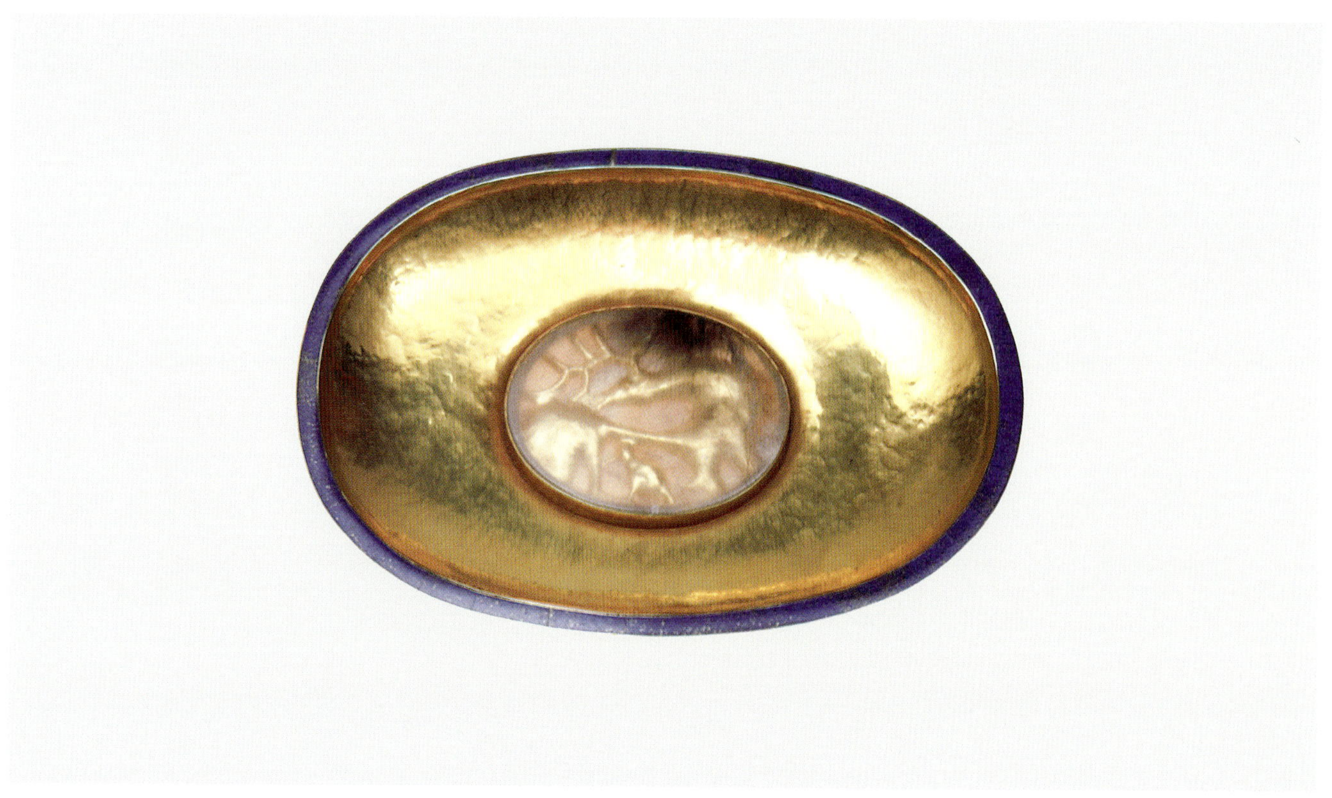

Coupe au cerf givré, 1991
Or 18 cts, lapis-lazuli, cristal avec inclusions de rutile, agate ; 5,5 × 28 cm – Belgique, collection particulière

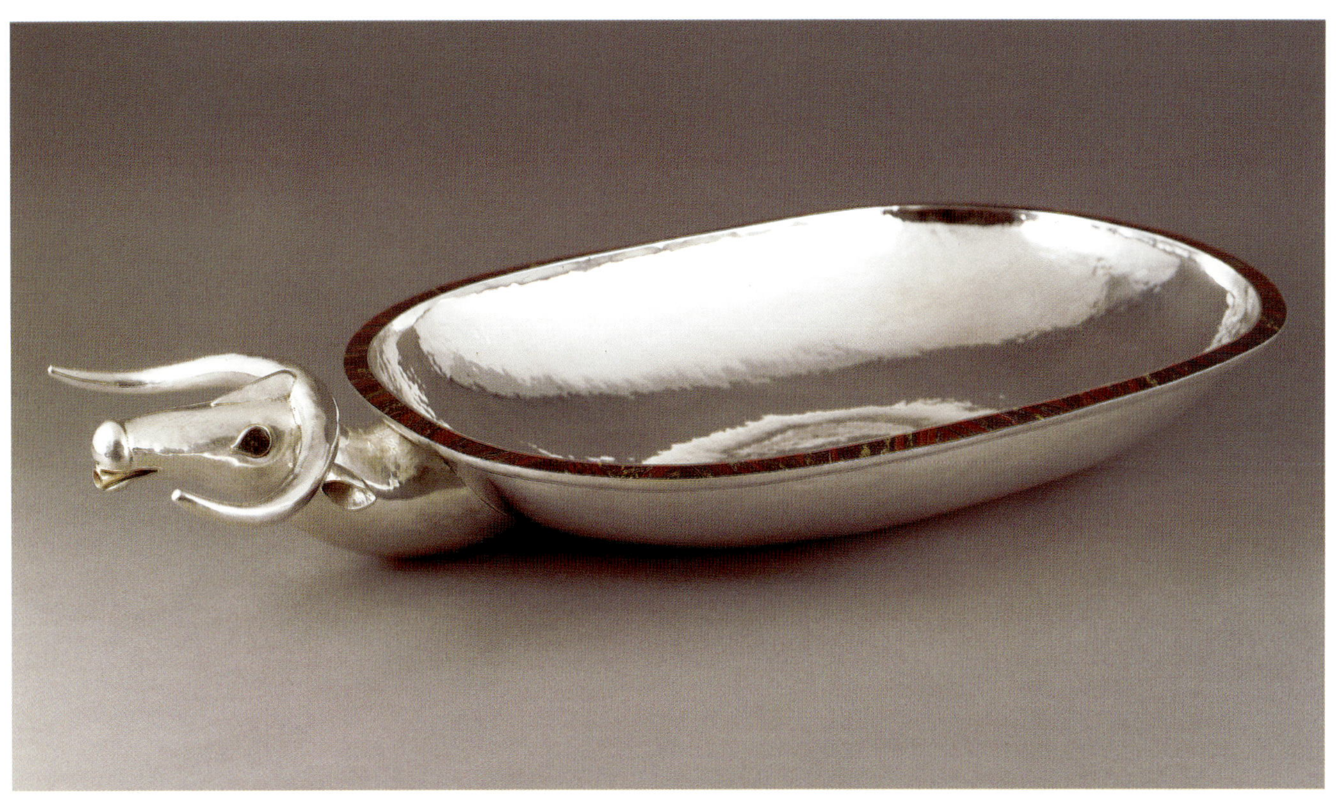

Taurus, 2006

Argent, œil-de-fer, serpentine ; 8 × 60 × 34 cm – Collection particulière

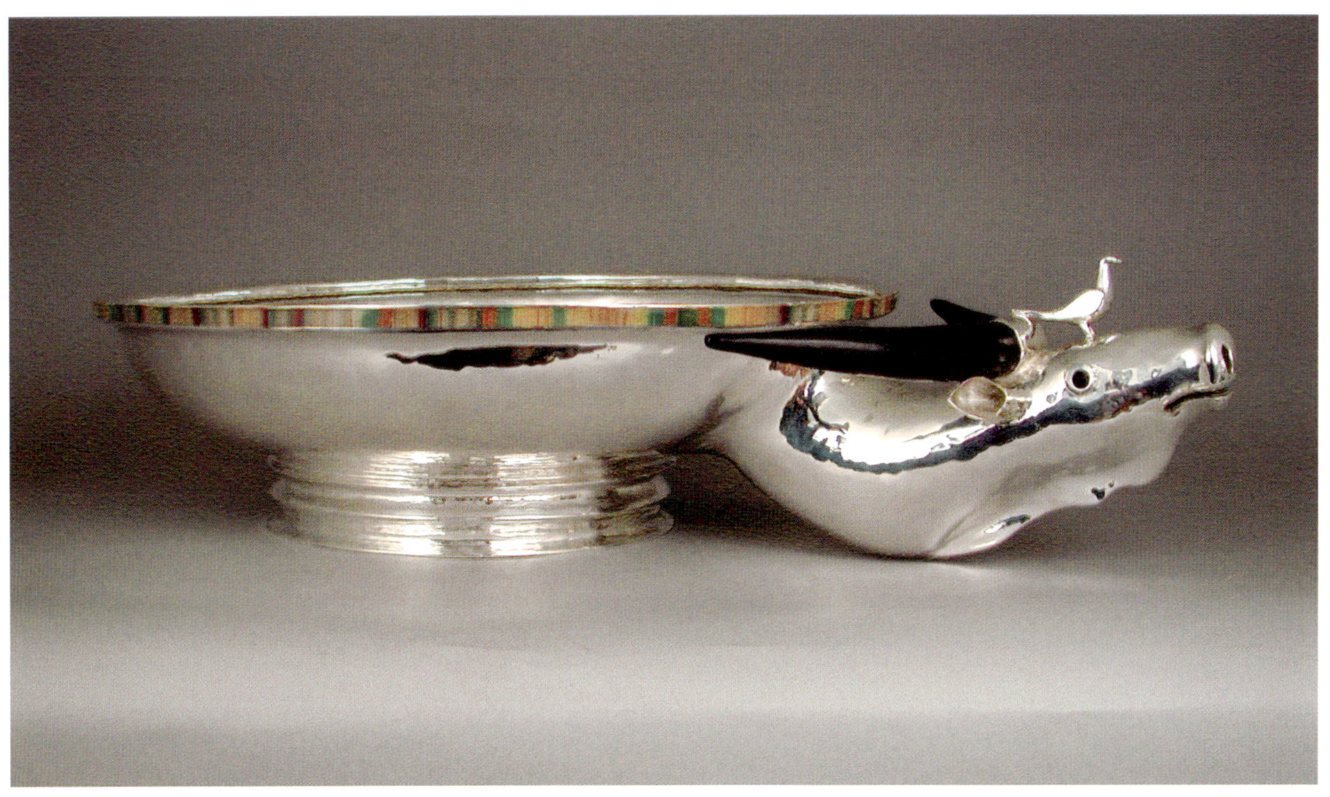

Vasque à protomé de taureau aux cornes d'ébène, 2002

Argent, jadéite, ébène, nacre ; 12 × 54 × 35 cm – Bernard et Sylvie Berthod-Rambaud

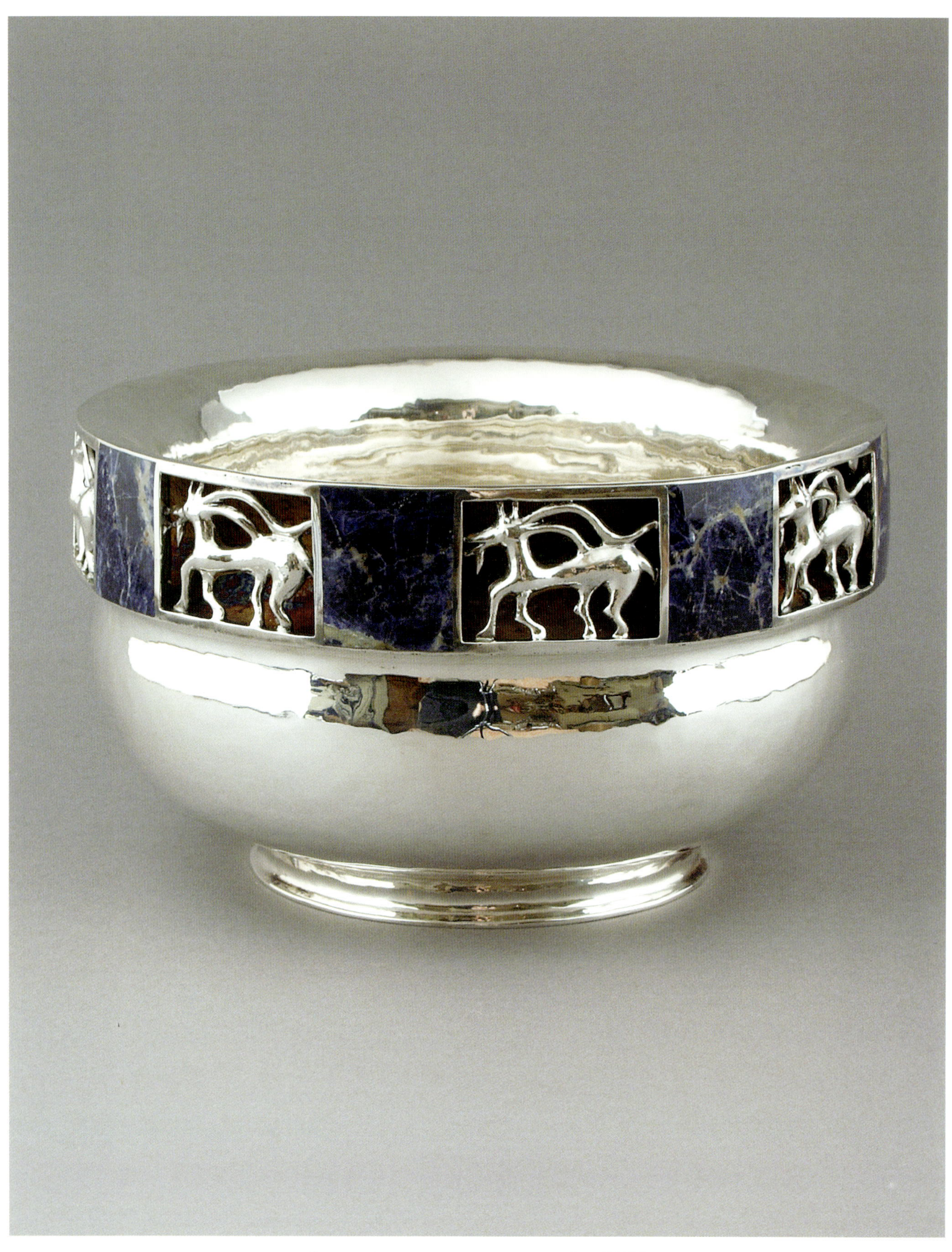

Coupe à la ronde de cervidés, 2004
Argent, sodalite ; 14 × 25 × 24 cm – Collection particulière

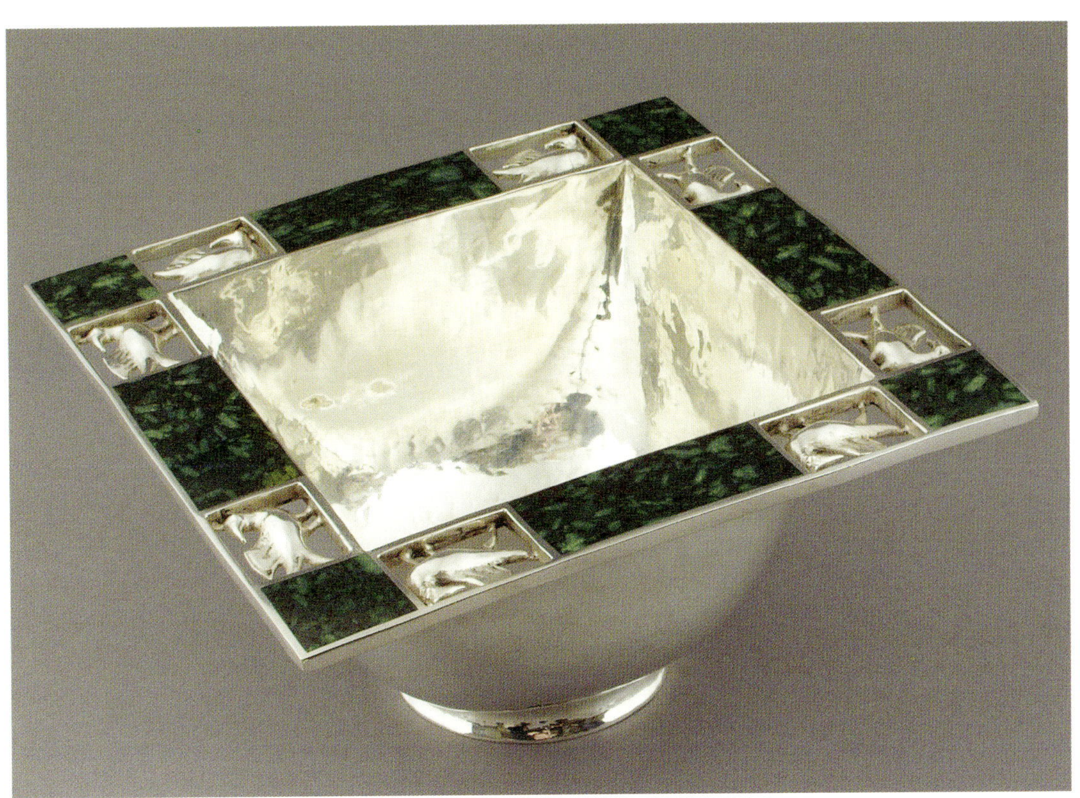

COUPE AUX OISEAUX DE PARADIS, 2004
Argent, porphyre ; 11 × 22 × 22 cm – Paris, Galerie Claude Bernard

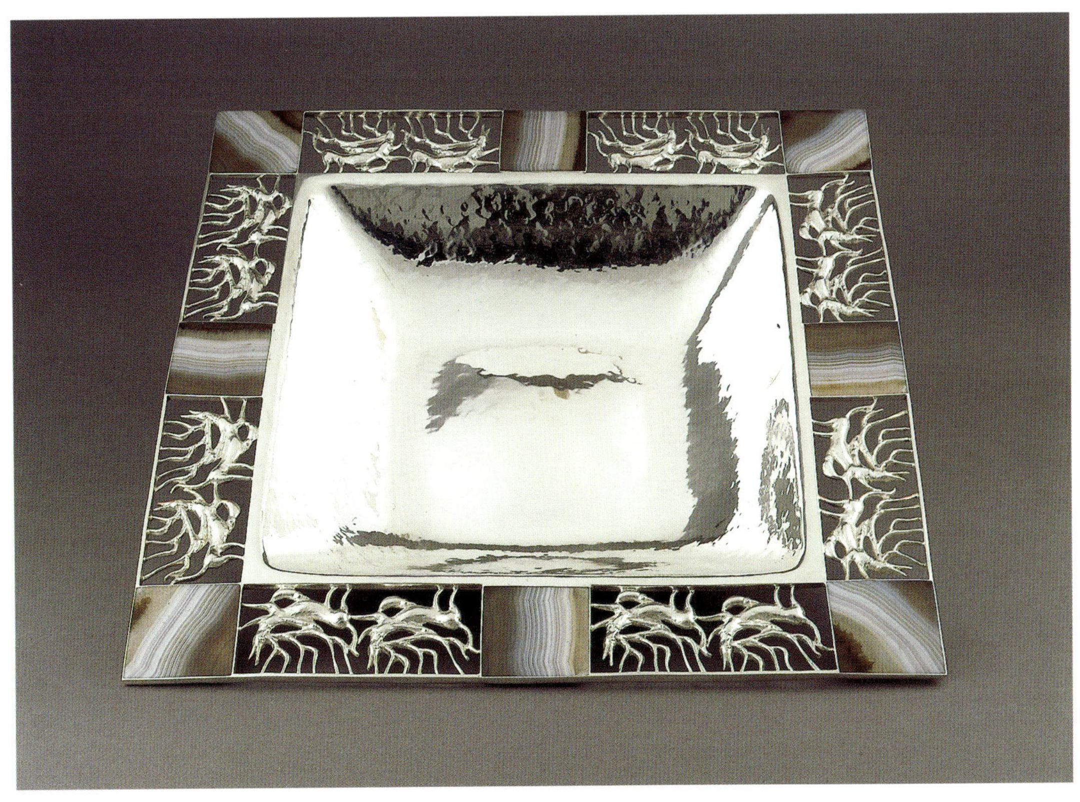

LA GRANDE HARDE, 1995
Argent, agate ; 6,5 × 41 × 41 cm – Collection particulière

*Objets
imaginaires
d'un monde réel*

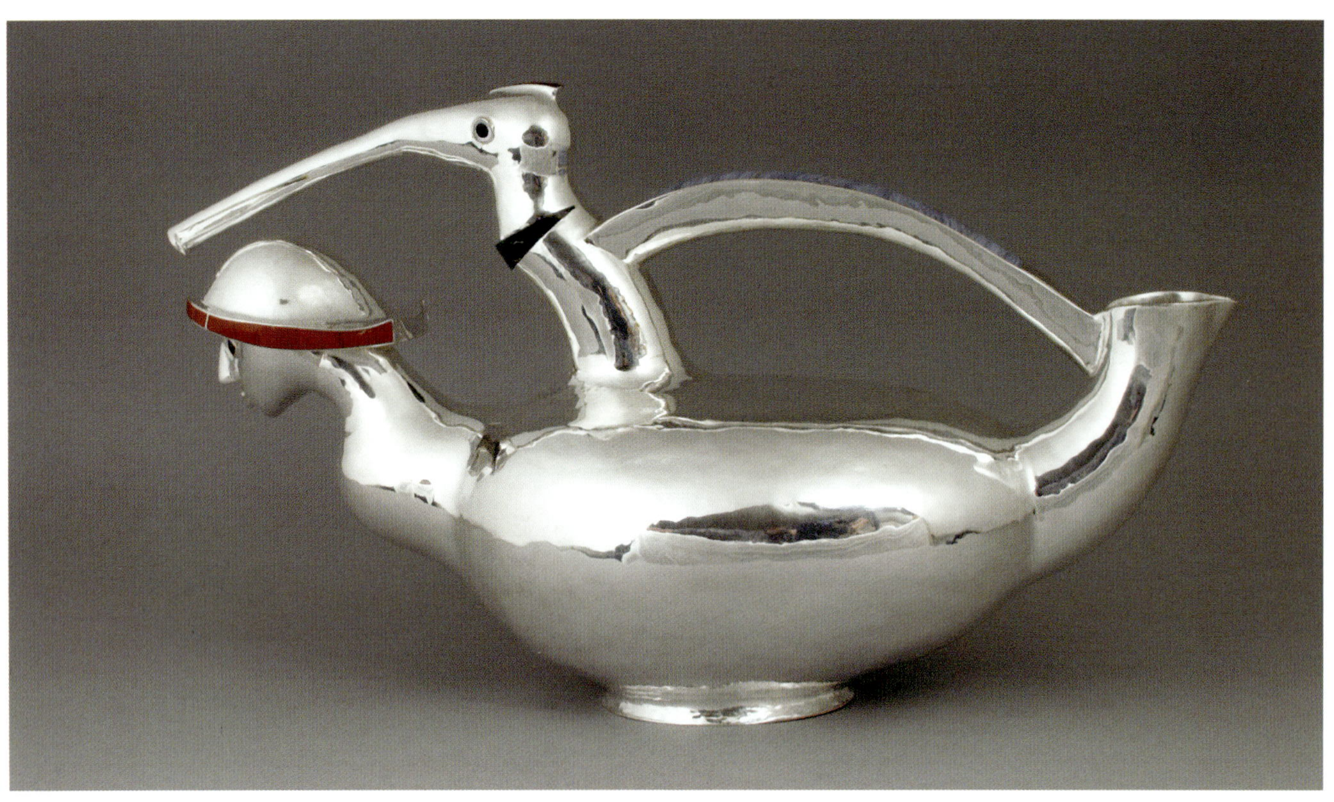

Askos à la bécasse, 2003
Argent, jaspe, serpentine, calcédoine, nacre ; 26 × 45 × 18 cm – Paris, Galerie Claude Bernard

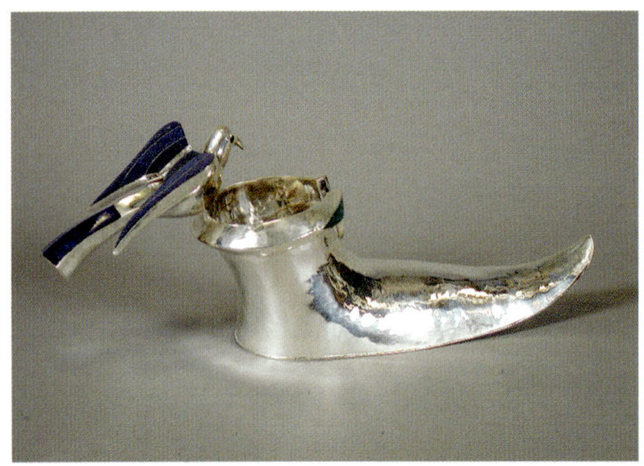

La Poulaine à l'oiseau, 2002
Argent, lapis-lazuli ; 11 × 34 × 9 cm
Collection particulière

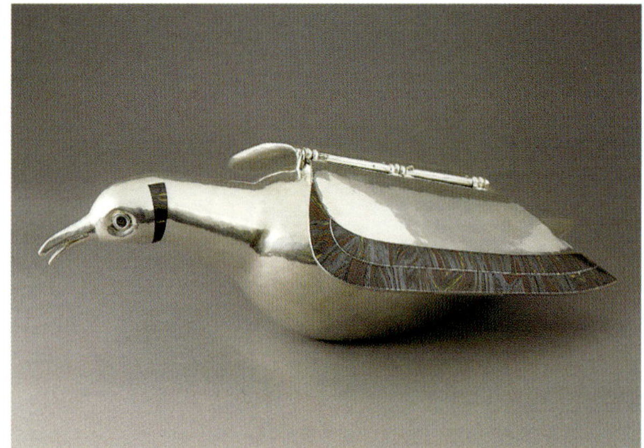

L'Oiseau aux ailes pavées d'œil-de-fer, 1999
Argent, œil-de-fer ; 15 × 40 × 20 cm
Collection particulière

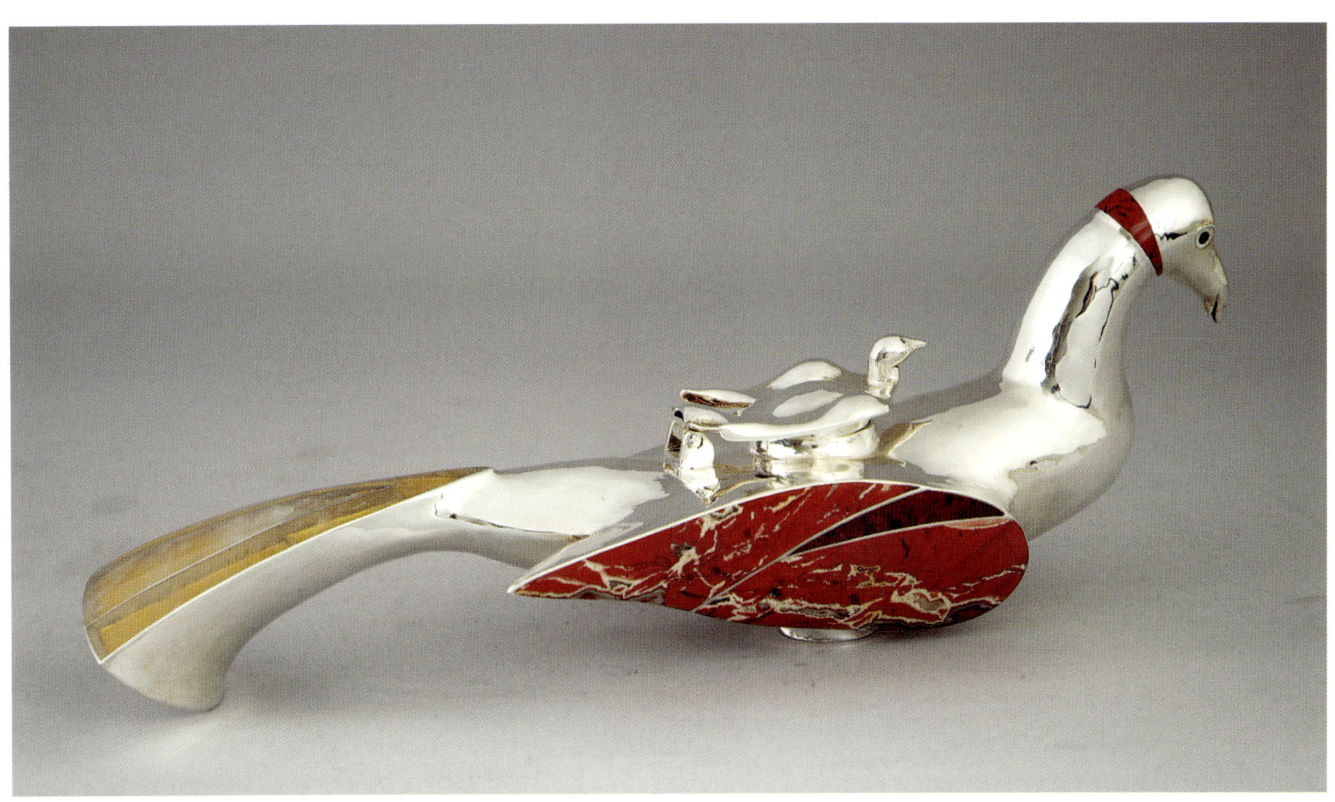

La Mère et l'enfant, oiseau-lampadophore, 2006
Argent, jaspe, cristal de roche ; 13 × 30 × 8 cm – Collection particulière

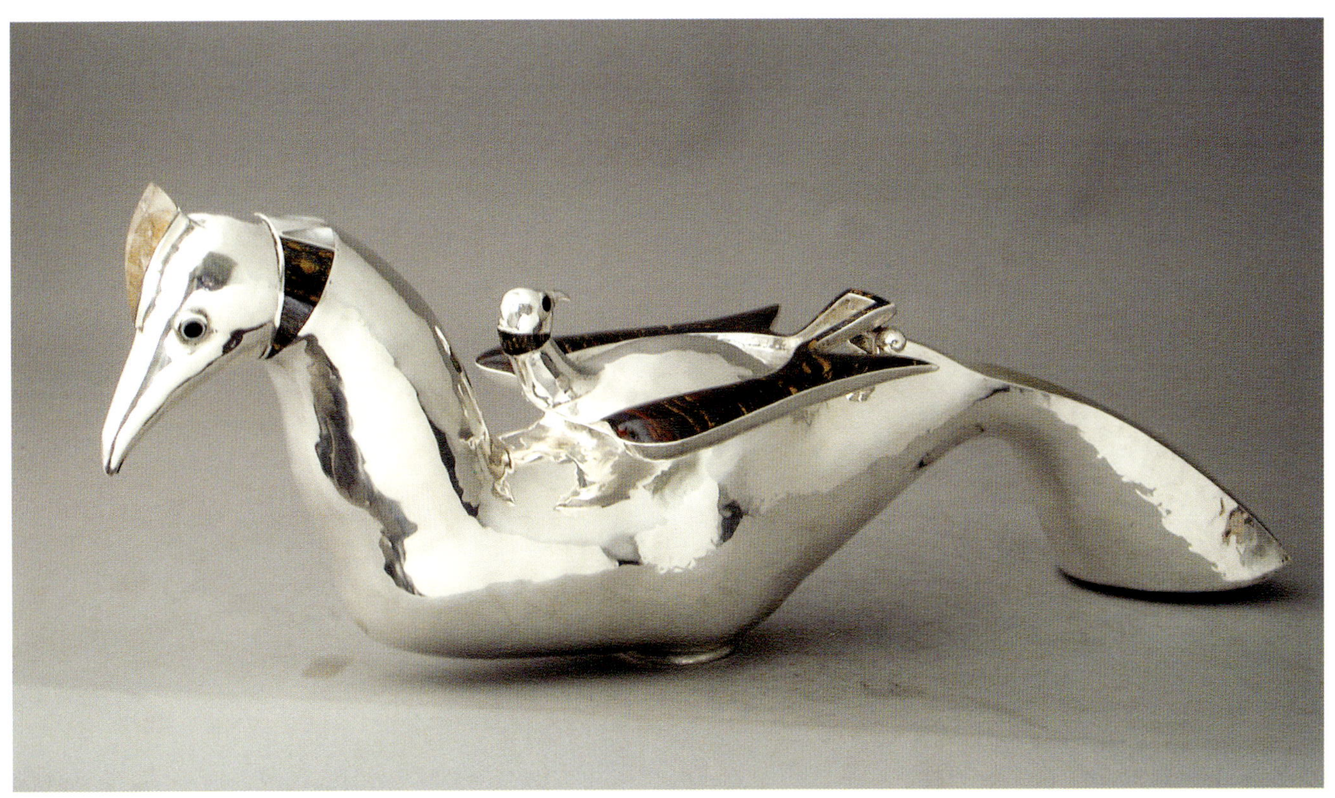

Le Barbican à l'enfant lampadophore, 2006
Argent, cristal givré, œil-de-fer, nacre ; 17,5 × 46 × 13 cm – Nançay, Galerie Capazza

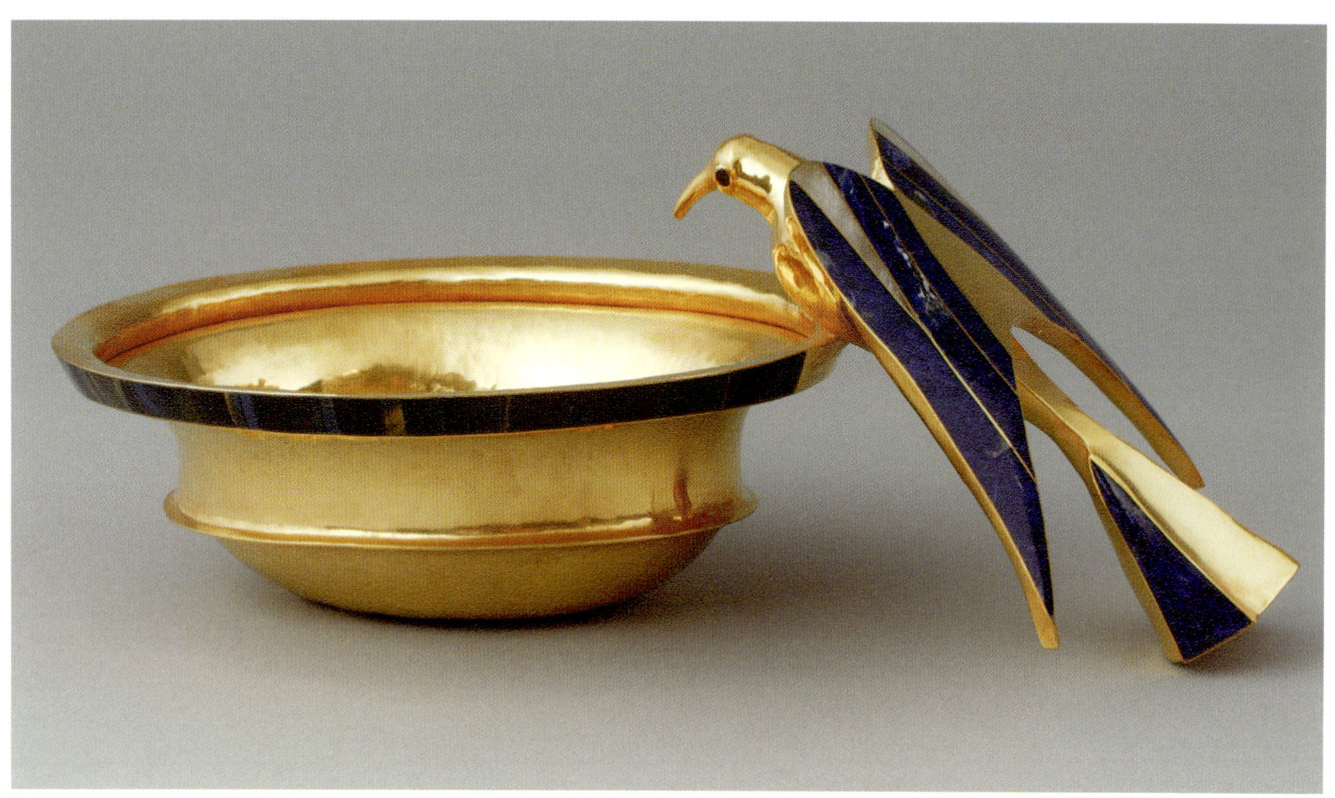

Coupe à l'oiseau bleu, 2002

Or 18 cts, sodalite, nacre ; 10,5 × 30 × 15 cm – Collection particulière

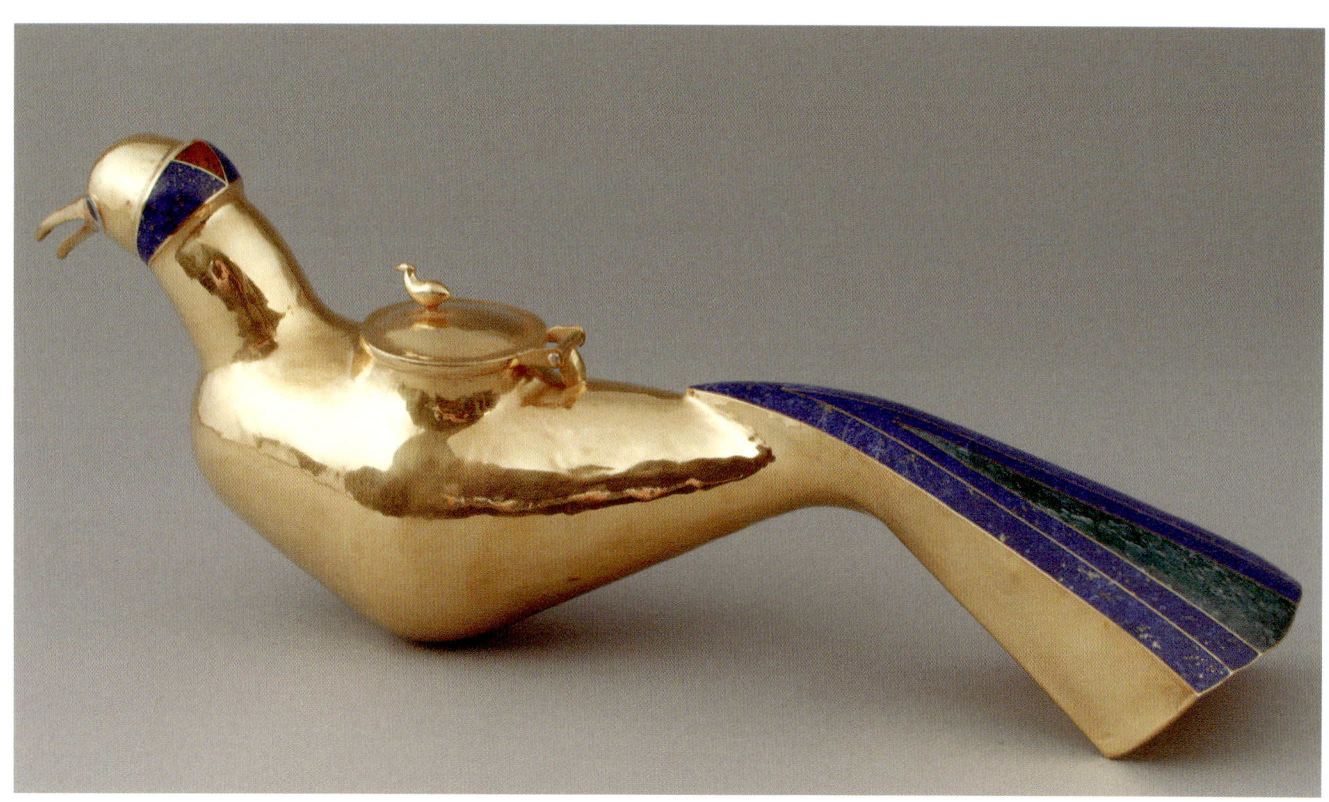

L'Oiseau des îles, 2002

Or 18 cts, lapis-lazuli, aventurine, nacre, onyx, jaspe ; 27 × 19 × 11 cm – Nançay, Galerie Capazza

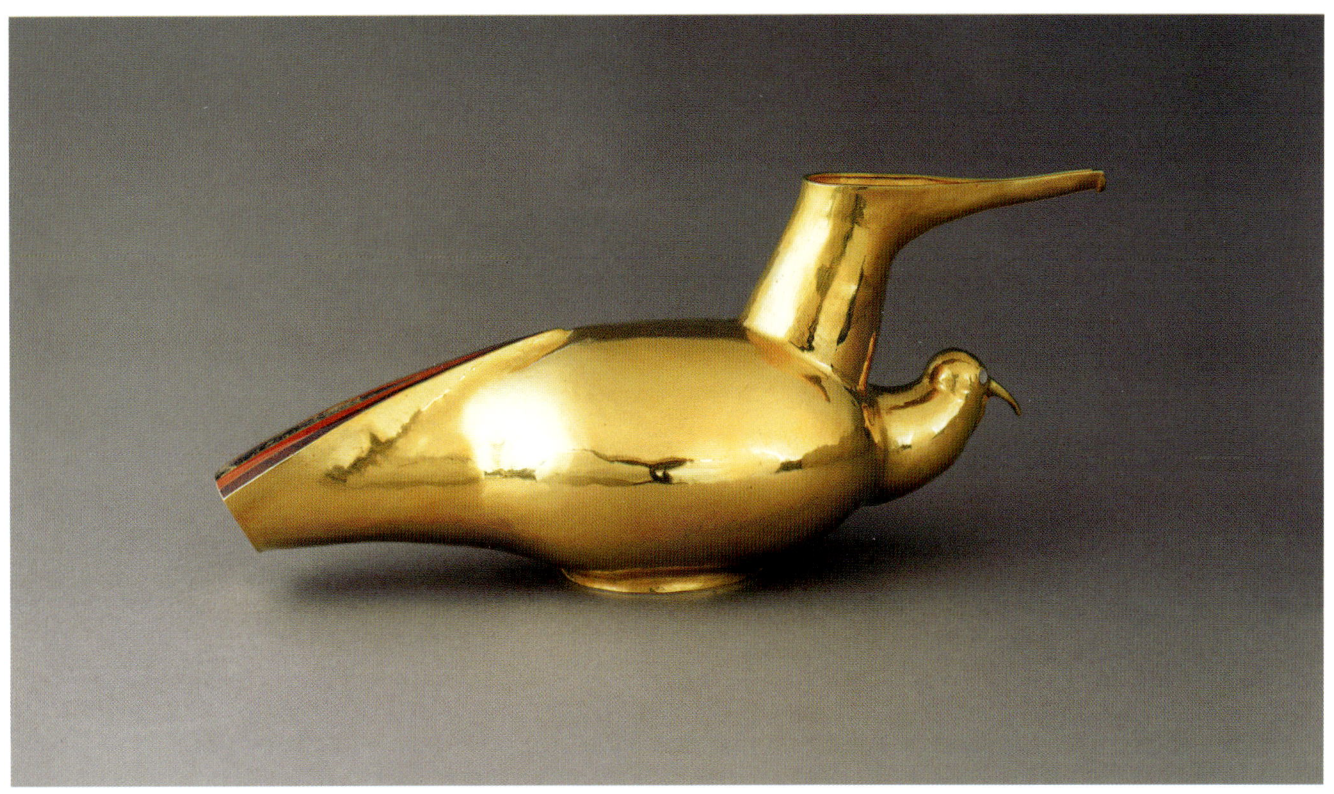

RHYTON À LA COLOMBE D'OR, 2001
Or 18 cts, pyrite, jaspe bicolore, nacre ; 17 × 40 × 14 cm – Paris, Galerie Claude Bernard

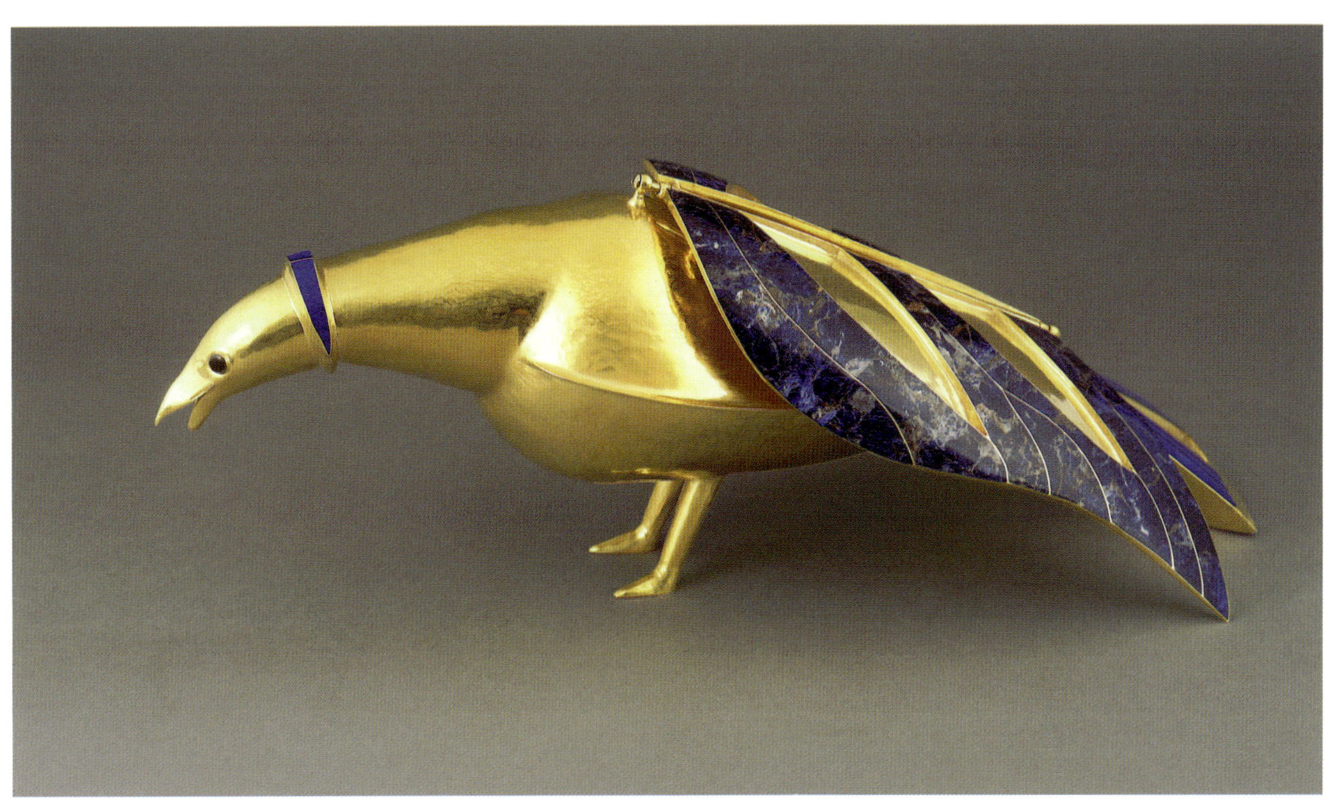

L'OISEAU BLEU, 1995
Or 18cts, lapis-lazuli, sodalite, nacre ; 15 × 31 × 12 cm – Collection particulière

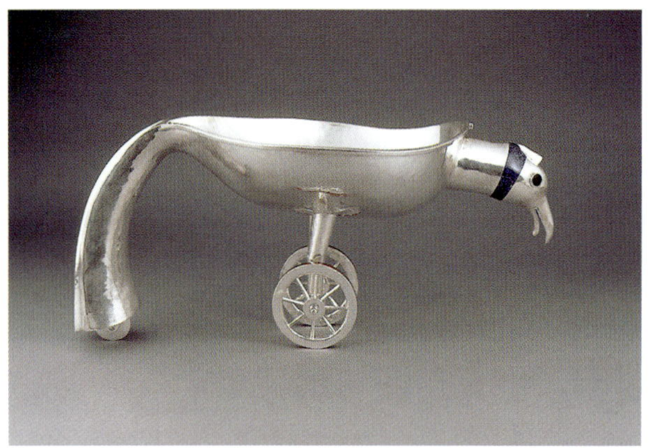

L'Oiseau à bascule, 1998
Argent, sodalite, jaspe, cornaline ; 23 × 50 × 14 cm
Paris, Galerie Claude Bernard

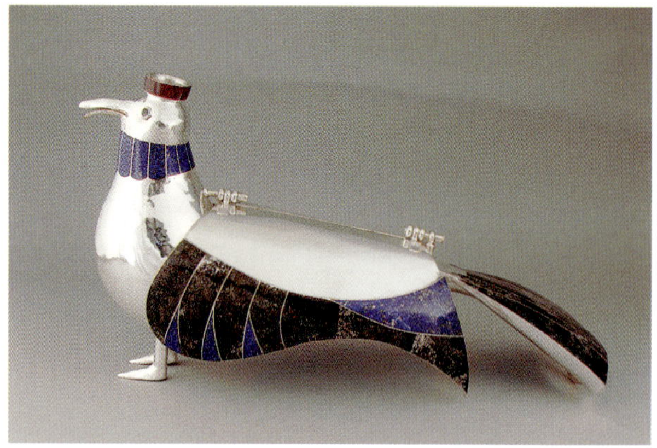

L'Eternel voyageur, 2001
Argent, jaspe, lapis-lazuli, pyrite, nacre, ébène ;
33,5 × 58 × 21 cm – Paris, Galerie Claude Bernard

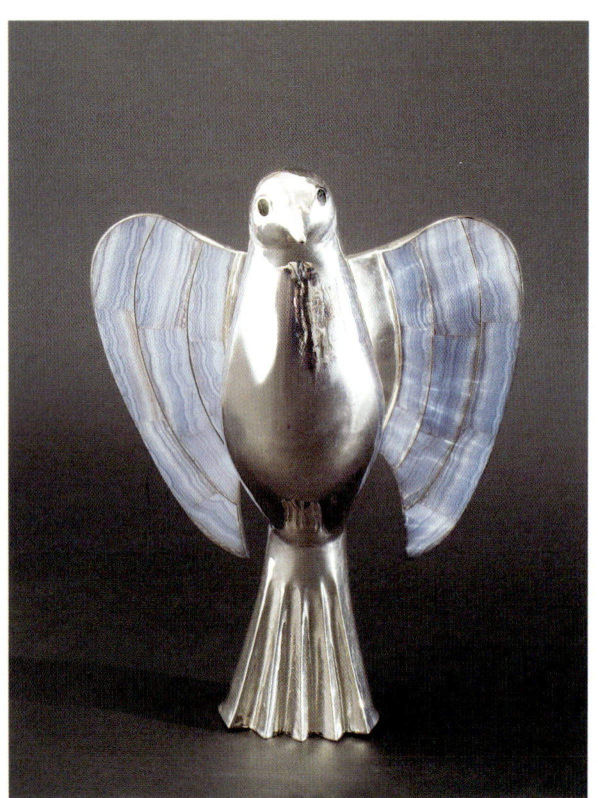

La Colombe, 2002
Argent, calcédoine ; 11 × 29 cm
Nançay, Galerie Capazza

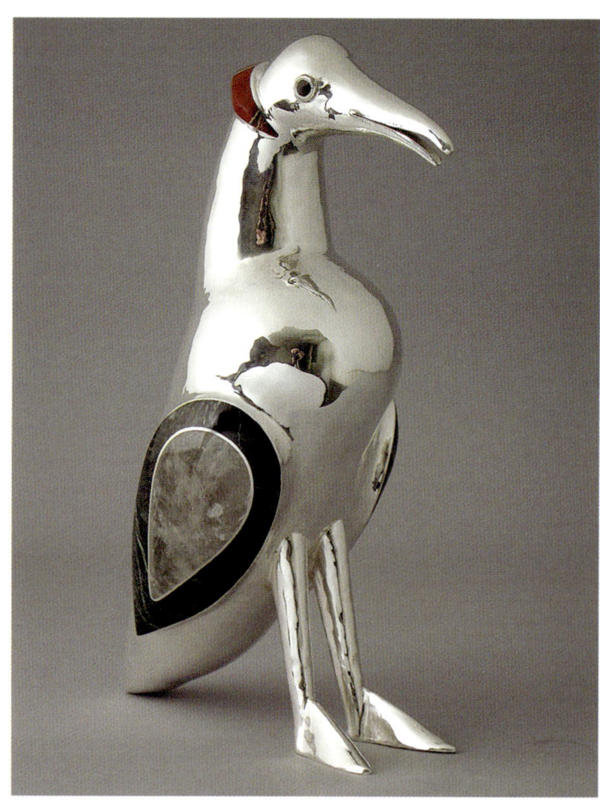

Le Pic au col flamboyant, 1999
Argent, jaspe ; 27 × 19 × 11 cm
Collection particulière

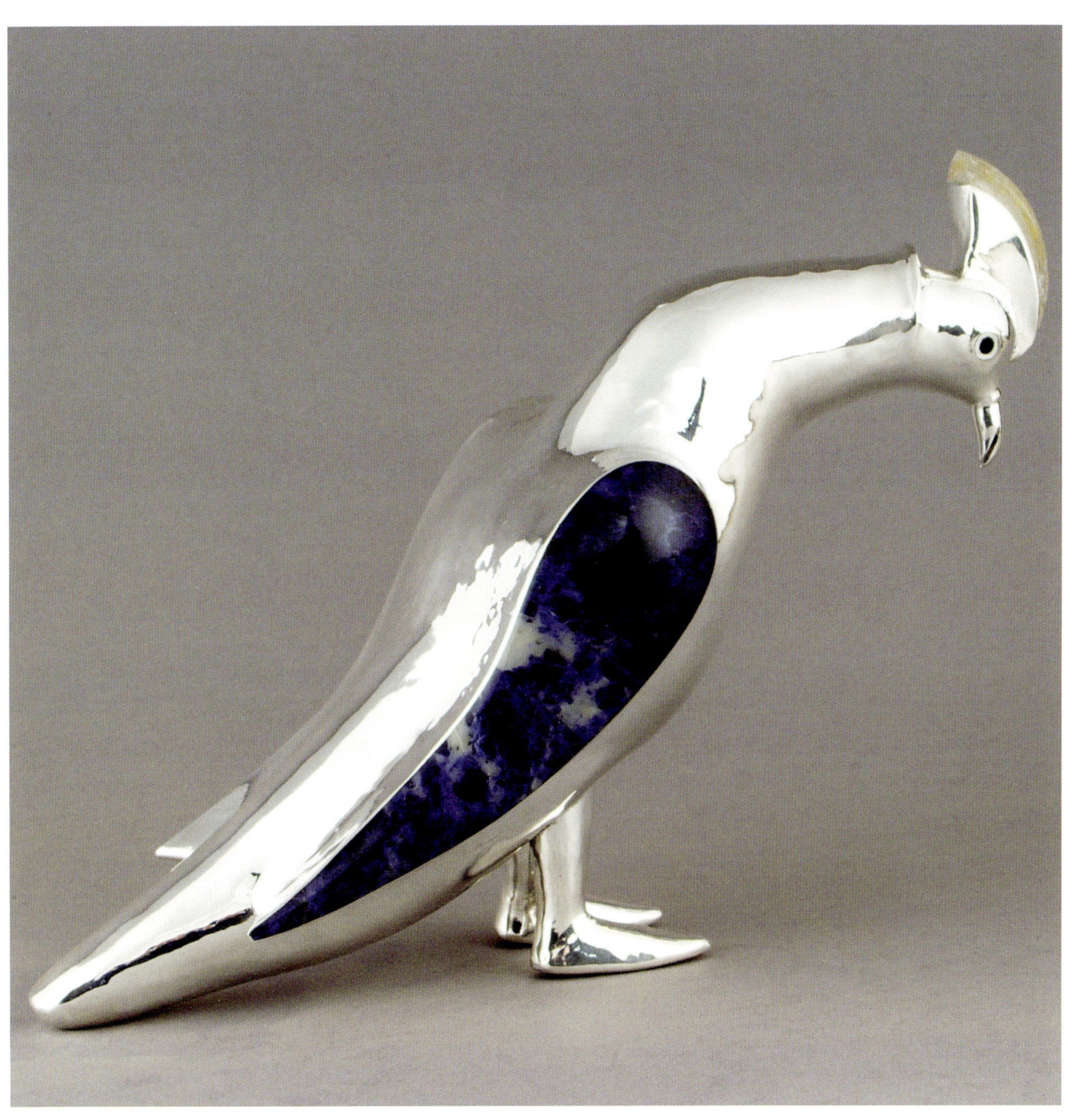

L'Oiseau huppé, 2006
Argent, sodalite, cristal de roche givré ; 19 × 29 × 10 cm – Collection particulière

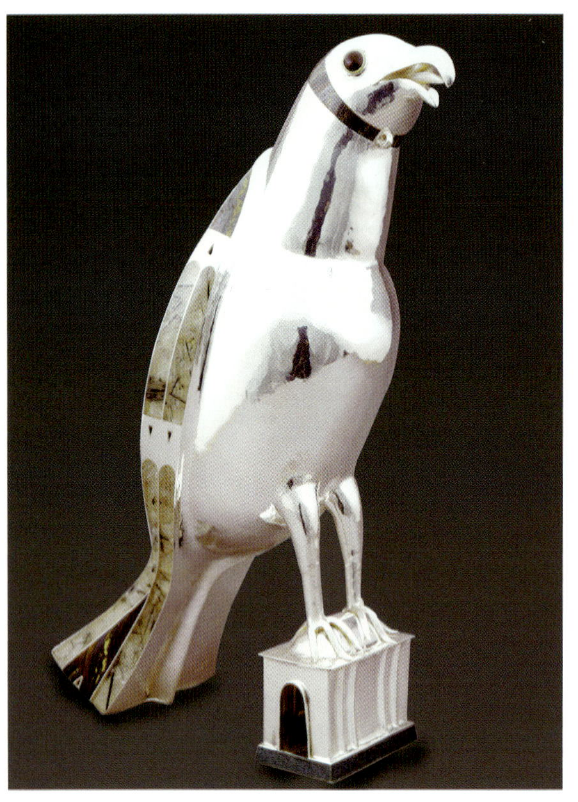

LE CRI FAUCON, 1995
Argent, aventurine, œil-de-fer, cristal de roche,
cornaline ; 49 × 21,5 × 17 cm – Collection particulière

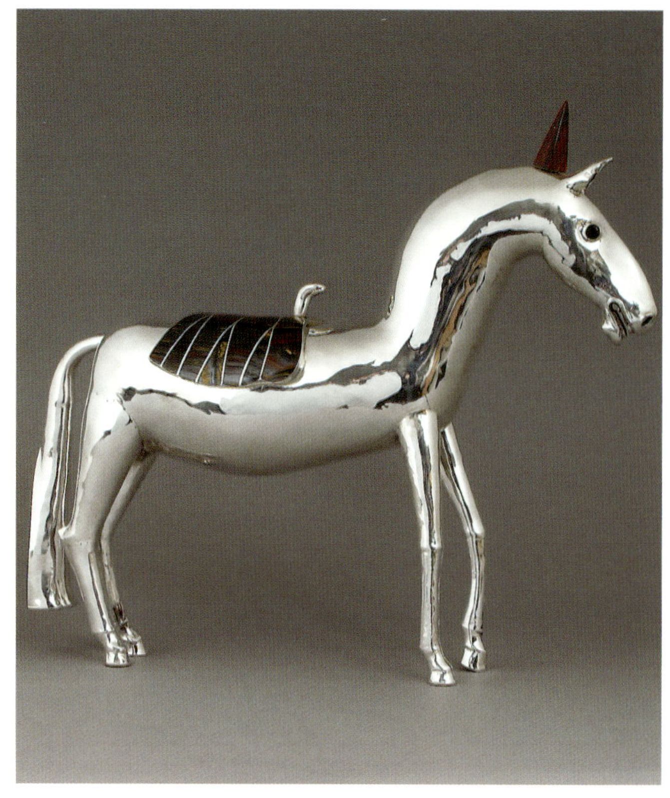

HOMMAGE À BARTABAS, 2004
Argent, œil-de-fer, jaspe, ébène ; 22 × 32 × 10 cm
Collection particulière

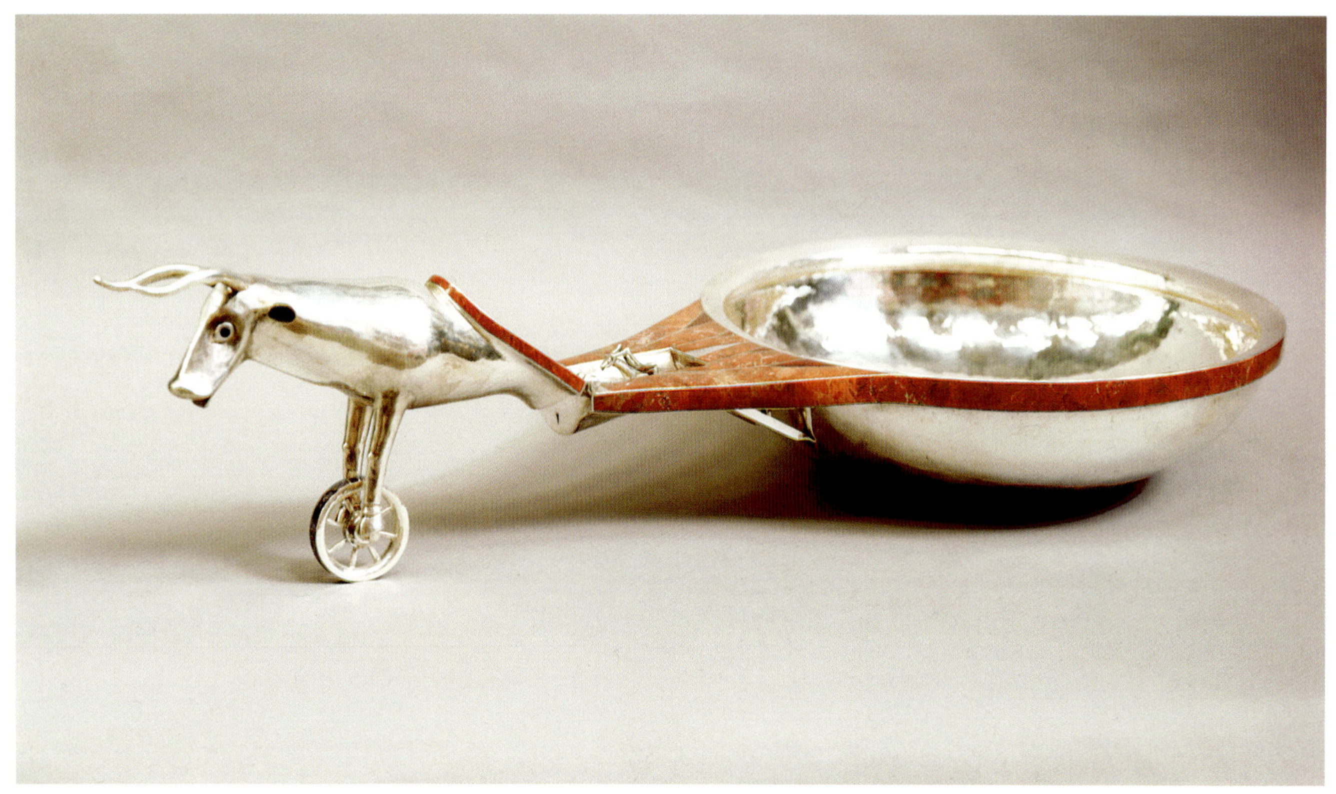

LA GRANDE VASQUE AU TAUREAU-CENTAURE SUR ROULETTE, 1993
Argent, nacre, onyx, jaspe sanguin, sodalite ; 23 × 100 cm – Nançay, Galerie Capazza

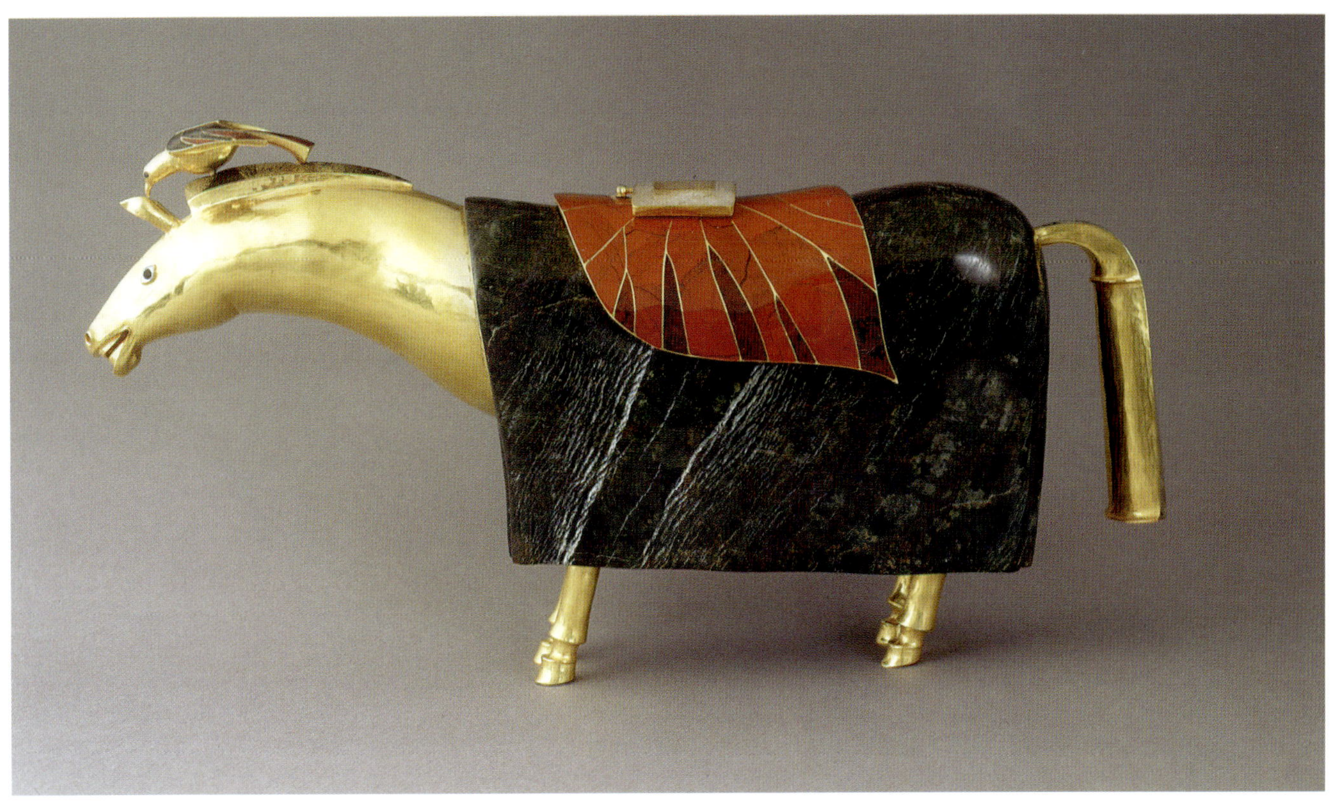

La Haquenée d'or à l'oiseau pilote, 2001
Or 18 cts, serpentine, jaspe, cristal de roche, pyrite, nacre, ébène ; 23 × 44 × 12 cm
Paris, Galerie Claude Bernard

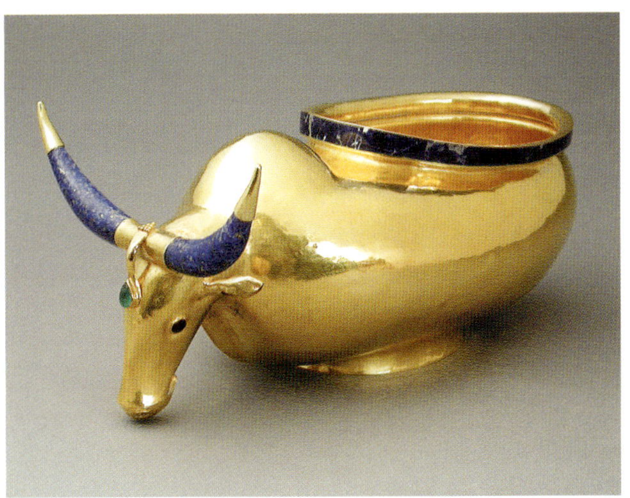

Le Veau d'or, 2001
Or 18 cts, sodalite, émeraude, ébène, calcédoine ;
12 × 28 × 13 cm – Allemagne, collection particulière

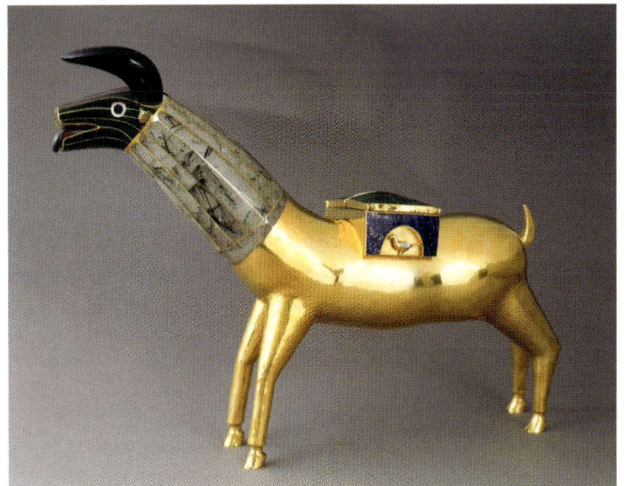

La Bête d'or, de givre et de feu, 2001
Or 18 cts, cristal, œil de fer, aventurine, lapis-lazuli et nacre ;
32 × 46 × 10 cm – Paris, Galerie Claude Bernard

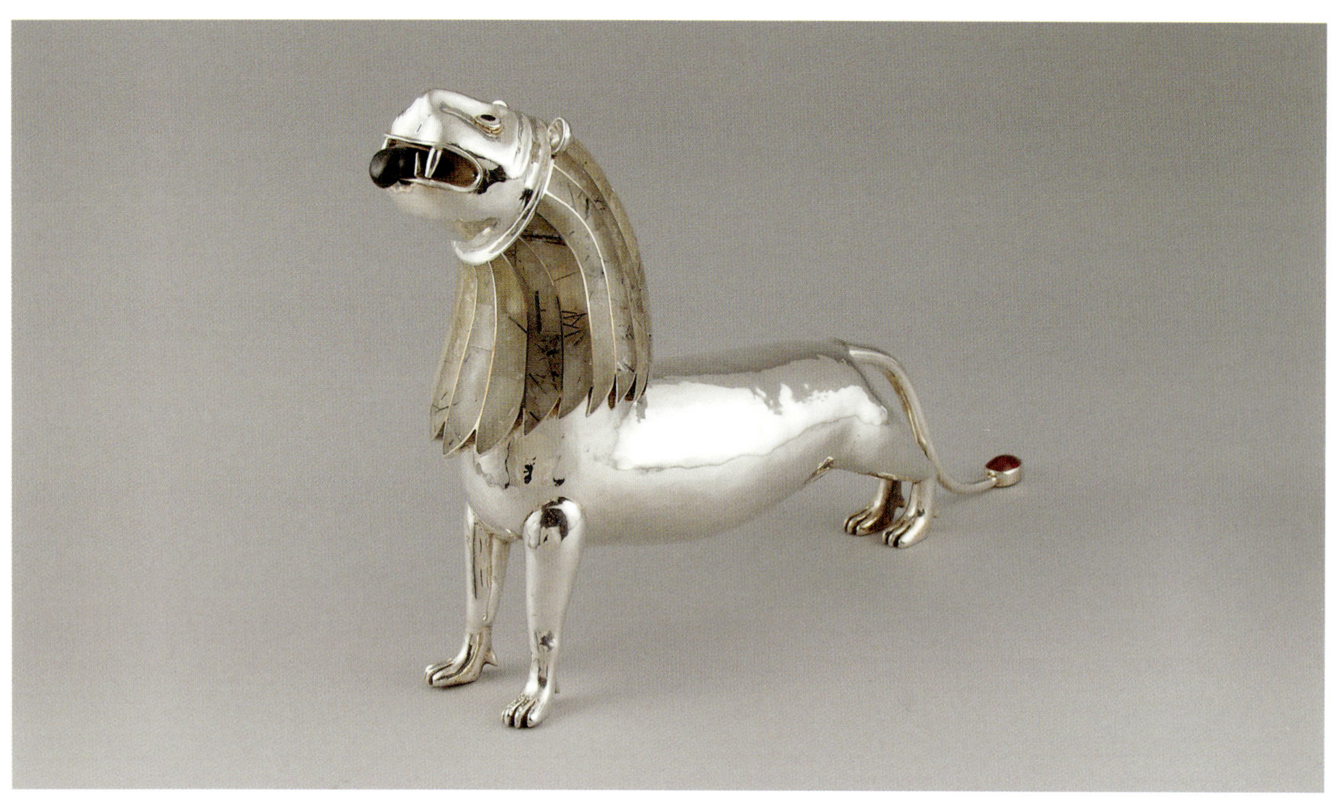

Le Roi lion, 2001
Argent, cristal avec inclusions de tourmaline, jaspe ; 25,5 × 37 × 8,5 cm – Collection particulière

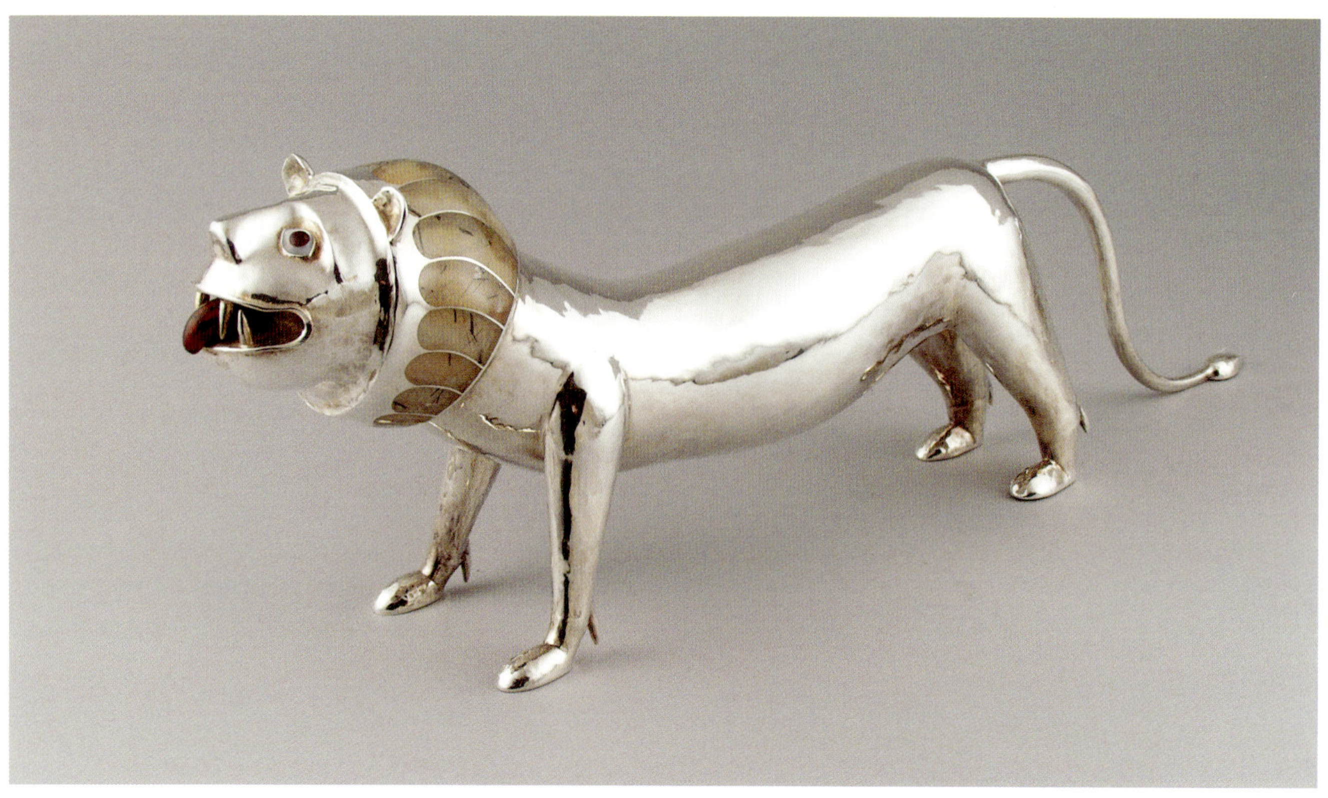

La Lionne à la crinière de cristal, 2002
Argent, cristal avec inclusions de tourmaline, nacre, jaspe ; 19 × 50 × 11 cm – Collection particulière

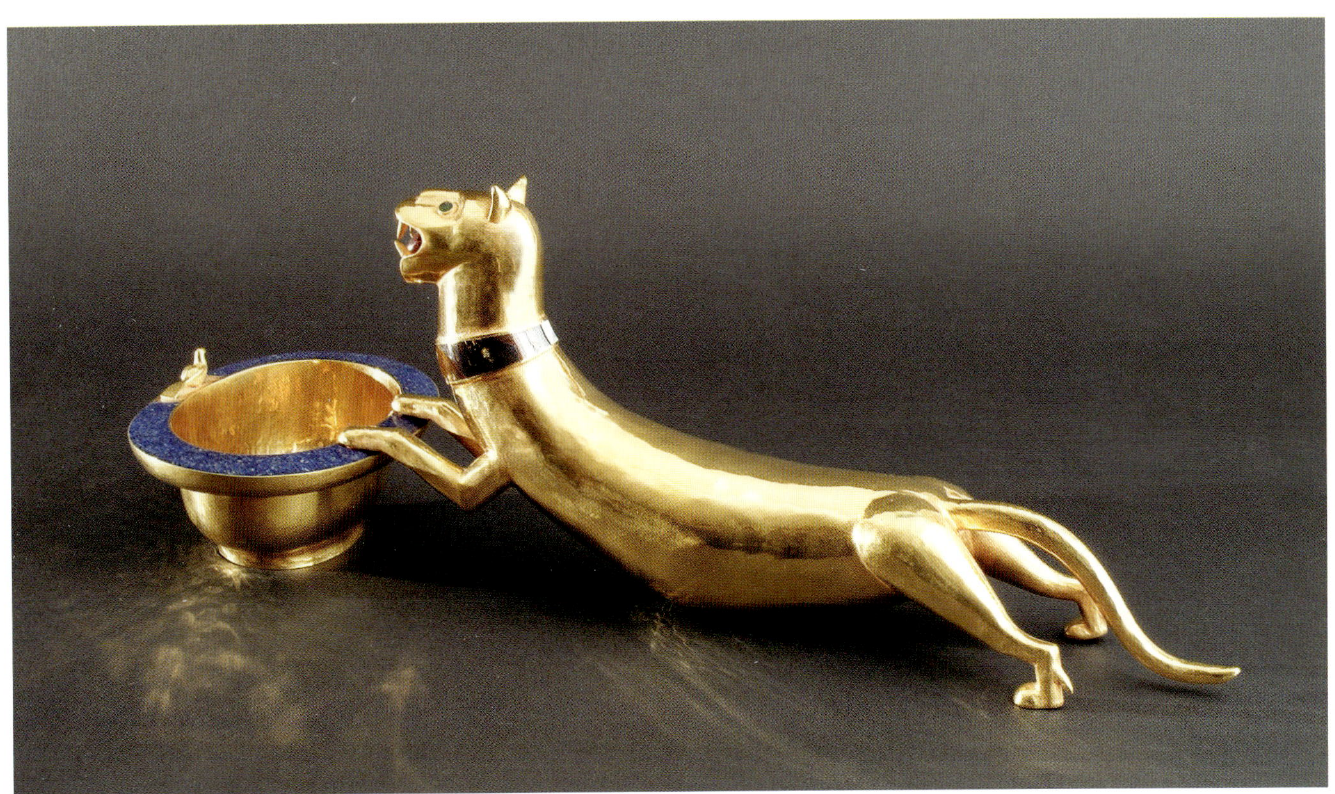

L'Heure tranquille du tigre, 2002
Or 18 cts, lapis-lazuli, émeraude, œil-de-fer, nacre ; 16,5 × 47 × 16 cm – Nançay, Galerie Capazza

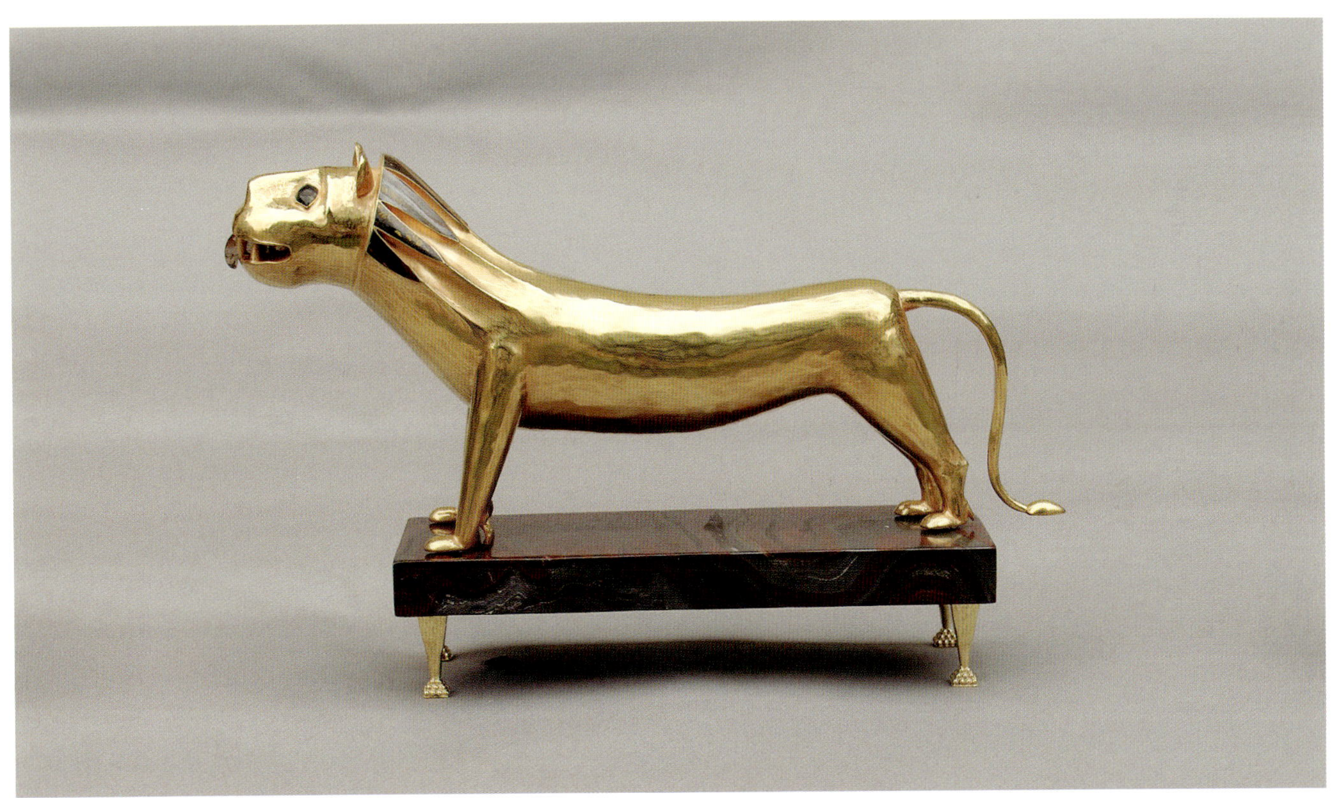

Le Gardien de la pyramide, 2002
Or, jaspe, cristal de roche fumé, œil-de-fer, serpentine, ébène ; 21 × 35 × 19 cm – Collection particulière

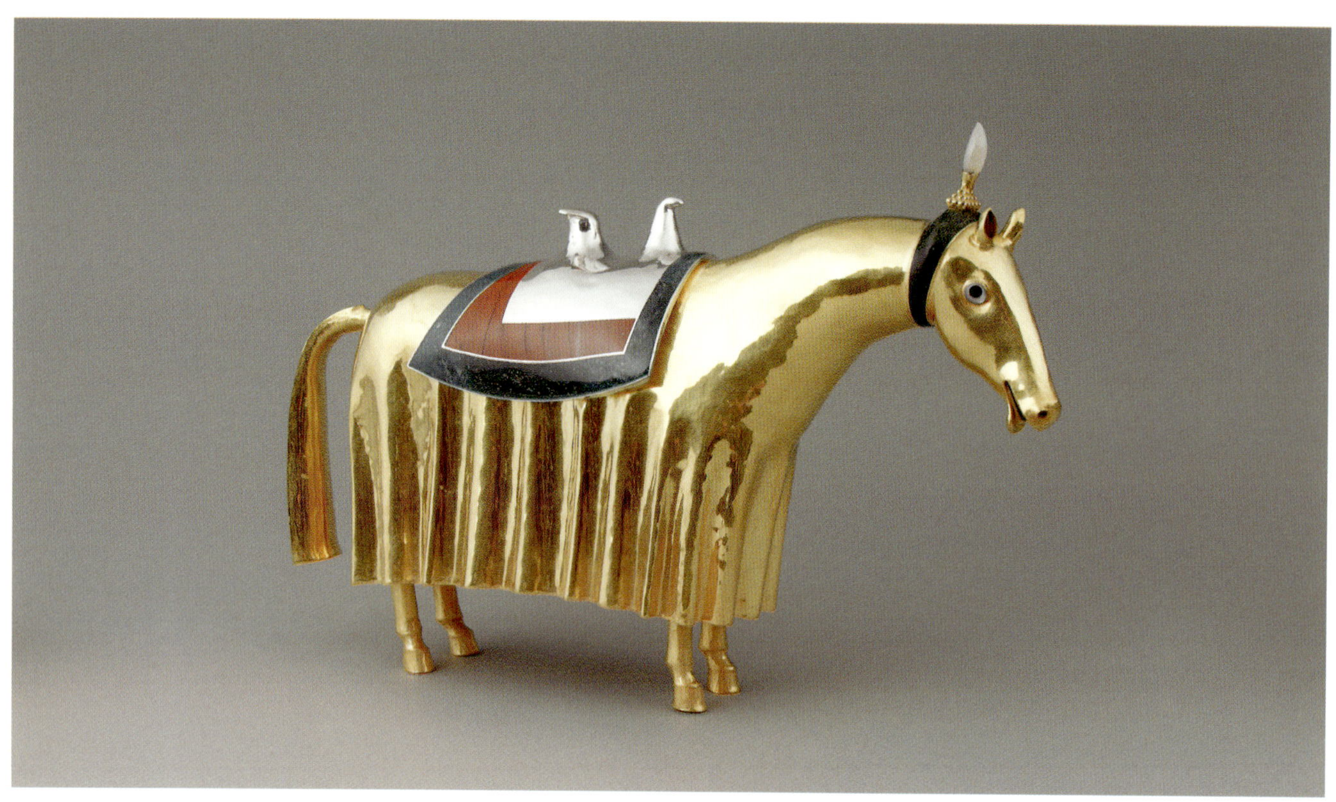

À LA PARADE, 2002
Or 18 cts, argent, serpentine, nacre ; 21 × 33 × 9 cm – Collection particulière

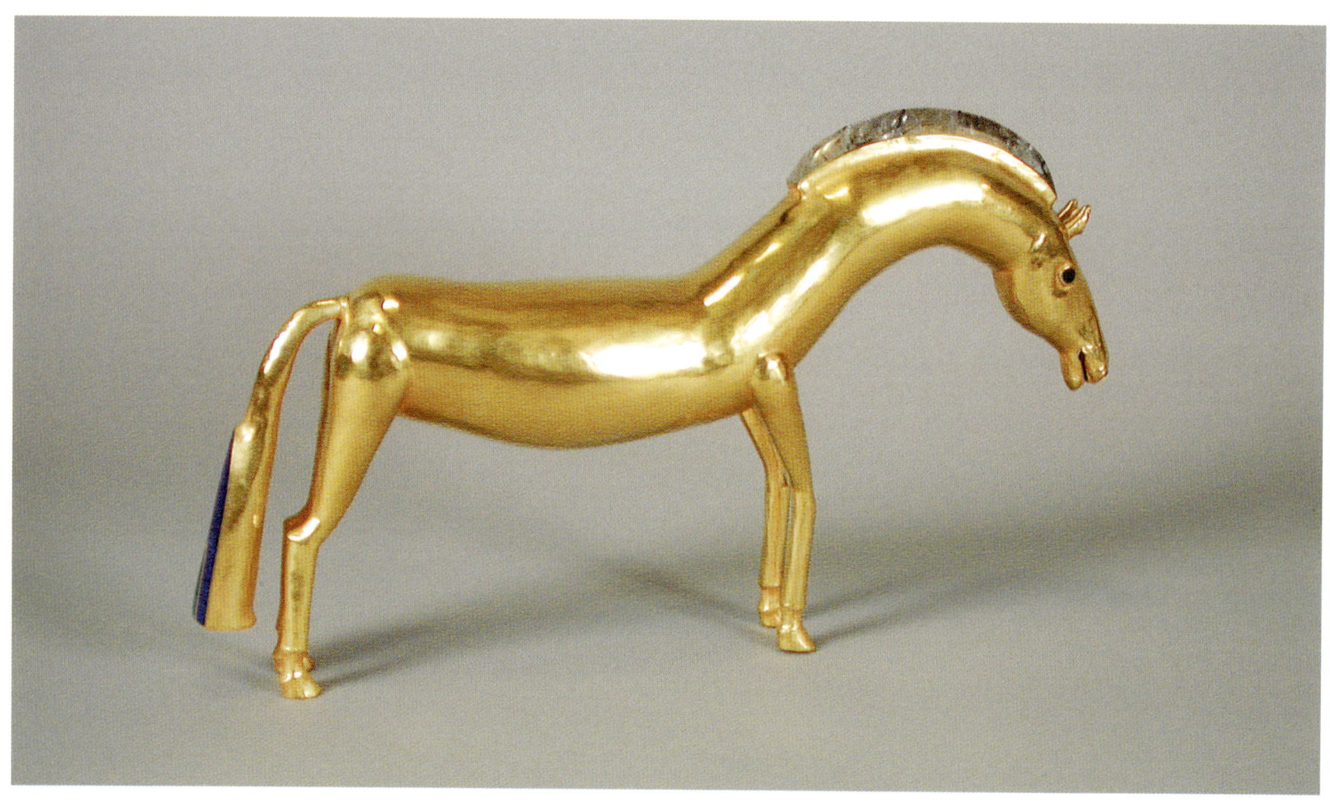

LE PETIT CHEVAL SAUVAGE, 2002
Or 18 cts, cristal avec inclusions de rutile, aventurine, lapis-lazuli ; 14,5 × 27 × 5 cm – Collection particulière

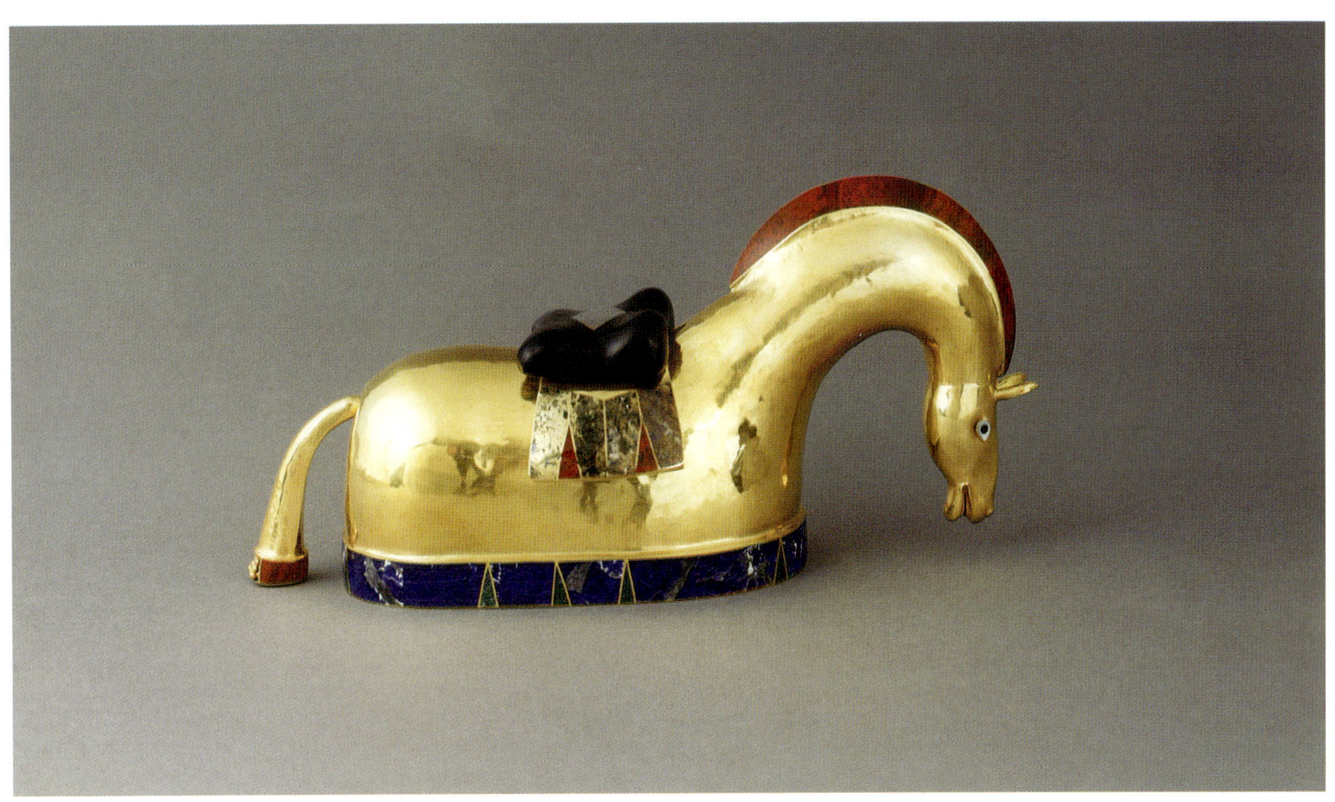

La Cavale princière, 2001
Or 11 cts, jaspe, pyrite, sodalite, aventurine, nacre ; 15,5 × 32 × 11 cm – Paris, Galerie Claude Bernard

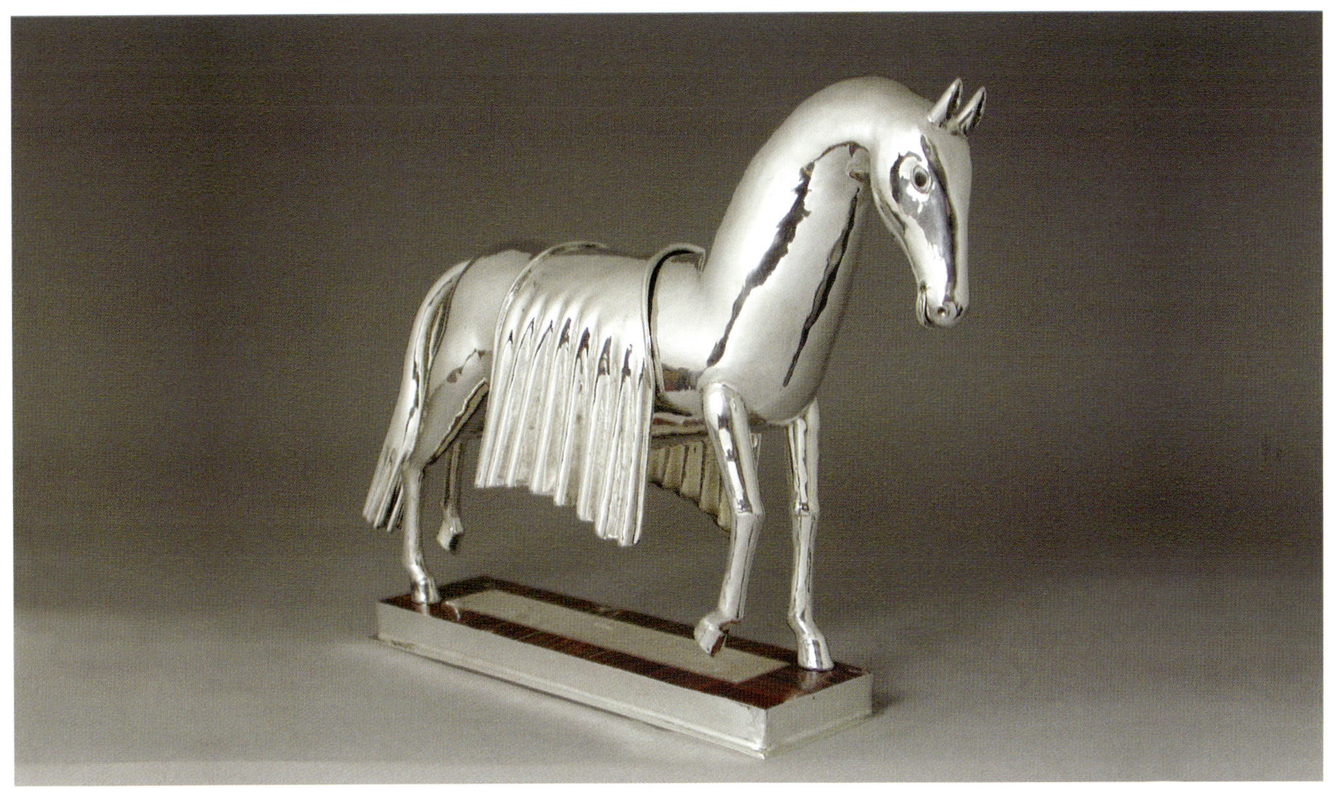

Le Troisième temps, 2006
Argent, jaspe, cristal de roche ; 29 × 31 × 11 cm – Paris, Galerie Claude Bernard

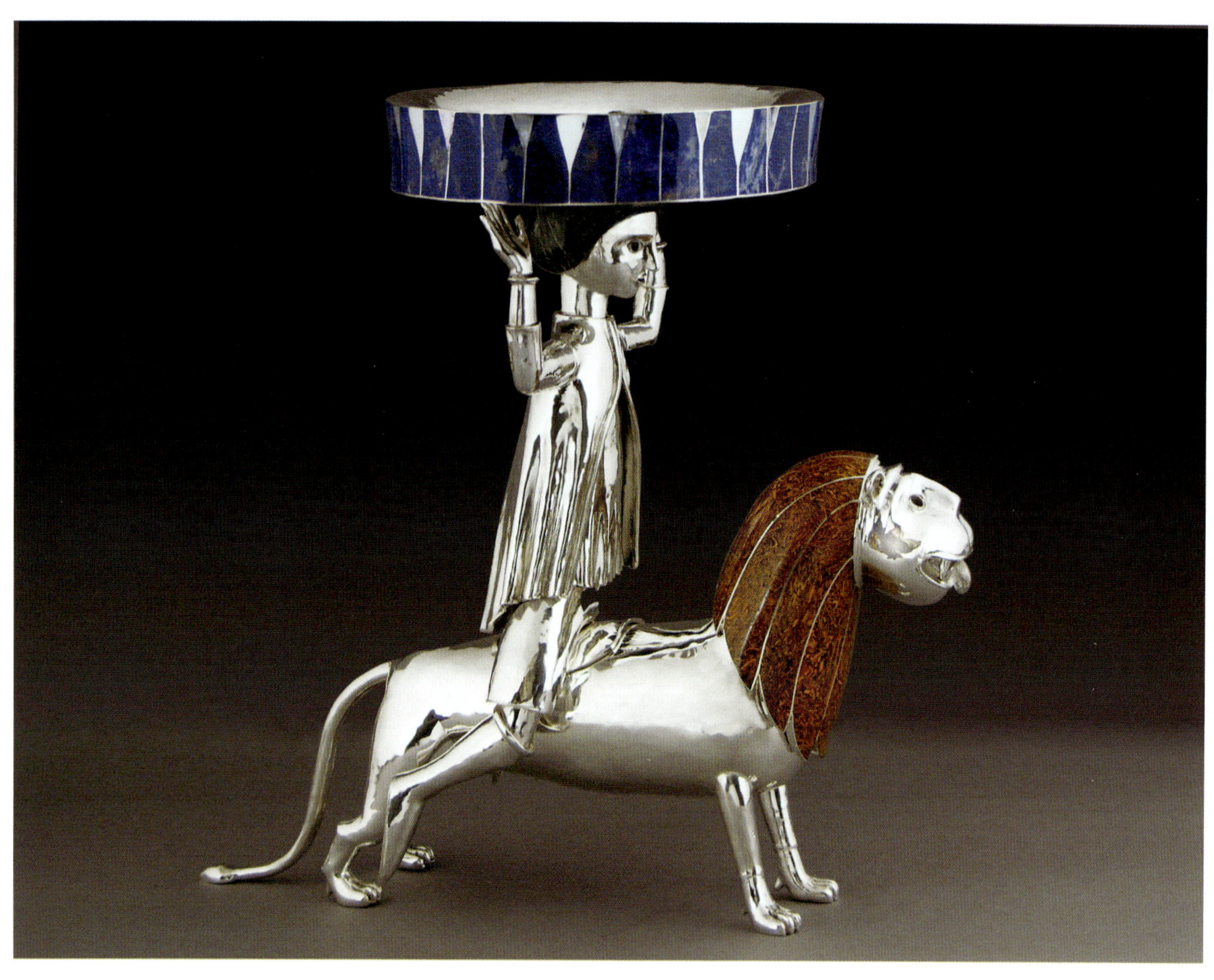

La Chevauchée fantastique, 2005
Argent, sodalite, jaspe, serpentine, cristal de roche, nacre ; 40 × 13 × 17 cm – Paris, Galerie Claude Bernard

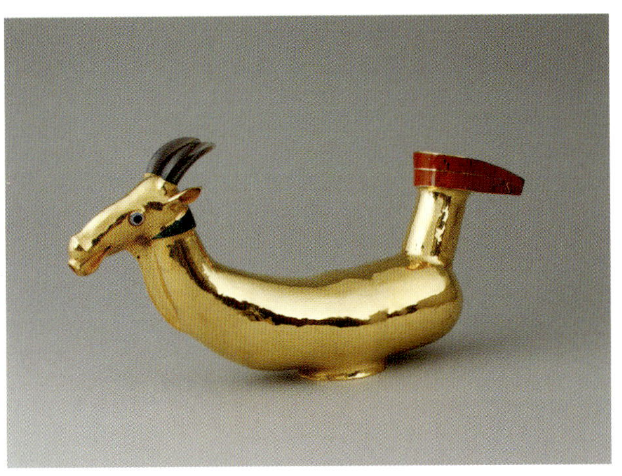

Rhyton aquamanile, 2002
Or 18 cts, jaspe, amphibolite, nacre, ébène, agate ;
16,5 × 40 × 9 cm – Collection particulière

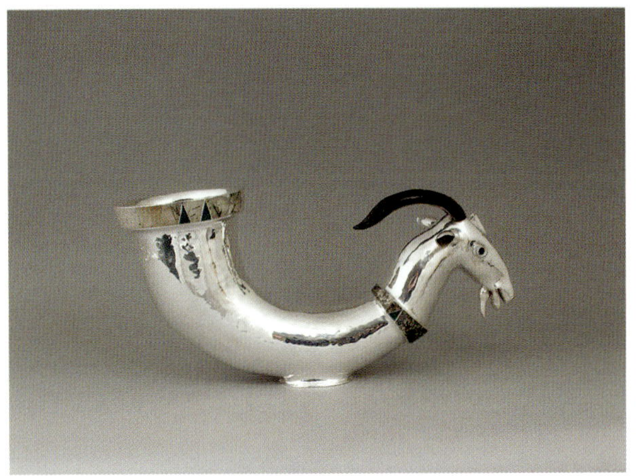

Rhyton caprin, 2003
Argent, cristal avec inclusions de tourmaline,
aventurine, pyrite, nacre, ébène ; 20 × 44 × 14 cm
Paris, Galerie Claude Bernard

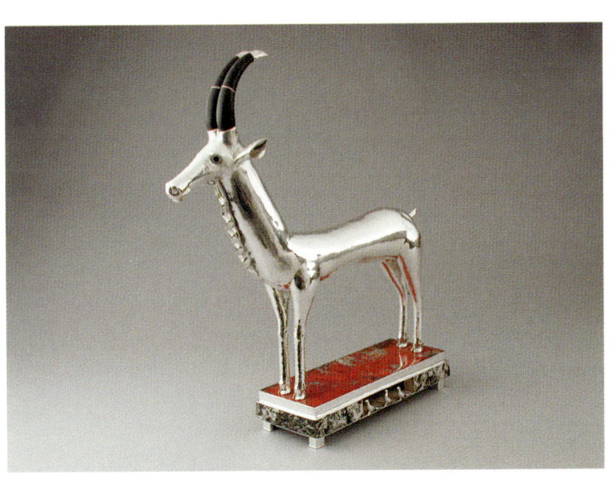

La Gazelle, 2001
Argent, jaspe, pyrite, ébène, nacre, or 3 grs ;
43,5 × 40 × 10,5 cm – Collection particulière

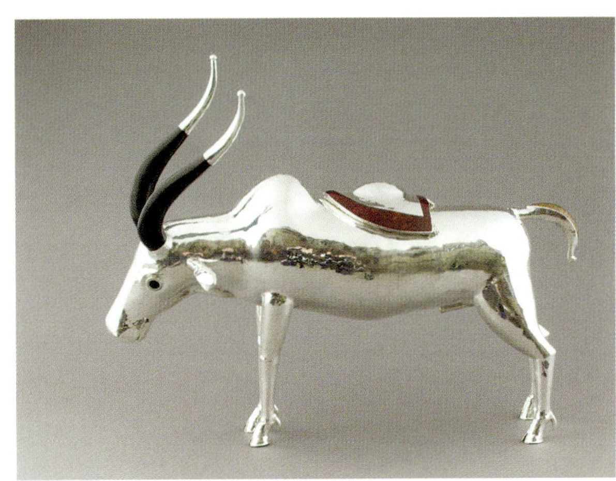

Le Zébu ébahi, 2004
Argent, jaspe, ébène ; 23 × 41 × 11 cm
Paris, Galerie Claude Bernard

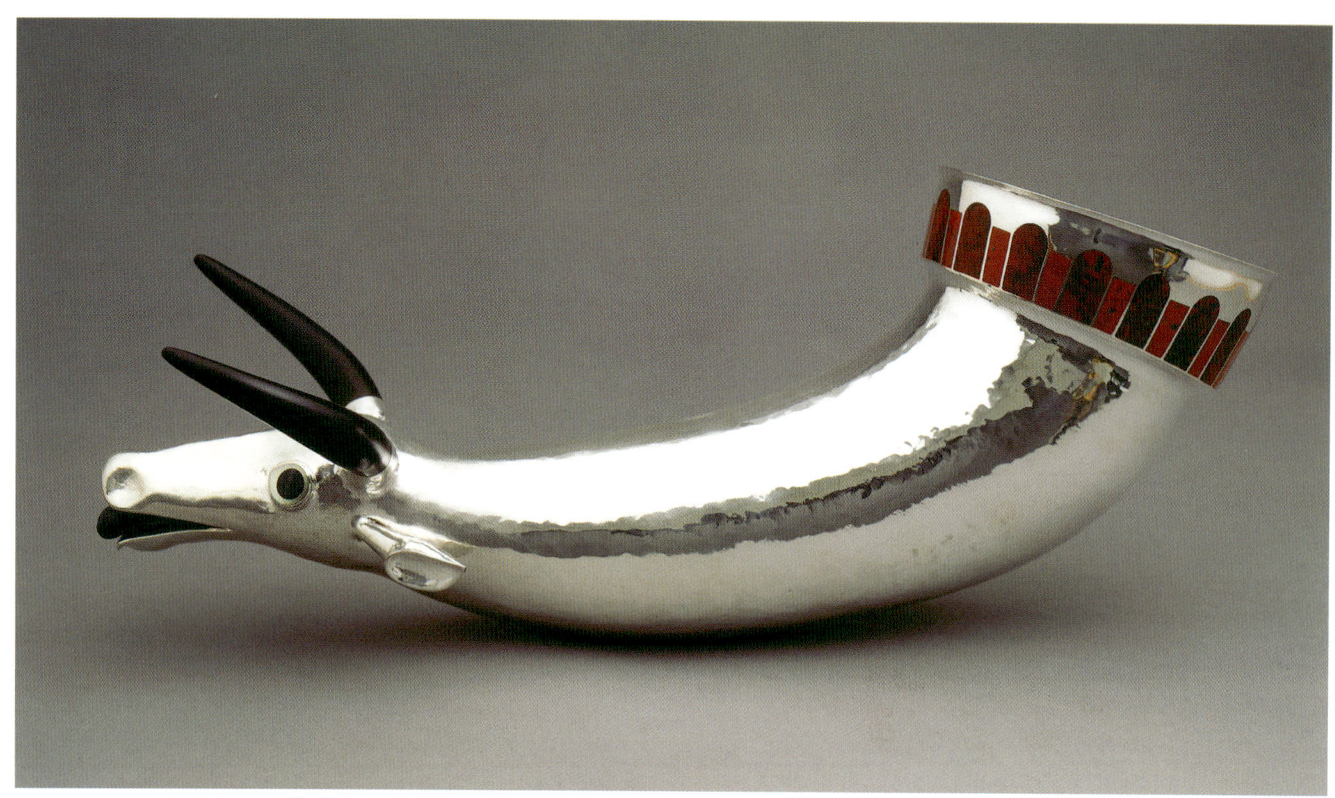

Le Taureau aux cornes d'ébène, 1998
Argent, jaspe bicolore, ébène, œil-de-faucon ; 21 × L 53 cm – Collection particulière

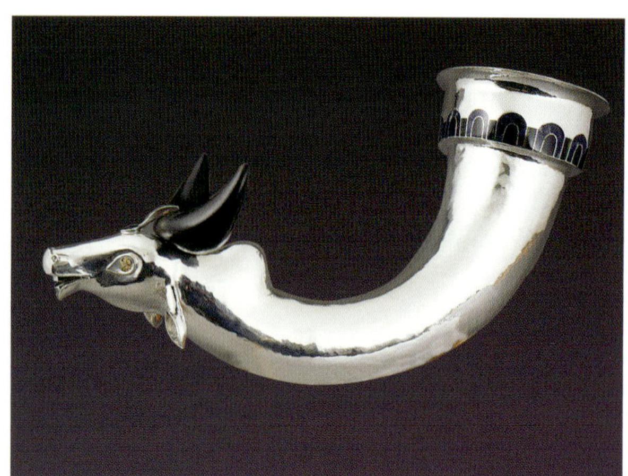

Rhyton au taureau, 1996
Argent, ébène, nacre, œil-de-faucon, sodalite ;
25 × 60 × 11 cm – Collection particulière

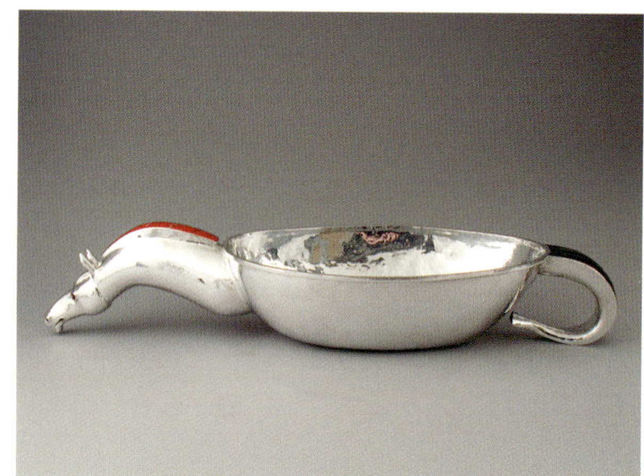

Le Repos de la cavale, 2002
Argent, œil-de-faucon, jaspe, nacre, ébène ;
13 × 62,5 × 21,5 cm – Collection particulière

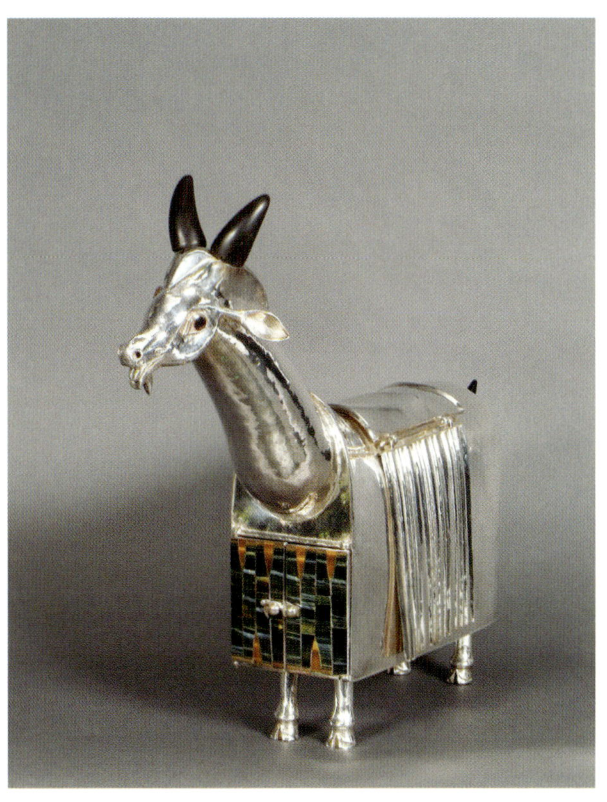

La Belle mutine, 1999
Œil-de-faucon, œil-de-tigre, ébène ; 45 × 52 × 12 cm
Collection particulière

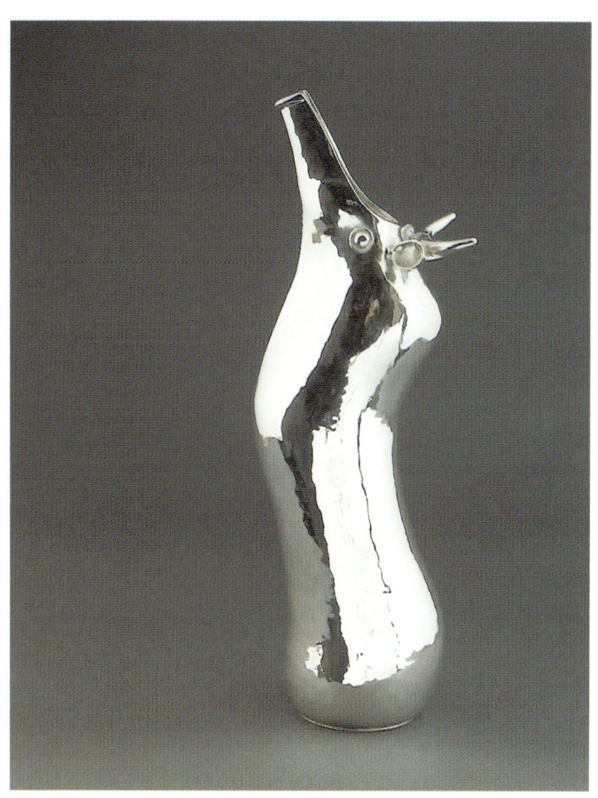

La Verseuse au zébu, 2003
Argent ; 41,5 × 15 × 11 cm
Collection particulière

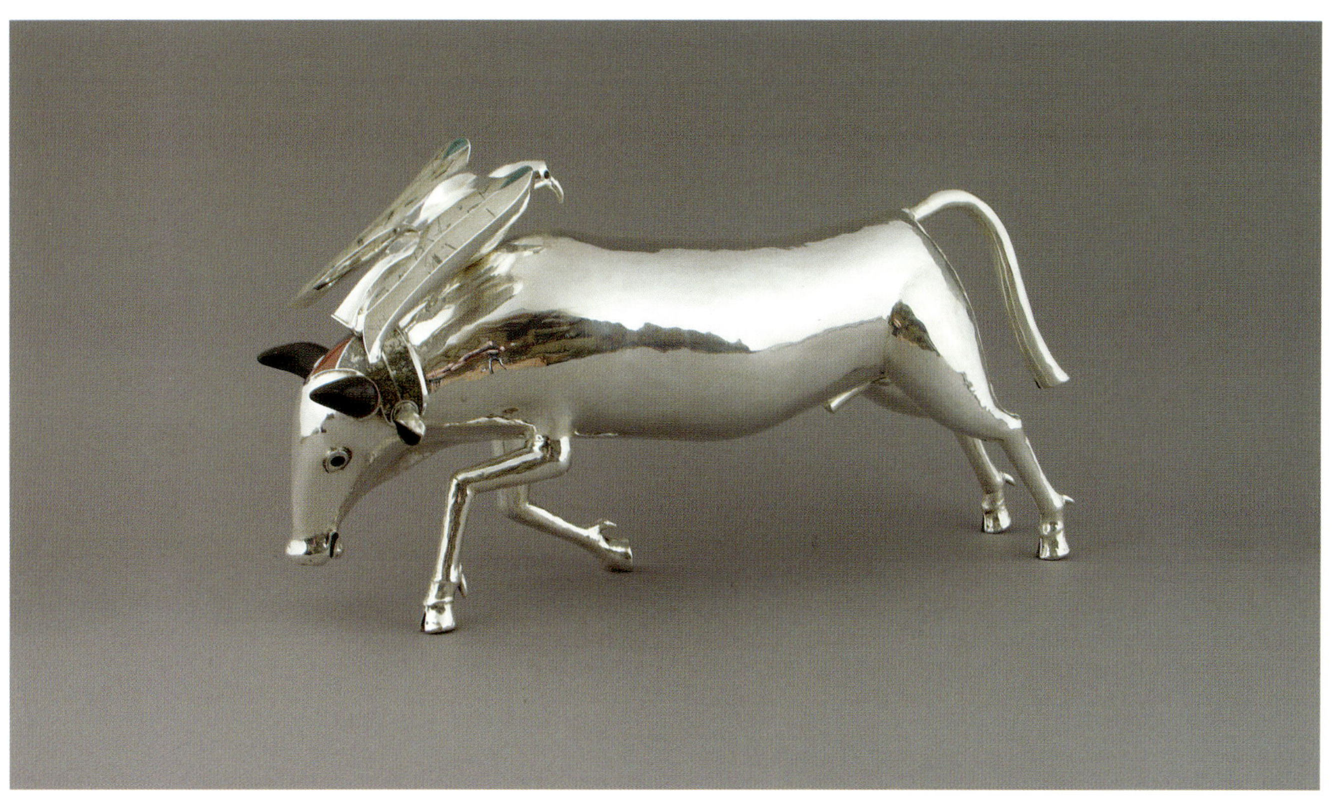

L'Aigle et le taureau, 2004
Argent, pyrite, jaspe, cristal avec inclusions de tourmaline, aventurine ; 19 × 40 × 12 cm
Paris, Galerie Claude Bernard

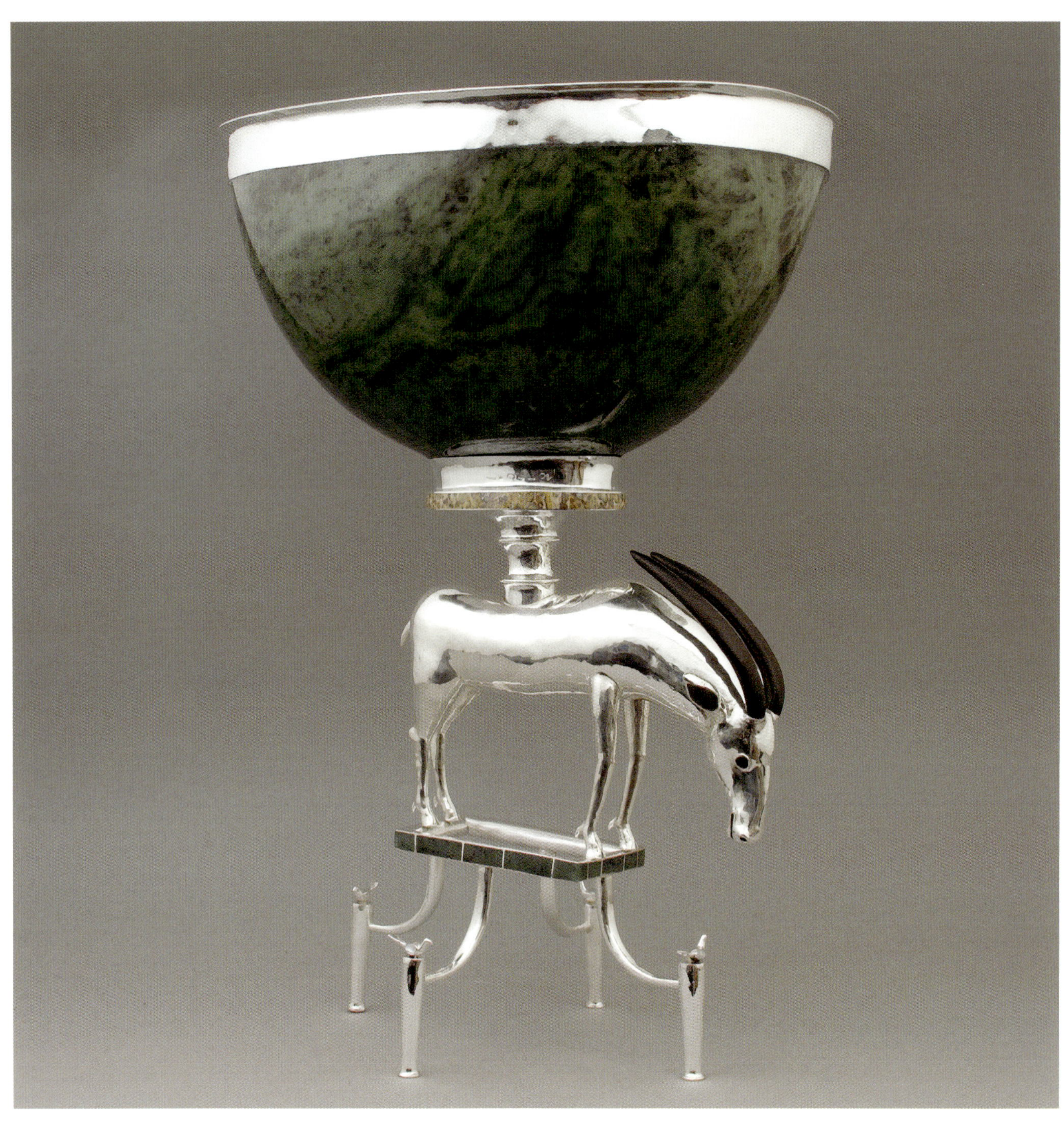

Coupe à l'antilope atlante, 2003
Argent, néphrite, aventurine, ébène ; 53 × 38 × 30 cm – Paris, Galerie Claude Bernard

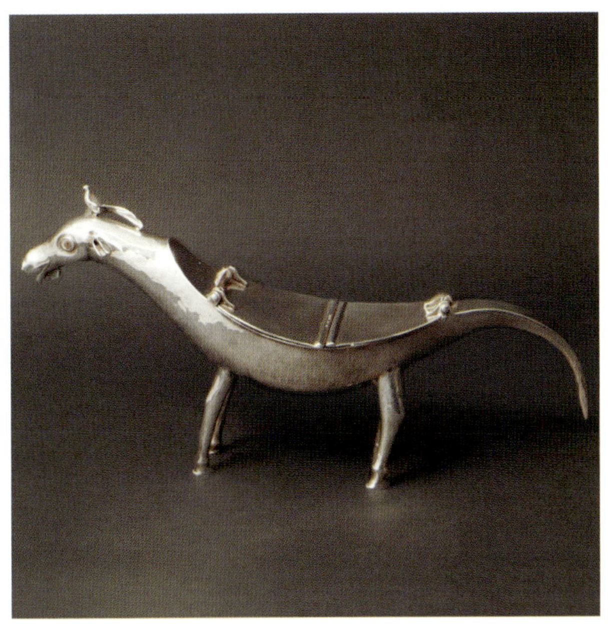

LE PROMENEUR DU SÉRENGUÉTY, 1999
Argent, nacre, ébène ; 16 × 34 × 8 cm
Collection particulière

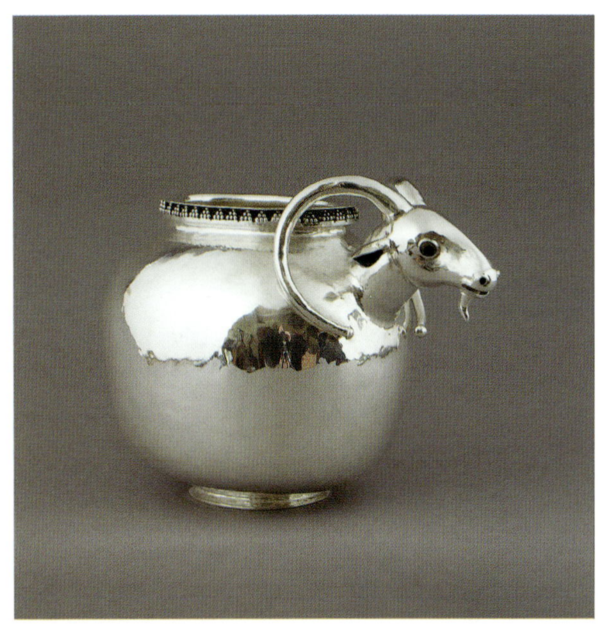

VASE GLOBULAIRE AU MOUFLON, 2004
Argent ; 20 × 29 × 17 cm
Paris, Galerie Claude Bernard

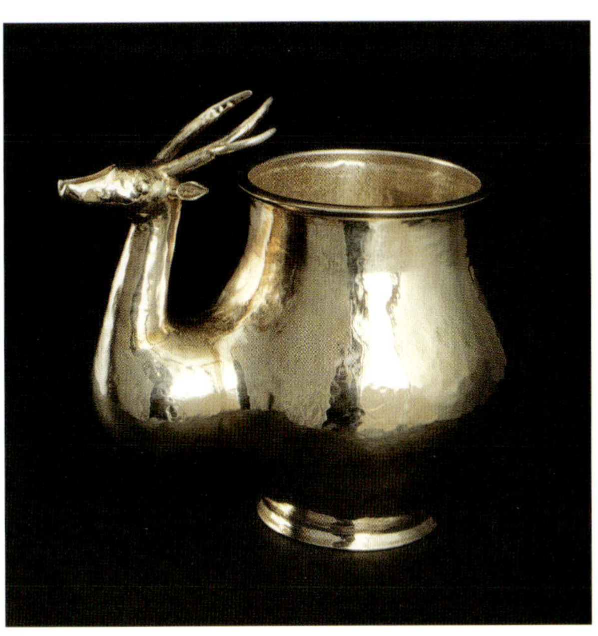

VASE À PROTOMÉ DE CERVIDÉ, 1983
Argent massif ; 17 × 20 × 13 cm
Collection du Fonds Régional d'Art Contemporain
du Languedoc-Roussillon

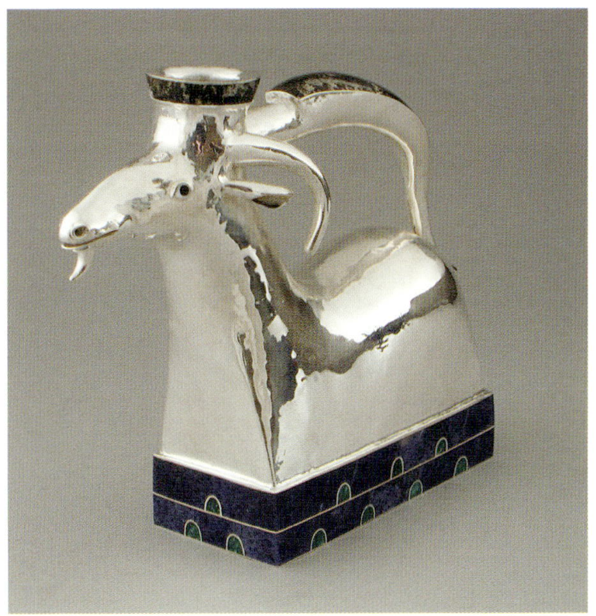

LE COMPAGNON DE MERCURE, 2001
Argent, pyrite, sodalite, aventurine, nacre, ébène ;
24,5 × 30 × 10 cm
Collection particulière

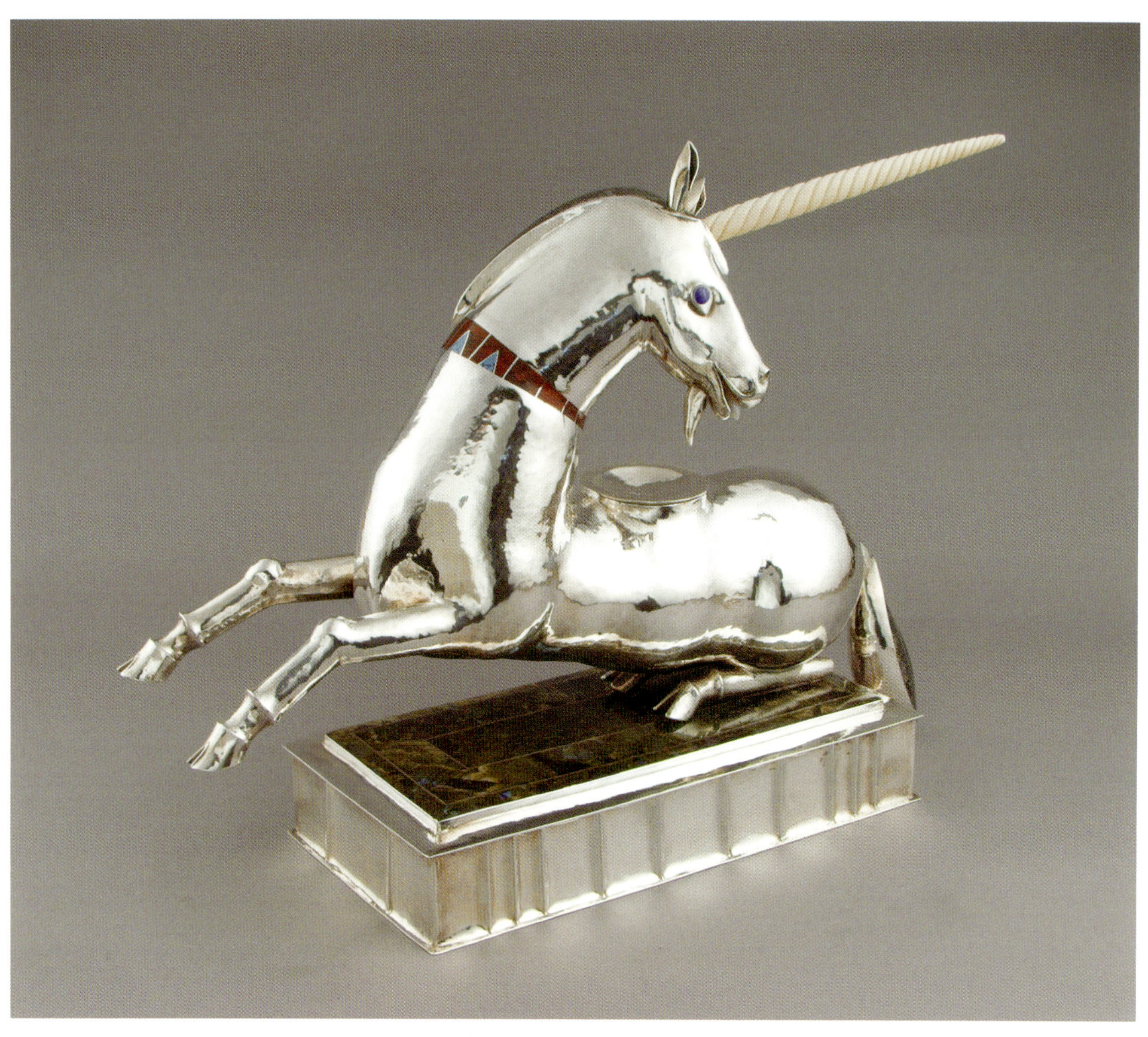

Lᴀ Lɪᴄᴏʀɴᴇ ᴄᴀʙʀÉᴇ, 1996
Argent, labradorite, pyrite, ivoire, jaspe, turquoise, nacre, lapis-lazuli ; 36 × 49 × 16 cm – Collection particulière

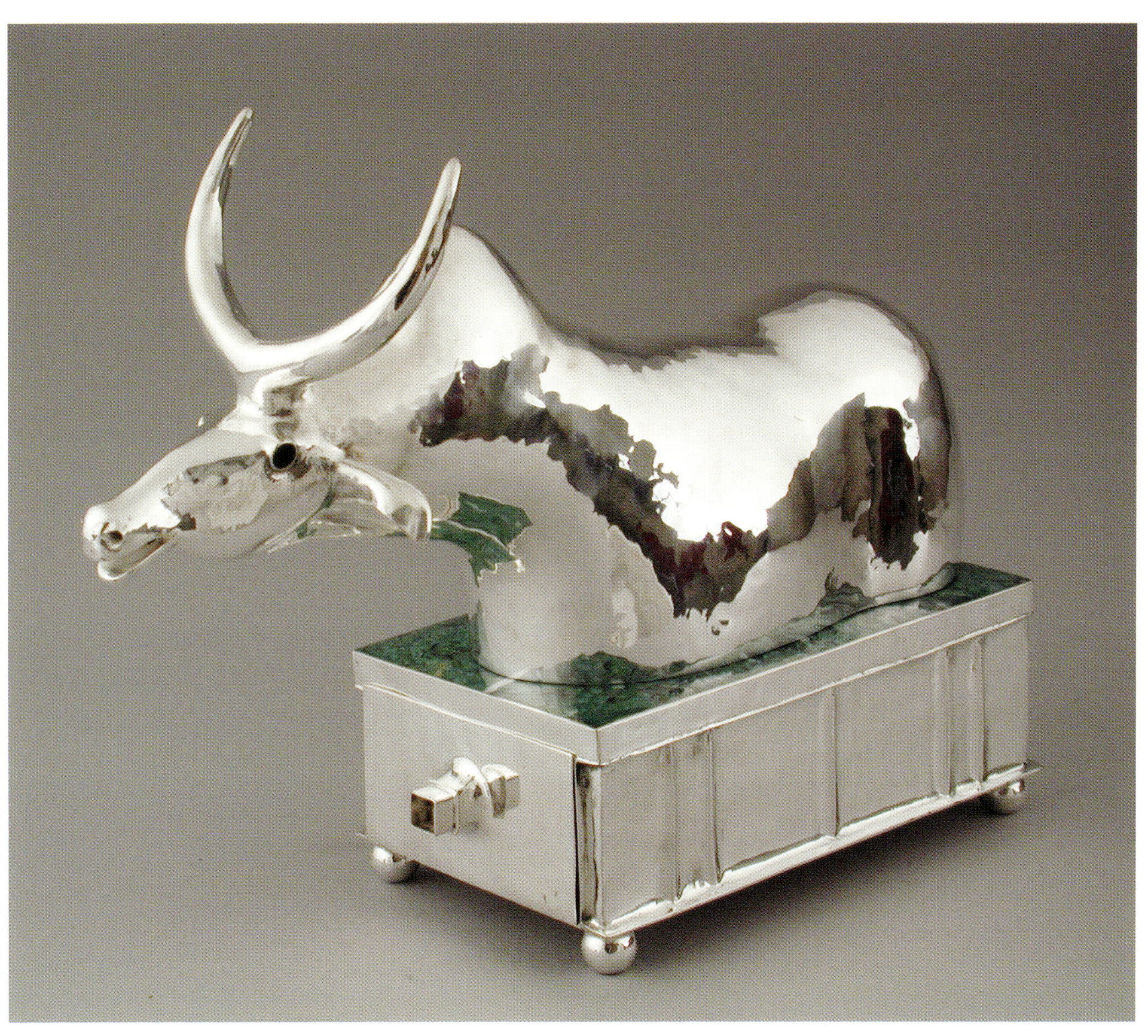

LE ZÉBU DANS LA RIVIÈRE, 2001
Argent, ébène, agate verte, poirier ; 28 × 40 × 14 cm
Cannes, Galerie Daniel Guidat

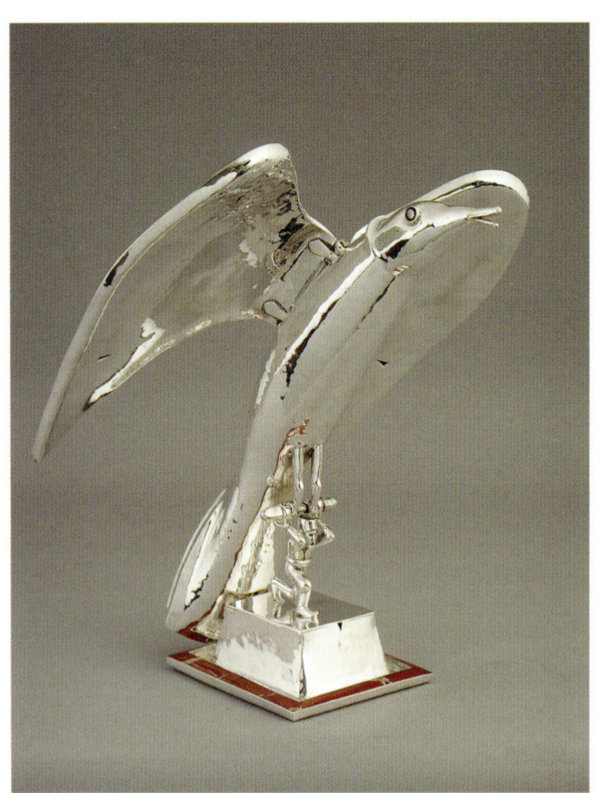
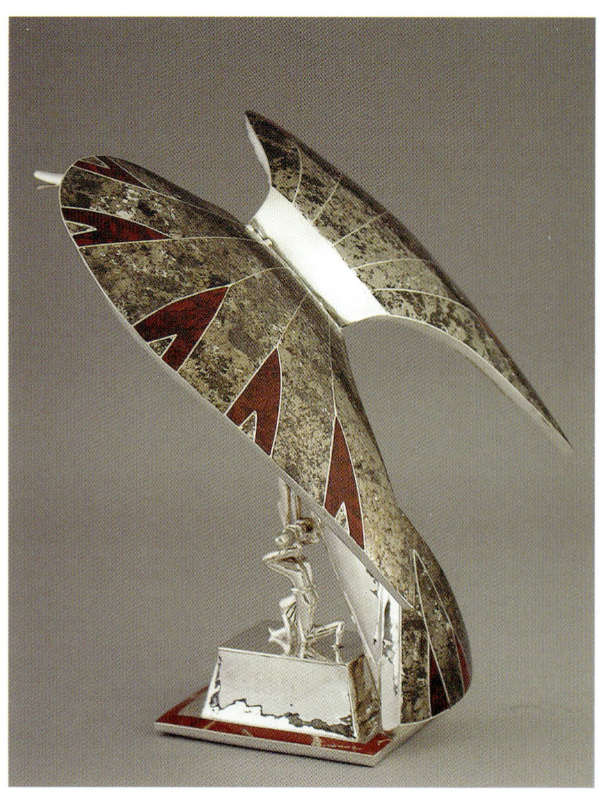

L'Oiseau de vie, 2006
Argent, pyrite, jaspe ; 28 × 27 × 26 cm – Collection particulière

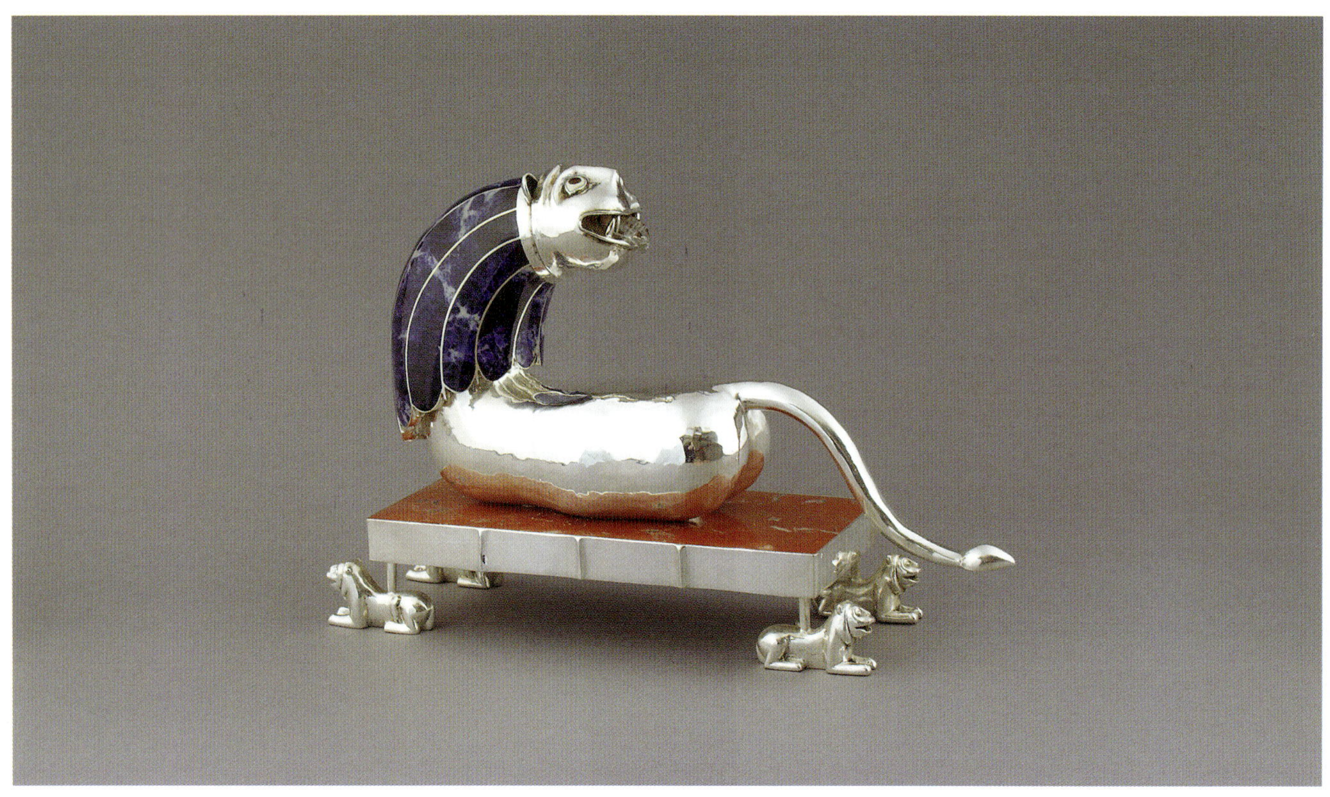

Le Lion de Perse au divan de jaspe rouge, 2004
Argent, jaspe, sodalite ; 22 × 32 × 10 cm – Paris, Galerie Claude Bernard

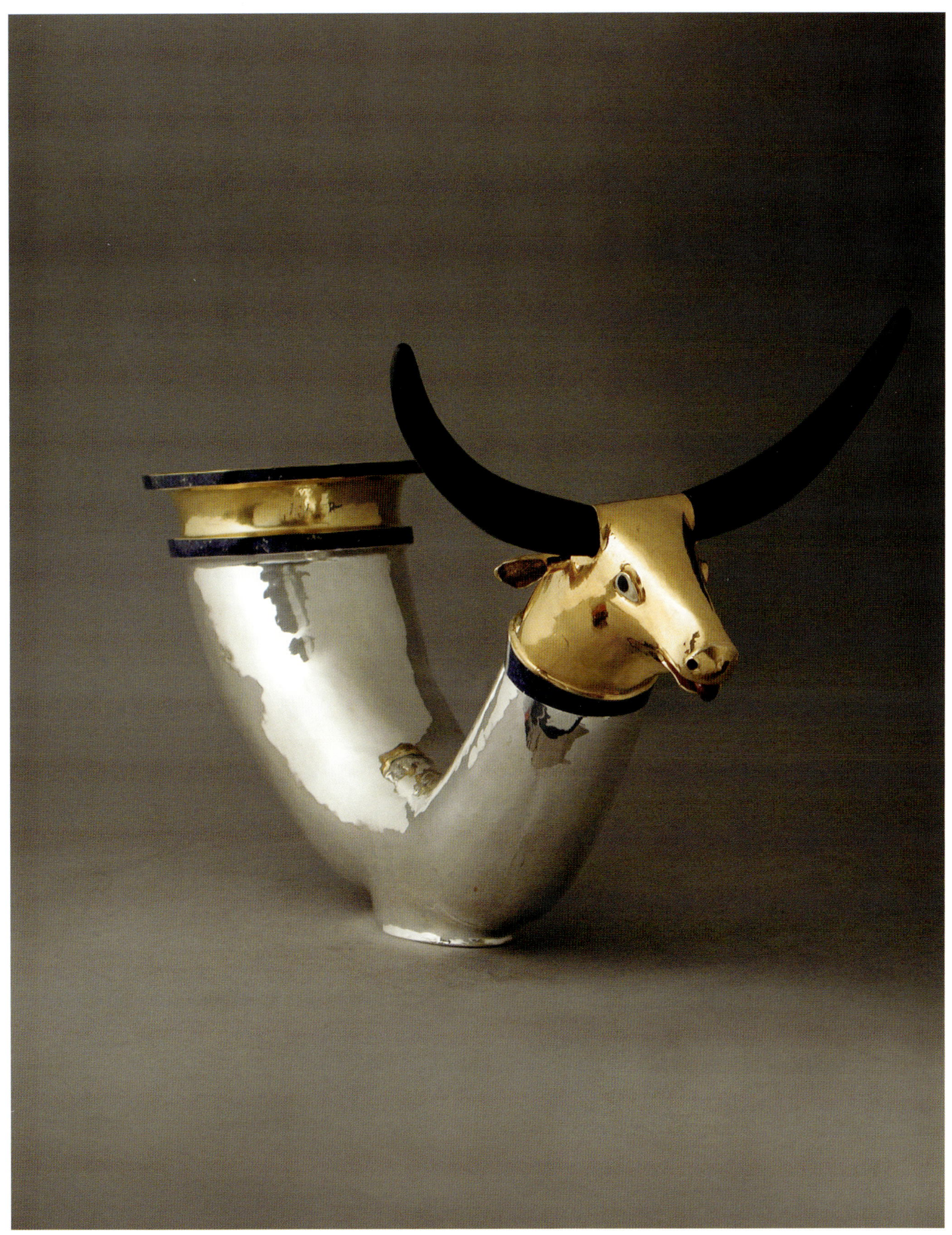

Le Minotaure, 2006
Or 18 cts, argent, lapis-lazuli, ébène ; 27 × 50 × 25 cm – Collection particulière

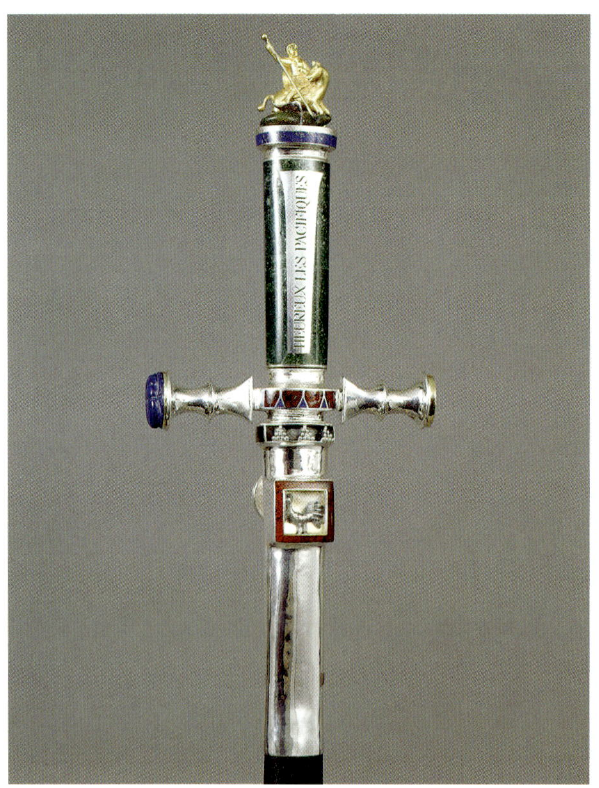

EPÉE D'HÉLÈNE CARRÈRE D'ENCAUSSE, 1991
Argent 1ᵉʳ titre, or 18 cts, acier, lapis-lazuli, serpentine,
aventurine, jaspe, onyx, nacre, cristal de roche ;
85 × 14 × 13 cm – Hélène Carrère d'Encausse,
Secrétaire perpétuel de l'Académie française

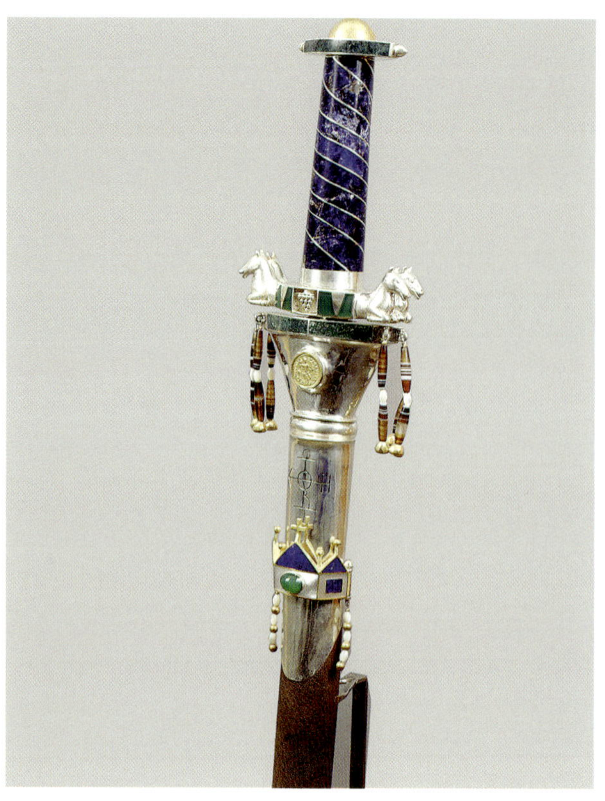

EPÉE DE GILBERT DAGRON, 1995
Argent, or 18 cts, acier, sodalite, lapis-lazuli, aventurine,
chrysoprase, nacre, agate ; 90 × 12 × 2 cm
Gilbert Dagron, Académie des Inscriptions et Belles-Lettres

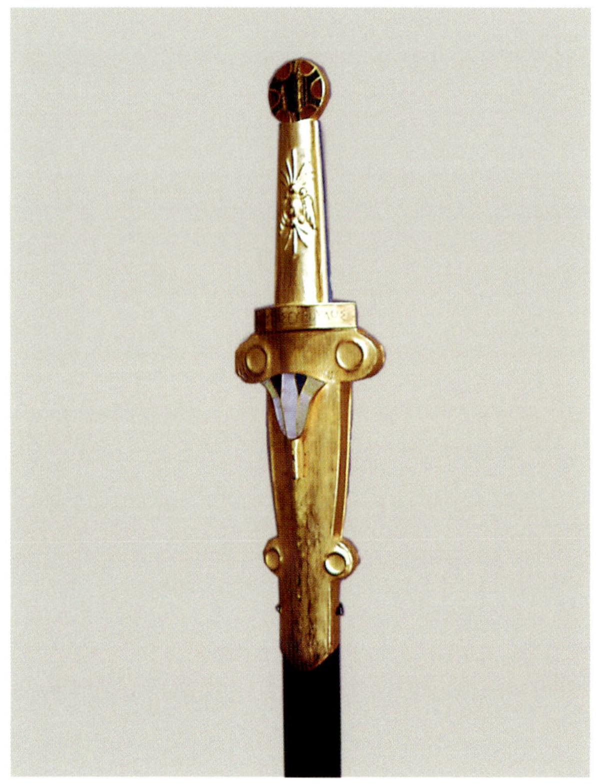

EPÉE DE PAUL BERNARD, 1993
Vermeil, acier, lapis-lazuli, nacre, turquoise, cornaline,
œil-de-tigre ; 60 × 8 × 2 cm
Paul Bernard, Académie des Inscriptions et Belles-Lettres

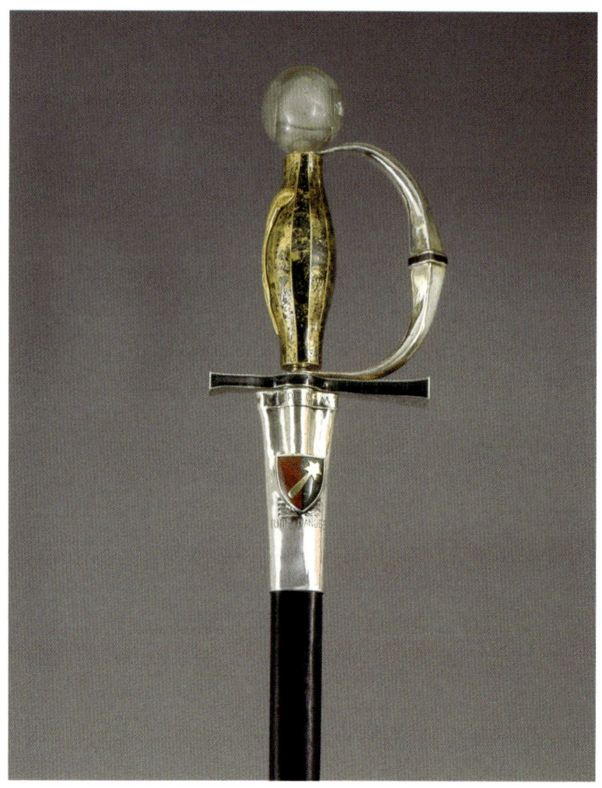

EPÉE DE BERNARD DESTREMAU, 1996
Argent, or 18 cts, acier, pyrite, cristal de roche,
œil-de-faucon, jaspe, lapis-lazuli ; 90 × 12 × 2 cm
Famille Destremau, Académie des Sciences morales et politiques

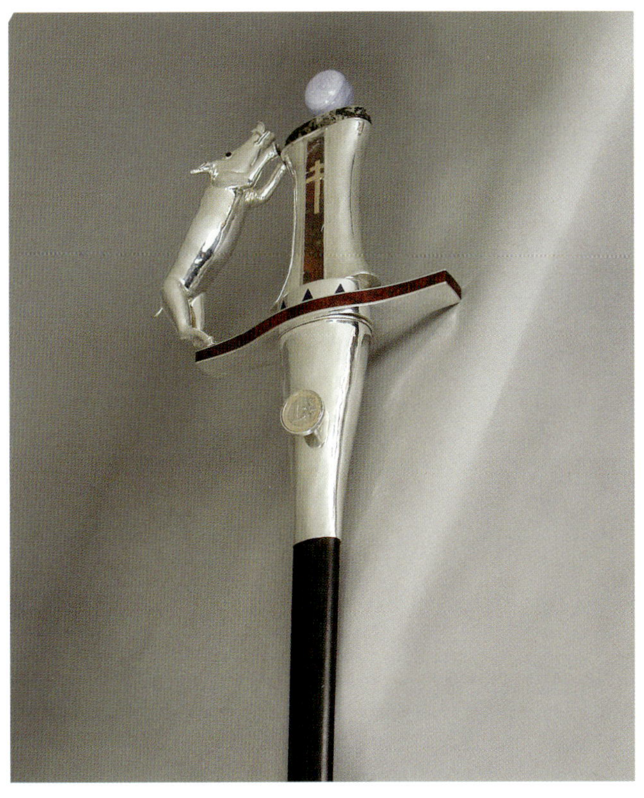

Epée de Christian Poncelet, 2003

Argent, acier, or, jaspe, cristal de roche, lapis-lazuli, agate ; 90 × 12 × 2 cm

Christian Poncelet, Académie des Sciences morales et politiques

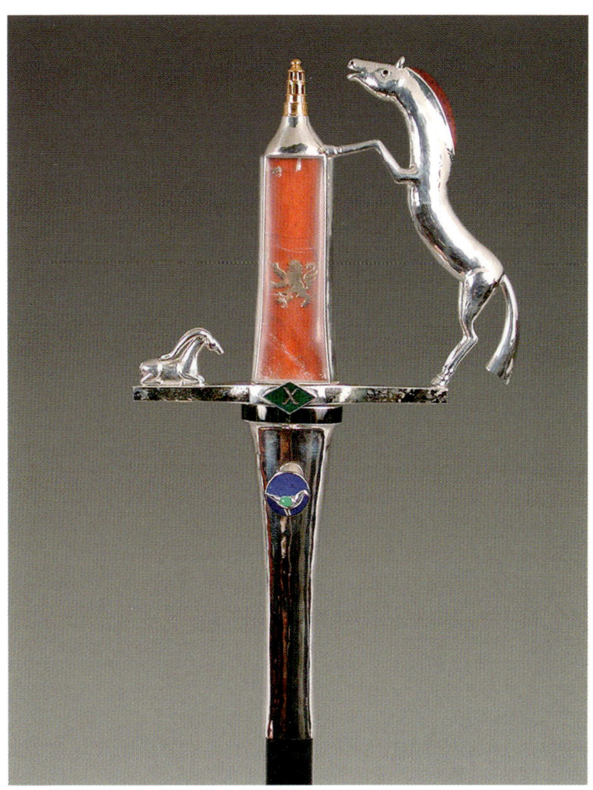

Epée de Bertrand Collomb, 2002

Argent 1er titre, or 18 cts, acier, sodalite, jaspe, aventurine ; 90 × 12 × 2 cm

Bertrand Collomb, Académie des Sciences morales et politiques

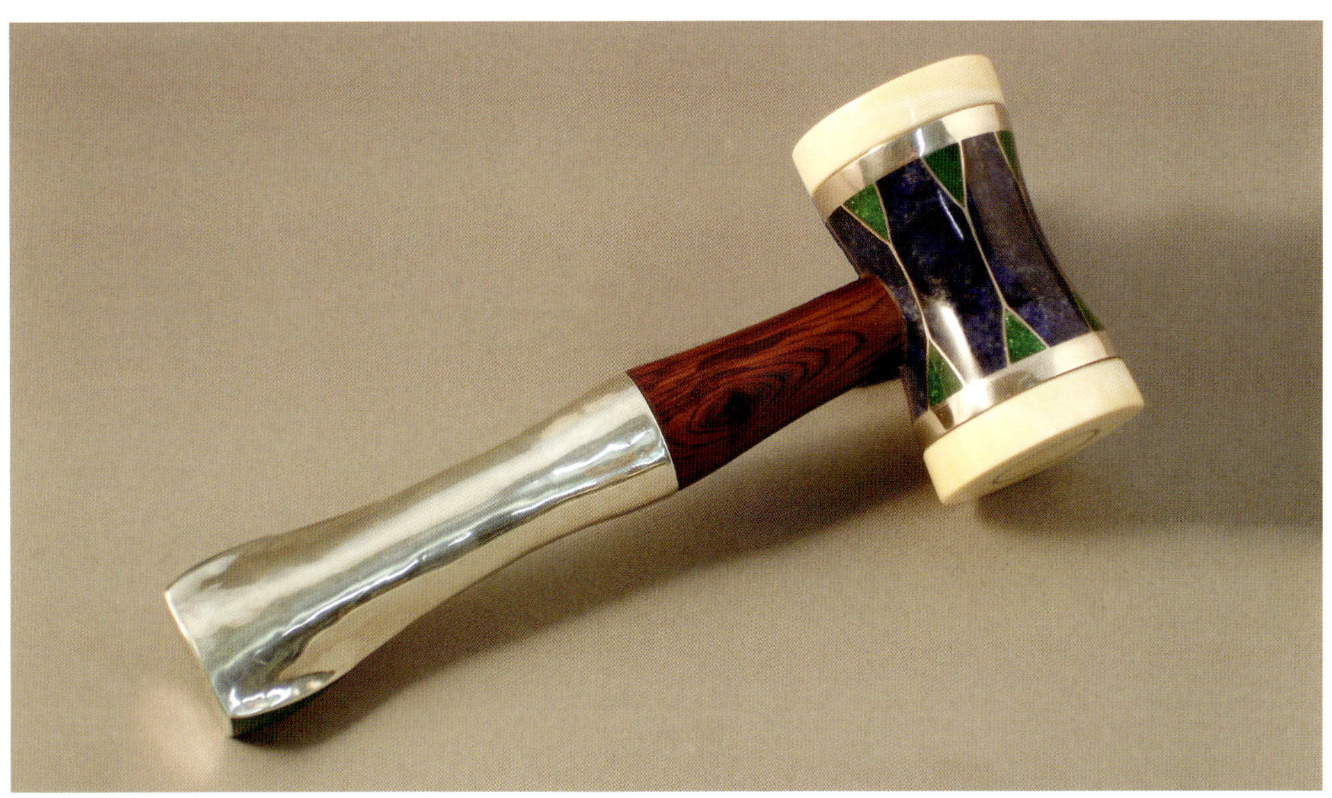

Marteau de commissaire priseur, 1999

Argent, ivoire, bois de rose, sodalite ; 8,5 × 20,5 cm

Philippe Rouillac, commissaire priseur et expert près la Cour d'Appel

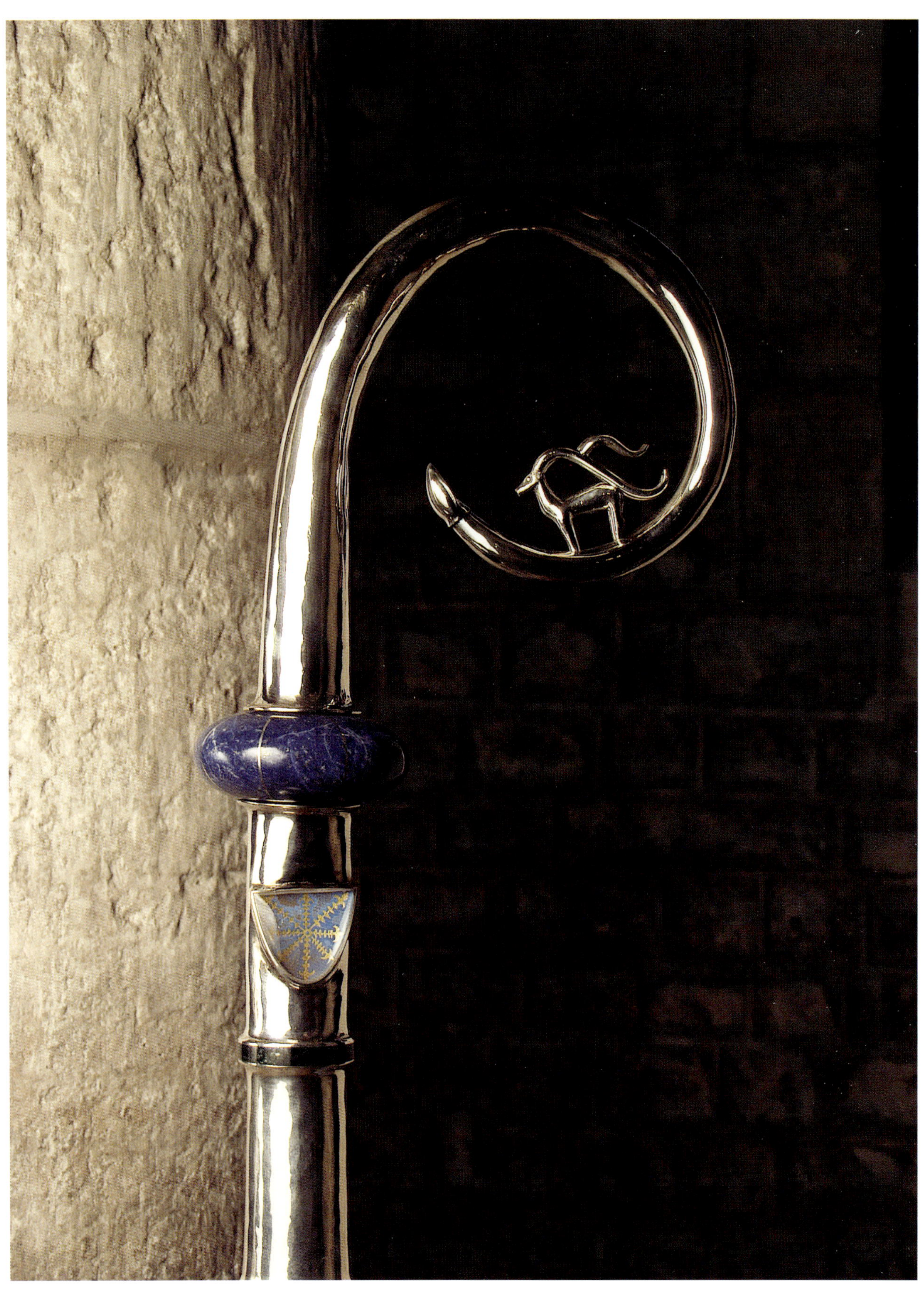

CROSSE DU PÈRE ABBÉ DE L'ABBAYE DE CHAMPAGNE-SUR-RHÔNE, 2002
Argent, sodalite, aventurine, œil-de-faucon ; 2 m – Abbé Primat, chanoine régulier de Saint-Augustin

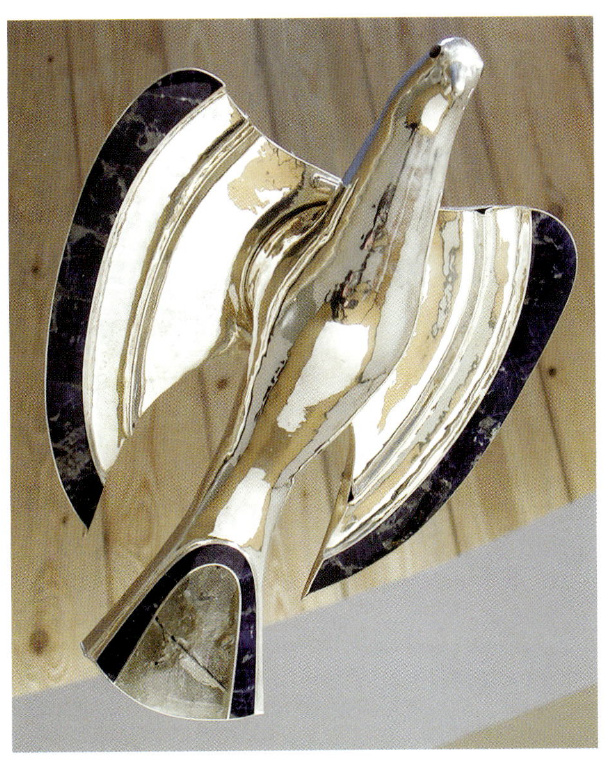

COLOMBE EUCHARISTIQUE DE L'ÉCOLE
DU PÈRE BROTTIER DE BLOIS, 2001
Argent, sodalite, nacre ; L 35 cm
Association diociésaine de Blois

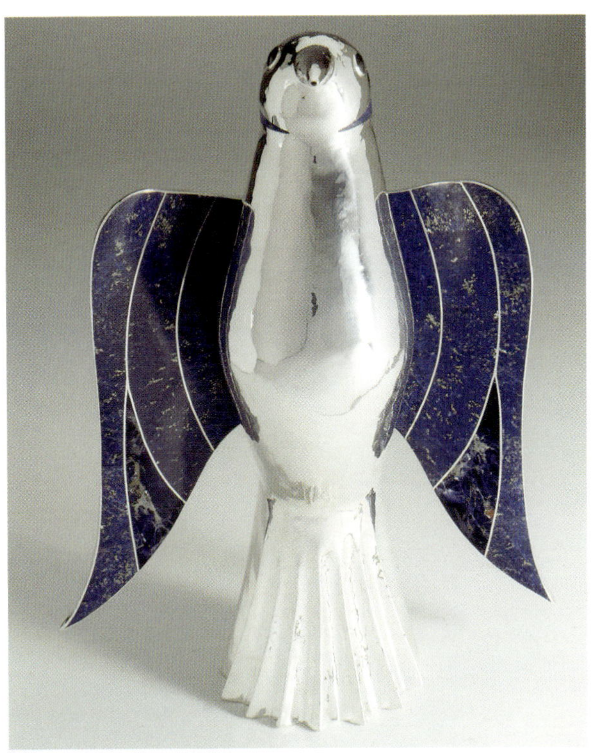

COLOMBE TRINITAIRE DE L'ABBATIALE
DE VENDÔME, 2000
Argent, lapis-lazuli, nacre, sodalite ; 32 cm
Ville de Vendôme

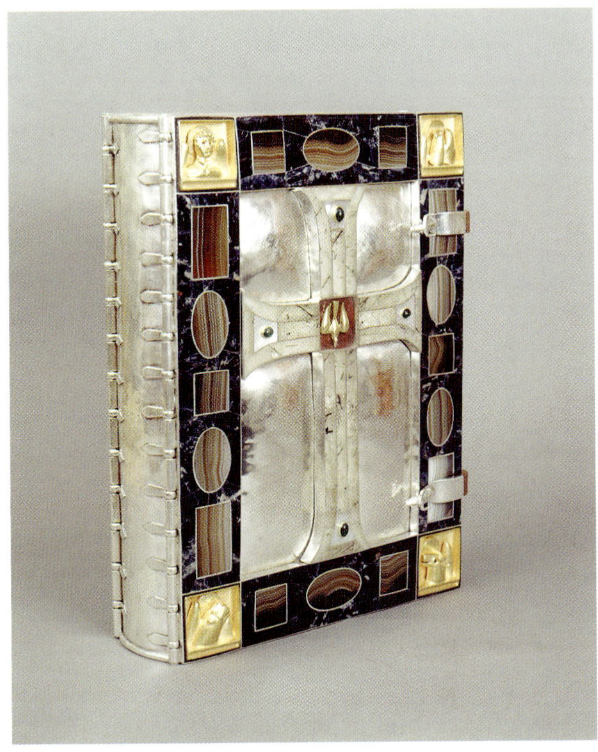

LE VERBE – GRAND ÉVANGÉLIAIRE
DE LA CATHÉDRALE DE CHARTRES, 1994
Or, vermeil, argent, émeraude, sodalite, agate rubannée,
cristal de roche à inclusions de tourmaline, jaspe rouge, nacre,
cristal de roche givré, œil-de-faucon, ébène ; 38 × 30 × 9,5 cm
Diocèse de Chartres, trésor de la cathédrale

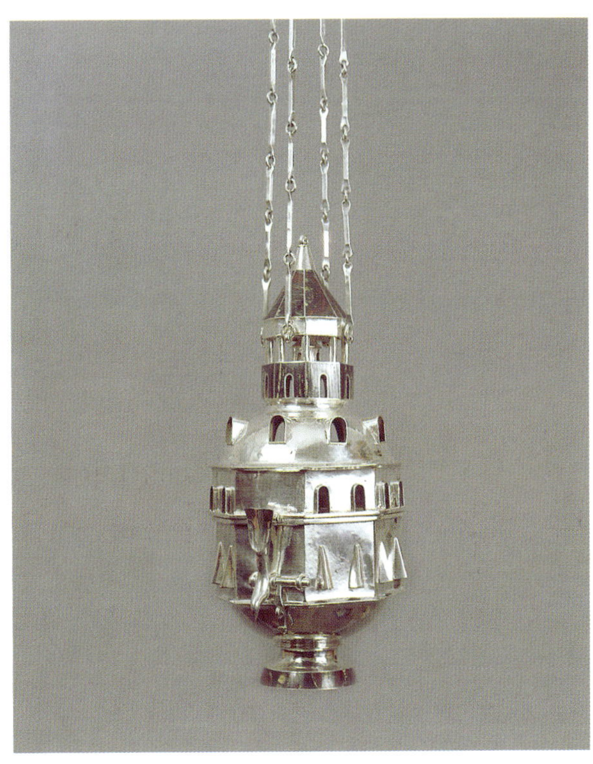

ENCENSOIR LA CATHÉDRALE DE CHARTRES, 1994
Argent, acier inoxydable, œil-de-fer ; 35 × 16 × 16 cm
Diocèse de Chartres, trésor de la cathédrale

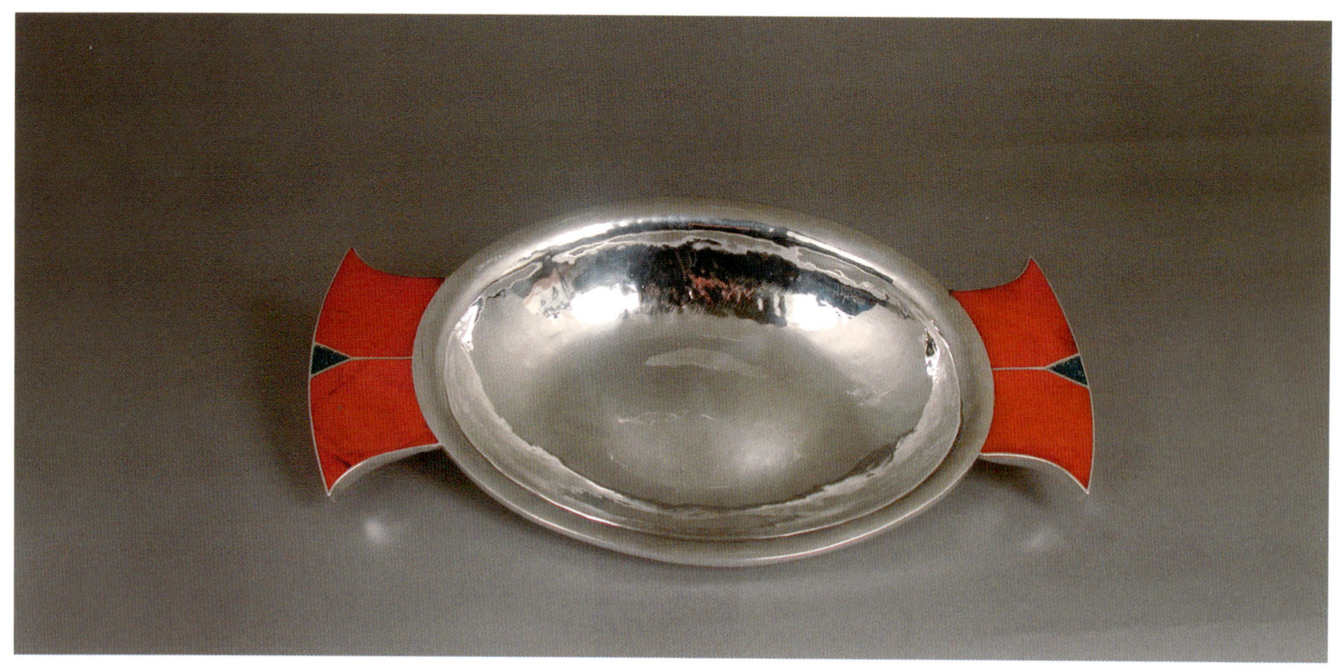

Patène de la cathédrale de Cambrai, 2004
Argent, jaspe, aventurine ; 25 cm
Denis Lecompte, archiprêtre

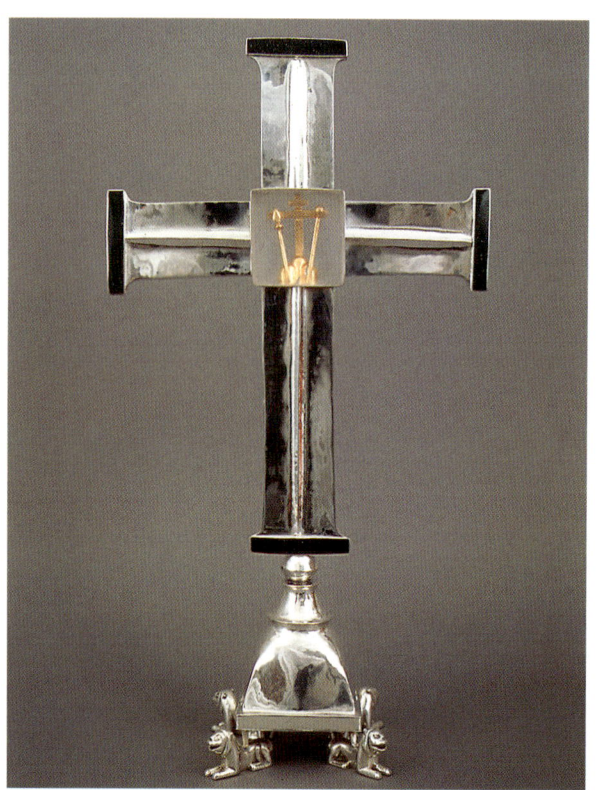

Croix d'autel de la cathédrale de Luçon, 1995
Argent 1ᵉʳ titre, vermeil, cristal de roche, aventurine ;
48 × 26,5 cm – Association diocésaine de Luçon

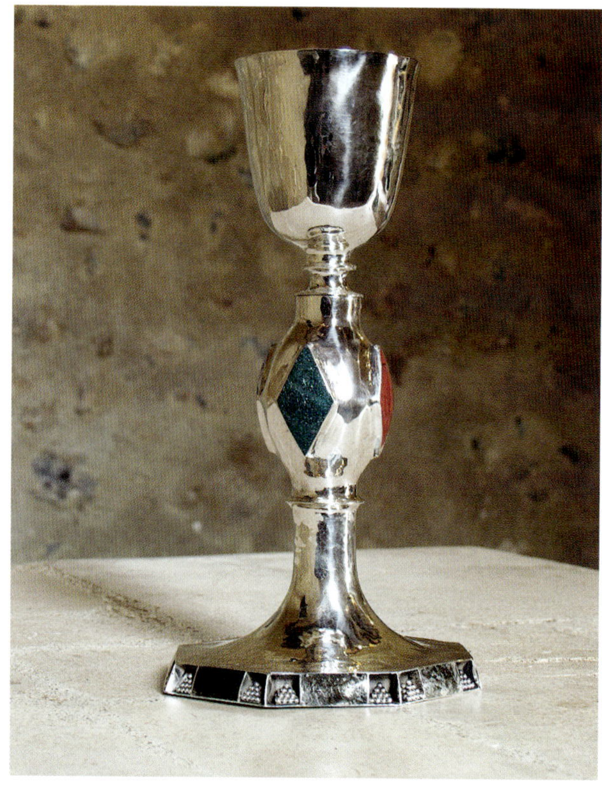

Calice archiépiscopal de la cathédrale
de Cambrai, 2004
Argent, jaspe, aventurine ; 26 cm – Denis Lecompte, archiprêtre

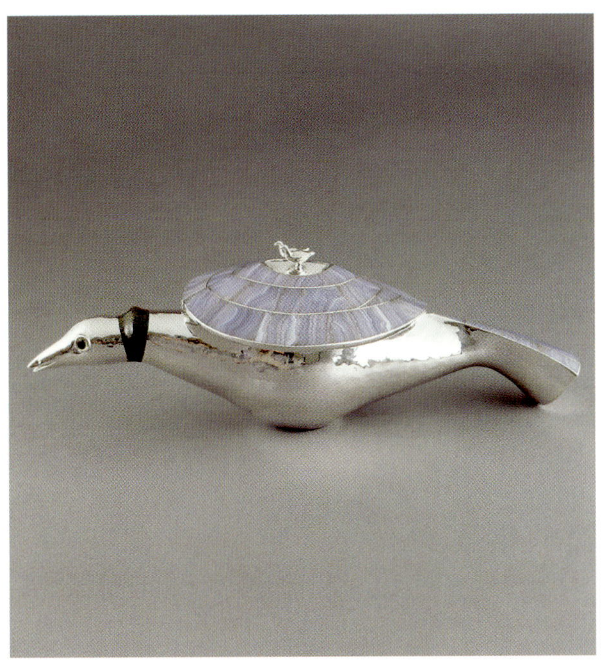

NAVETTE À ENCENS
DE LA CATHÉDRALE DE CHARTRES, 1994
Argent, calcédoine, serpentine, nacre 12 × 37 × 14,3 cm
Diocèse de Chartres, trésor de la cathédrale

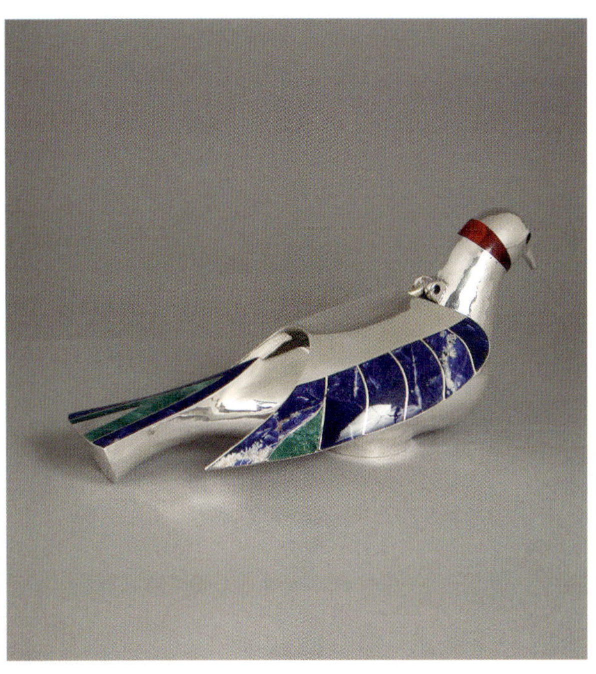

RÉSERVE DE SAINT CHRÊME
DE LA CATHÉDRALE DE BEAUVAIS, 2003
Argent, jaspe, sodalite, calcédoine ; 10,5 × 16 × 30 cm
Collection particulière

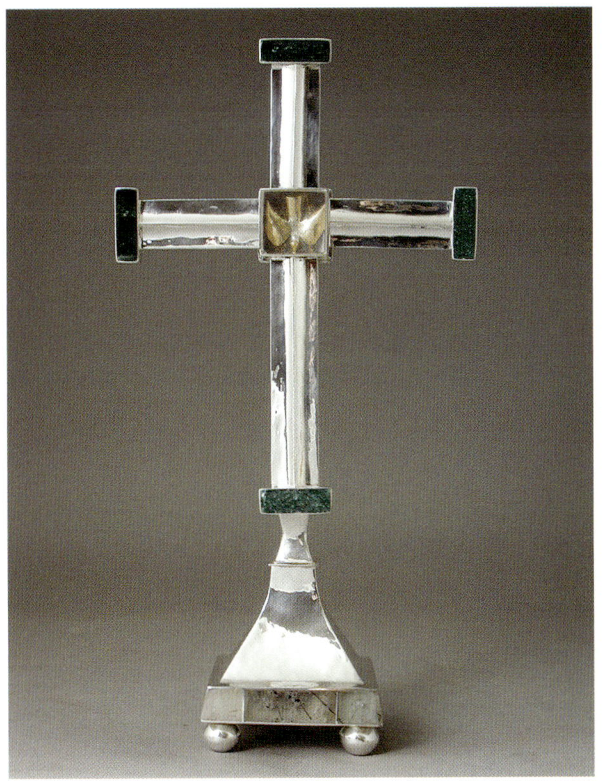

CROIX D'ORATOIRE, 2005
Argent, or 18 cts, aventurine, cristal de roche ;
23 × 44 × 12 cm – Paris, Galerie Claude Bernard

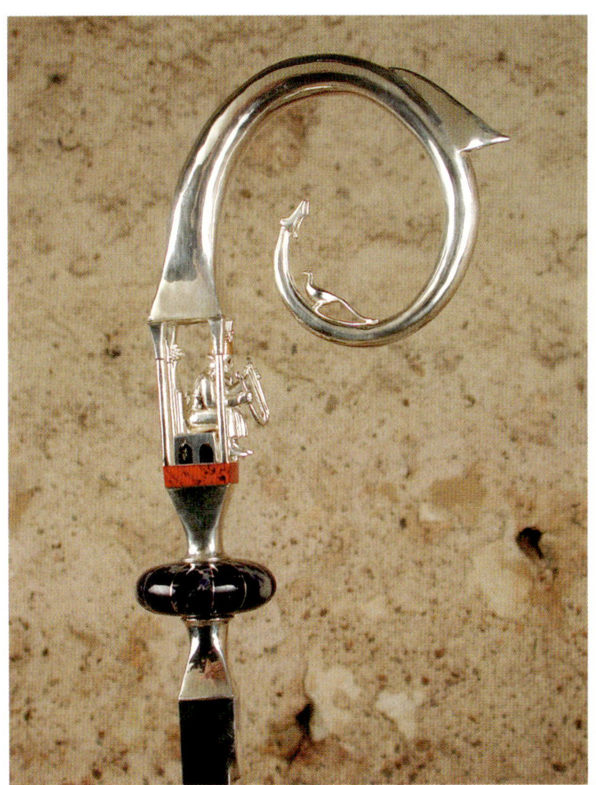

CROSSE DE L'ÉVÊQUE D'ANGERS, 2000
Or, argent, nacre, sodalite, jaspe, cristal de roche, 2 m
Monseigneur Jean-Louis Bruguès, évêque d'Angers

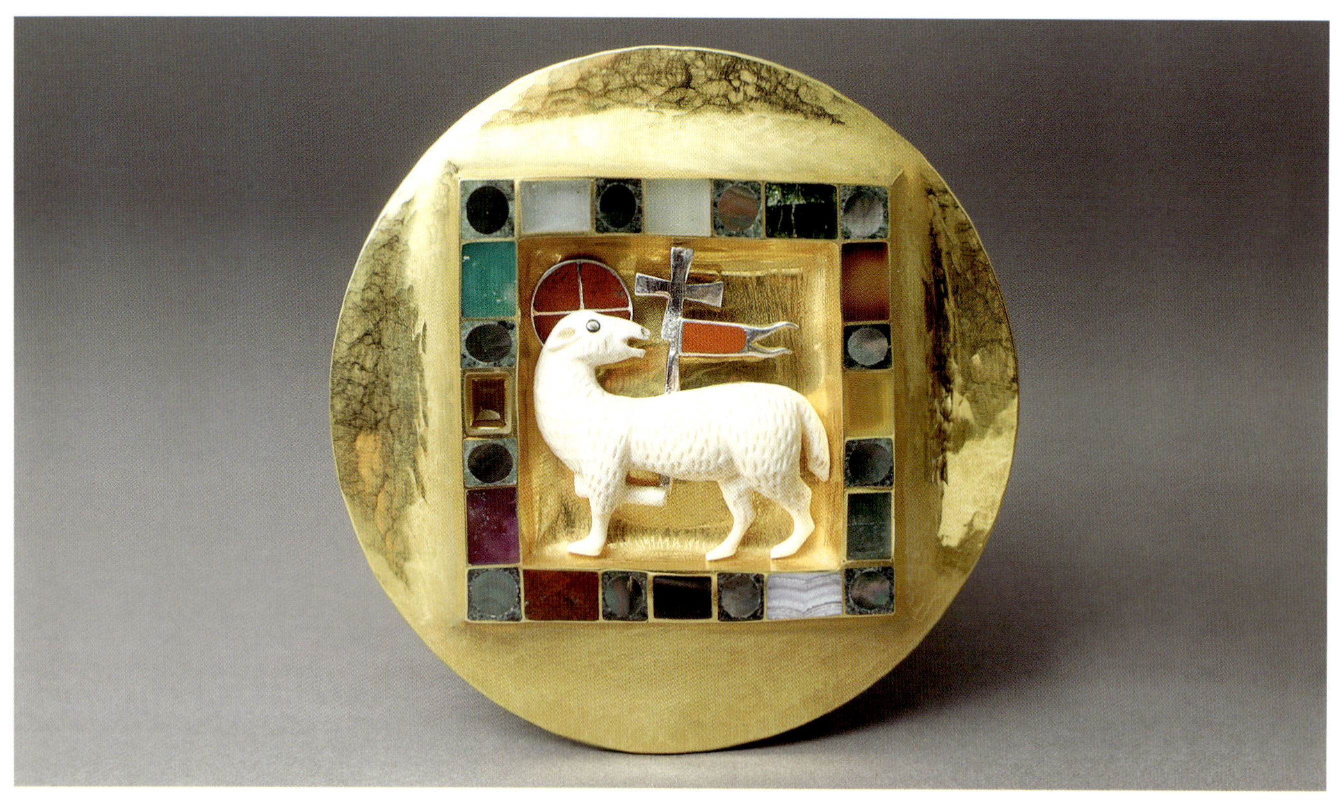

RATIONAL DU SAINT-PÈRE JEAN-PAUL II, 1999
Vermeil, diaspre, saphir, émeraude, sardonique, cornaline, calcédoine, chrysolite, béryl, topaze,
chrysoprase, hyacinthe, améthyste, nacre, ivoire ; Ø 14 cm – Cité du Vatican, sacristie pontificale

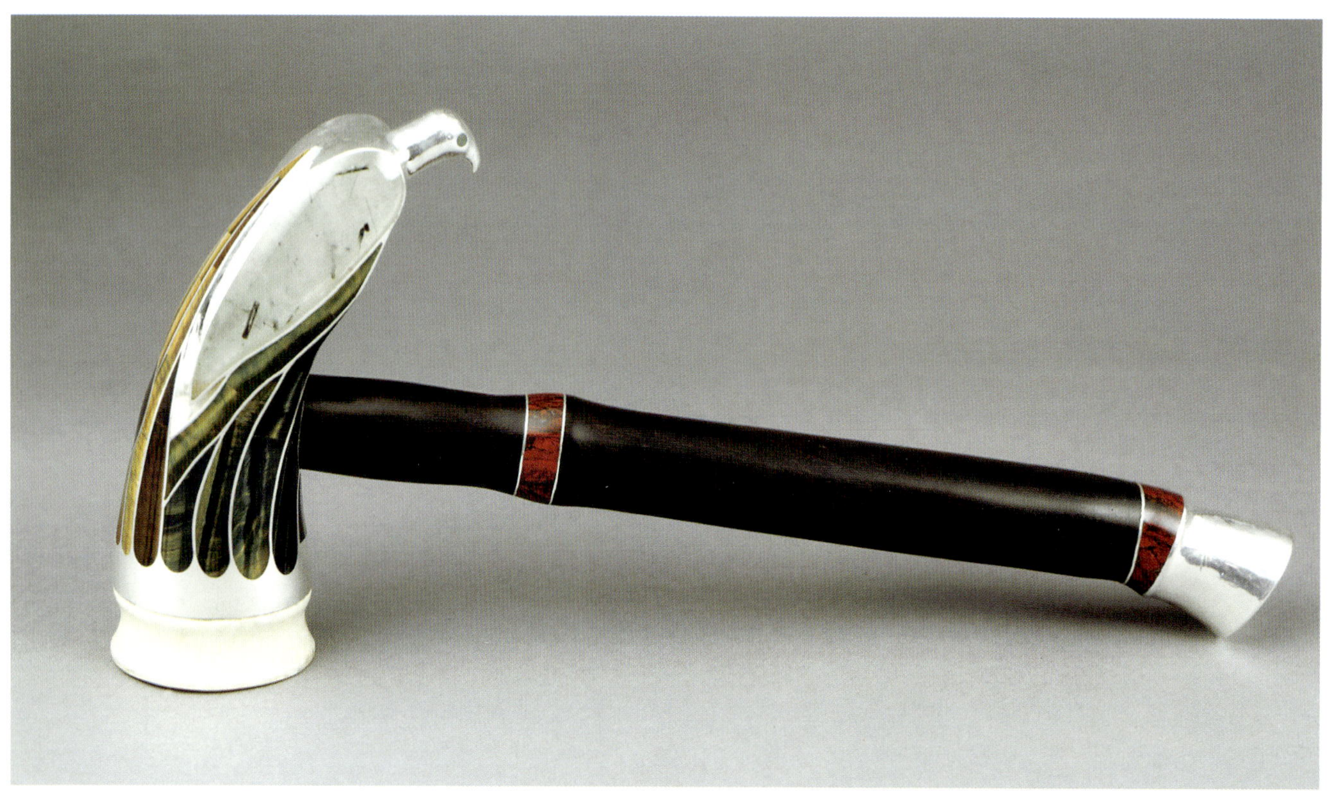

MARTEAU DU GRAND JUBILÉ (OUVERTURE DE LA PORTE SAINTE), 1999
Argent, œil-de-faucon, jaspe, ébène, ivoire ; 32 × 16 × 4,5 cm
Cité du Vatican, sacristie pontificale

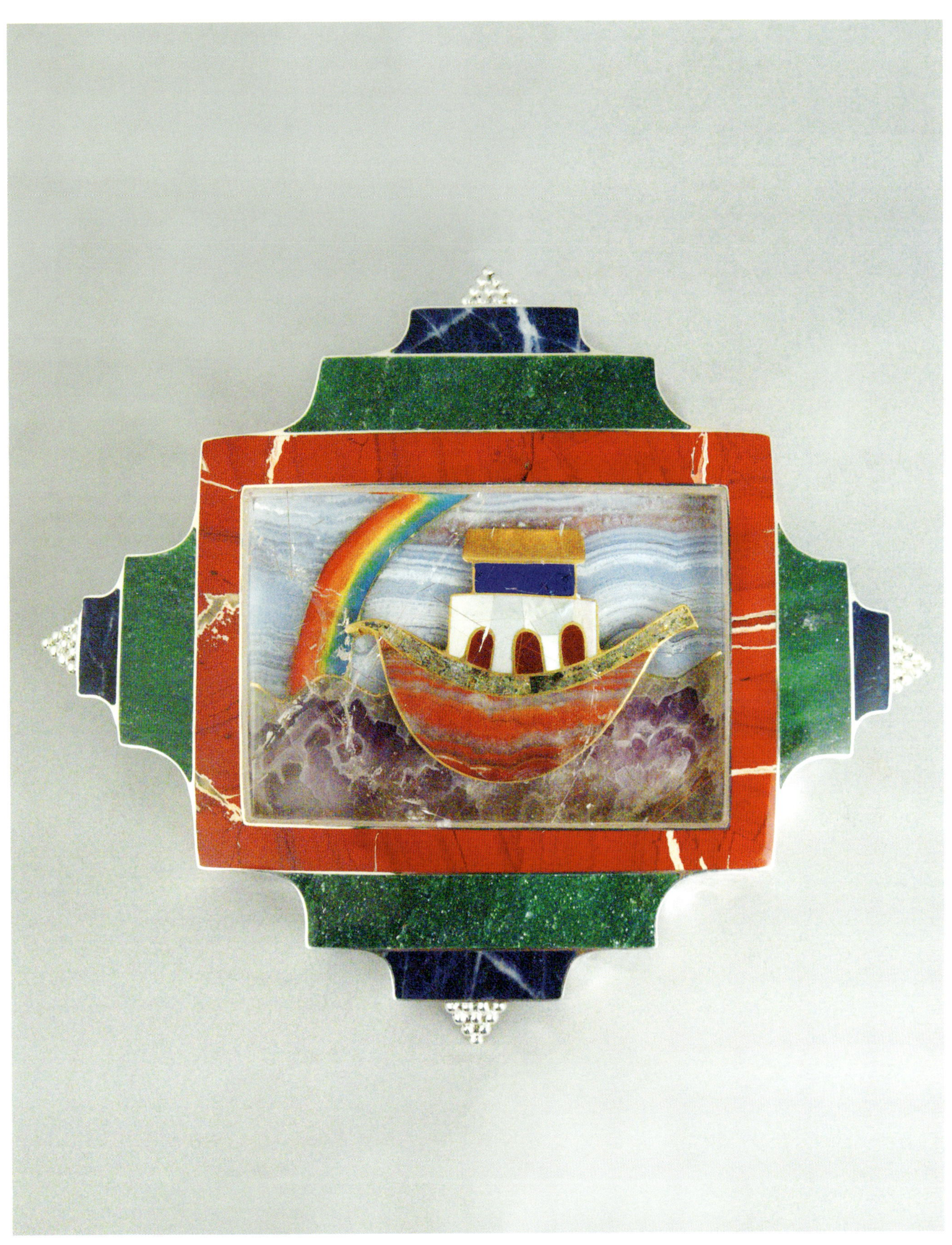

RATIONAL DE BENOÎT XVI, 2007
Or, argent, sodalite, aventurine, jaspe, cristal de roche, rutile, calcédoine, améthyste, agate, pyrite, nacre, cornaline, lapis-lazuli ;
13,5 × 16 × 3 cm – Cité du Vatican, sacristie pontificale

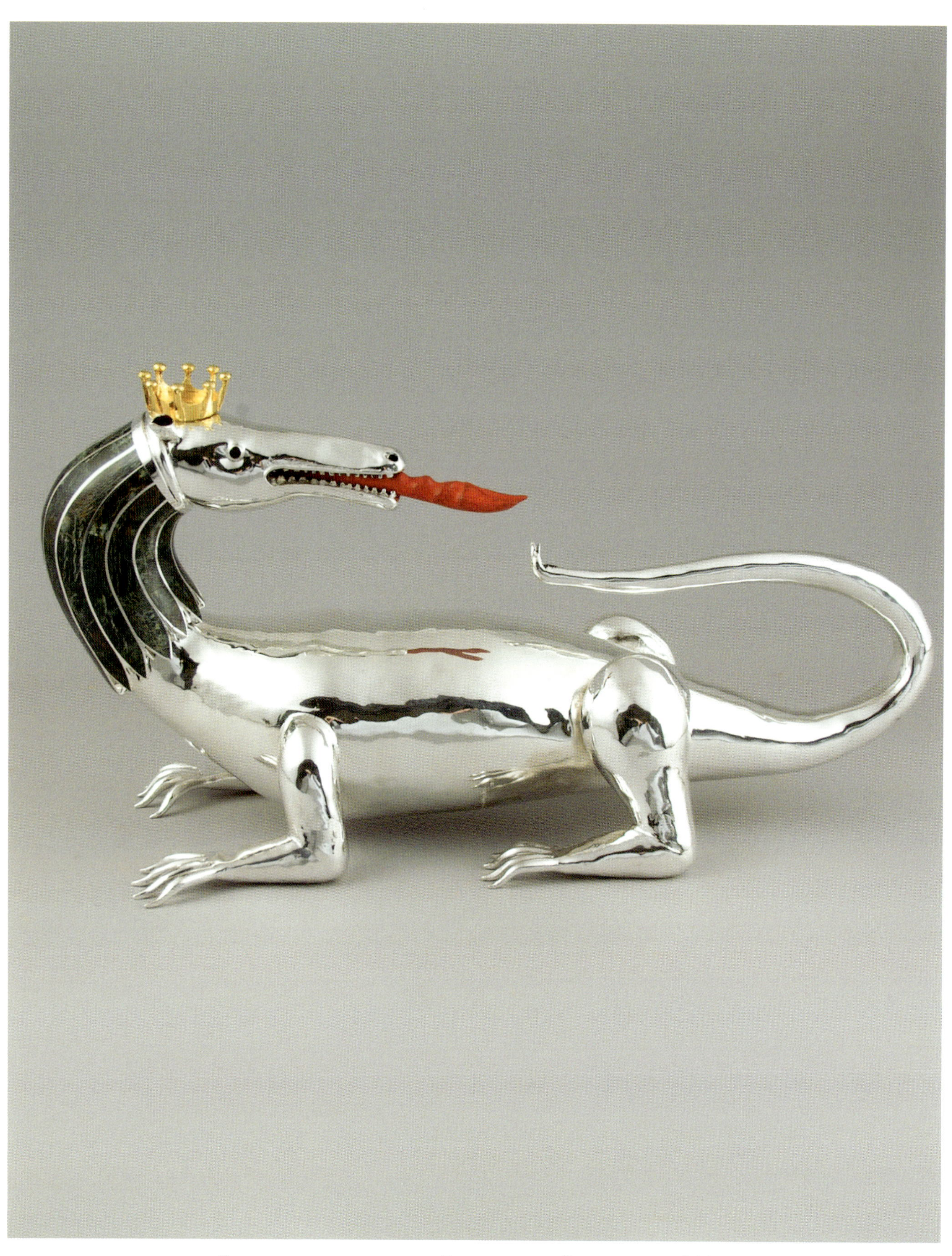

Royale salamandre : « Nutrisco et Extinguo », 2007
Argent, or 18 cts, serpentine, ébène ; 20 × 40 × l 17 cm – Don de l'artiste au château de Blois

Bibliographie sommaire

Monographies

Marc Hérissé, *Goudji*, Les Éditions de l'Amateur, Paris-Nantes, 1993.

Stéphane Barsacq et Bernard Berthod, *Goudji*, Les Éditions de l'Amateur, Paris, 2002.

Catalogues d'exposition monographiques (musées)

Marie-José Linou, *Goudji, orfèvre contemporain*, musée Mandet, Riom, 1991.

Jacques Santrot et collab., *De pierre, de métal et de feu, Goudji, orfèvre contemporain*, musée Dobrée, Nantes, 1993.

Jacques Santrot, *Goudji, histoire d'un art*, Freising (allemand), Kunsthaus Dr. Hans Hartl (français, allemand, anglais), 1994.

Jacques Santrot, *Hommage à Goudji*, château-musée Grimald, Cagnes-sur-Mer, 1996.

Chantal Fernex de Mongex et Stéphane Barsacq, *Goudji orfèvre*, musée des Beaux-Arts, Chambéry, 1999.

Bibliographie exhaustive, expositions, audiovisuel :
www.goudji.com

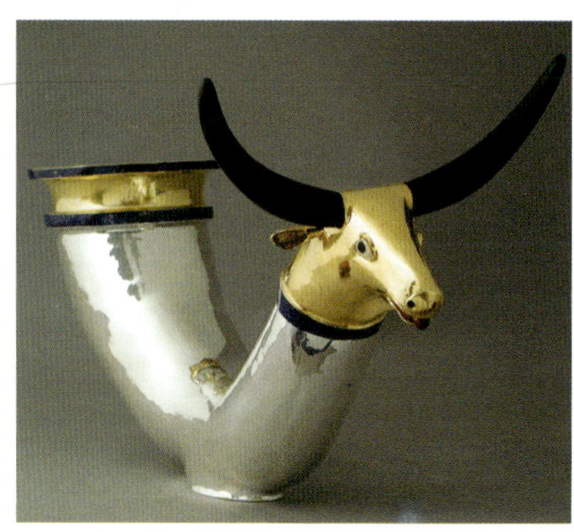

Achevé d'imprimer en mai 2007 pour les éditions Gourcuff Gradenigo
Mise en page : Process-Graphic
Impression : Stipa, Montreuil (Seine-Saint-Denis)